舵手汇

www.duoshou108.com

聪明投资者沟通的桥梁

四十年实战派战将，
首次向交易者倾囊最简单操作技法

股期双赢
短平快的炒作方法

吴英魁（鬼股子）◎著

最简单的KD指标
分辨真假"金叉""死叉"　妙用日线周线月线的KD比较

图书在版编目(CIP)数据

股期双赢：短平快的炒作手法 / 吴英魁著.—太原：山西人民出版社，2019.6
ISBN 978-7-203-10358-5

Ⅰ.①股… Ⅱ.①吴… Ⅲ.①股票交易-基本知识 Ⅳ.①F830.91

中国版本图书馆 CIP 数据核字(2018)第 052590 号

股期双赢：短平快的炒作手法

著　　　者：	吴英魁(鬼股子)
责任编辑：	贾　娟
复　　审：	傅晓红
终　　审：	员荣亮
出 版 者：	山西出版传媒集团·山西人民出版社
地　　址：	太原市建设南路21号
邮　　编：	030012
发行营销：	0351-4922220　4955996　4956039　4922127(传真)
天猫官网：	http://sxrmcbs.tmall.com　电话：0351-4922159
E - mail ：	sxskcb@163.com　发行部
	sxskcb@126.com　总编室
网　　址：	www.sxskcb.com
经 销 者：	山西出版传媒集团·山西人民出版社
承 印 者：	三河市京兰印务有限公司
开　　本：	710mm×1000mm　1/16
印　　张：	19.5
字　　数：	260千字
印　　数：	1-5100册
版　　次：	2019年6月　第1版
印　　次：	2019年6月　第1次印刷
书　　号：	978-7-203-10358-5
定　　价：	78.00元

如有印装质量问题请与本社联系调换

序言 PREFACE

1994年的5月,我第一次踏上深圳的地界。当时我从国外进口了一货柜的裸铜线,货柜从盐田港报关进口,所以我到深圳来办理进口手续。那是我第一次到深圳。深圳在如火如荼的建设中,还记得整条深南大道两侧,在福田区与南山区这两个路段,犹是一片空地。当时深圳的二线关内,人口还不足百万,就连二线关外的工业区加起来,整个深圳的人口也不到三百万人。深圳总体的感觉还很荒芜。

我那个货柜的裸铜线在朋友的帮助下,委托一家本地的报关行顺利地卖出了,一个星期后,我也顺利地收到货款30万元港币(当时1港币等于1.2人民币)。为了感谢朋友的帮忙,收到货款的当天晚上,我请了朋友以及报关行的人吃饭。

由于我一直以来都从事和铜的贸易有关的生意,所以对国际上的铜期货交易也不陌生。多年来我都有参与铜期货炒作的经验。席间,有人就谈到中国的期货交易这话题。就在那时,我才知道当时中国的有色金属交易所有三个:深圳、上海以及重庆。

中国这三大有色交易所,深圳与上海的成交量相当,两个相加约占中国有色金属交易量的90%,而重庆交易所仅占了10%的成交量。后来又过了几年,深圳与重庆两个交易所都被裁撤掉,全部并到上海交易所。

由于我一直保持对国际铜期货的关注,因此,一听到国内也有有色金属期货的交易所,立刻就手痒。次日,我就从货款中划拨了15万元人民币,借着朋友的交易席位,开始我的期货交易。

时隔多年之后的今日我还记得，我一进场手气很好，第一笔的交易是沽空铜期货，沽空的头两天，行情小幅震荡，没啥输赢。我清楚地记得，沽空后的第三天，铜期货出了一个大利空，一开盘，铜期货就跳空跌停（当时的跌停是3%，而保证金是5%），换句话说，一个跌停就赚到本金的60%，以我的15万元保证金来计，一天就赚了9万元。

那次的利空威力强大，铜期货连着跌了三个跌停，短短几天时间，我就轻轻松松地净赚30万元。铜价连跌3个跌停后，在底部横盘整理了一个多星期，我的胆子不小，看准了铜价会反弹，接着下来，我将本金以及赚到的30万元，全部加起来的45万元一股脑地扑进做多。股市有句俗话：怎么下来就怎么上去。那次的铜价走势还真的应了这句老话。

我进场做多后的次日，铜价开始巨幅反弹，4个交易日的时间，铜价足足反弹了10%，也就是涨了3个涨停以上的幅度。一口气我又净赚了90万元。那个月底，我详细地核对了一下炒作账单，第一次参与期铜交易，竟然净赚了128万元。1994年的深圳，普通工人的工资是四五百元左右，试想一下，赚了128万元是什么概念？当时我感觉，深圳对于我而言，真是个风水宝地呀！

从那时开始，我就在深圳常住下来，由于我的名气，后来也有几家大型国企委托我代炒期货，最多的时候，我掌控的资金高达亿元人民币，以当时的情况而言，我的进出已经可以在期铜市场呼风唤雨了。

在深圳炒期铜的时间前后度过3个寒暑，直到1997年，我因故结束了在深圳期铜的交易生涯。

今天我之所以在这里提到这件往事，绝对不是为了炫技，其实我是想告诉大家，我那段时间纯粹是运气好。毕竟很多年轻刚入股市的股民无法想象得到，1994年的中国期货市场当时的交易情形是怎么样的一个状况。

在这里，我可以告诉大家，当时个人是没有看盘的软件的，要"赌"期货，你得到交易所去看行情，而交易所也只有如跑马灯式的电动揭示板，虽有买进卖出随时变动的行情显示，却没有任何的看盘分析软件可操作，所有

序言

炒期货的人，就如同在电影院看电影一样，大家就在电动显示屏前排排坐，一边看着行情，一边私下讨论着看法。决定要下单买卖的话，对不起，还没有手机可以打（我记得，当时的手机一部得1万多元，不是一般人可以买得起的），就得打交易大厅的室内电话给你的红马甲，让他帮你下单。

时隔多年的今天，回想起来，那样的情况，无疑就是盲人骑瞎马，没有什么所谓的技术分析理论或者看盘分析软件可以参考，下单时的多空全凭自己的直觉，赌的就是运气罢了！能在那种情况赌了三四年不死，没被市场淘汰，而且还赚到钱，不是运气好是什么？

1997年年底，家事紧急，我只得离开可爱的深圳，这一走，足足就是10年的光景。

2006年，一个偶然的机会，我经当年一位炒期货朋友的介绍，承包了在广东番禺某家期货公司的营业部，这时，炒股炒期货的硬件已经非常地完备了，电脑、手机……几乎人手一套，各种各样的分析软件也是百花齐放。炒作的人也非常的普遍，成交量更是比我当年在深圳时有了几百倍的增长，期货公司的营业部也如雨后春笋般的到处都有。

经过十多年的发展，整个股市与期市已有长足的发展，最主要的是参与者的素质提高了，各种各样的技术分析软件更是让人们耳熟能详。股市、期市也是能人高手倍出。专业的炒作团队、公募私募的基金更是遍地开花。中国金融投机市场的规模与水平，已经是相当的发达与完备啦！

今日参与股市、期市炒作的人，早已不像我当年在深圳赌期货时的那般模样，现在的股民，许多都借助技术分析来作为买进卖出的参考。而这么多年下来，我也没落下，与时俱进地钻研了许多技术分析理论，并且从中领悟到许多属于自己的"炒作绝活"。

2006年承包广东番禺期货营业部的期间，我把那家濒临倒闭的营业部盘活，原因无他，就是靠着我的技术过硬所致，在我去之前，该营业部是番禺当地期货界有名的炒作者墓场，因为他们的技术分析实力太烂，提供给客户的分析结论常常与走势相反，客户依照建议下单，每每亏损累累，长期下来，客户不是死便是逃。

我去之后，开始举办客户交流活动，除了每日亲自撰写期货评论外，每周还举办期货分析讲座，就当周的期货品种走势加以分析以及对未来的趋势提供建议，由于我的分析准确，客户据此炒作，收益不错，客户也渐渐地再度聚拢过来，营业部的业绩也逐步地得到增长。

我承包期货营业部的期间直到2009年又发生变化，由于母公司改制的缘故，公司股东换人，承包制被新的老板废除，我只得离开营业部。

在那之后，这些年来，我除了自己炒作外，也应一些团体的邀请到处讲课，这其中甚至有知名大专院校财经院系的邀约。我今日动笔写这本炒股、炒期货的书，内心就是希望将我多年来自我钻研的技术理论以及实战经验，公开地与广大的股友、期友们交流分享。这也算是结个缘吧！

依照我这些年来的实战经验，我深深地得到一个领悟，那就是炒股、炒期货其实很简单，理论与实际要相互配合，花招不必多，管它是什么招，只要能帮我赚到钱的就是好招！

接下来，将会进入这本书的正文，文中我会将这些年来个人运用在实战中，最为有效的招法与技术，毫不保留地详细加以说明，这些招法与技术，不但适用于炒股，就是炒期货也是一样有效。

在此，我要特别声明：有些招法表面看平淡无奇，其实你如果深刻领悟到，那绝对是威力无穷的好招。绝对能帮你在股市、期市左右逢源，无往不利的。

就请你往下看吧！

目 录 CONTENTS

Chapter 1

第一章 什么是短平快的炒作方法   1

炒股的赚赔与否，不是行情的问题而是你个人炒股的技术问题。技术好，惊涛骇浪依然能如履平地；技术不好，风和日丽照样能让你翻船灭顶。"短平快"引用到股市的领域，则是强调炒股的模式快进快出，期望能积小胜成大胜。

Chapter 2

第二章 如何挑选强势股   11

股价都是人为炒作的。我们要如何能坐庄家的轿子，占庄家便宜而又不会被他设计的陷阱套牢呢？"将心比心"这四个字很重要。要想挑所谓的强势股票，就得从"爆量""大涨"——最好是强势涨停的个股中来挑股票。

Chapter 3

第三章 日KD技术指标的妙用   41

要谈到KD的运用法则，最主要的就是要针对它的"交叉"的比较，换句话说就是比较"金叉"与"死叉"的价位，就能得知这只股票后市的走势是涨是跌，而且还可得到"涨到哪里"或"跌到哪里"的结论。

Chapter 4
第四章　日线的多空分水岭　　　　　　　　　　69

日线 MA60 有个非常醒目的代号"中长线的多空分水岭"。顾名思义，只要股价站在它之上，代表了未来中长线的趋势向上，反之，如果股价被它压制在下，则代表未来很长一段时间的股价趋势向下。

Chapter 5
第五章　运用分钟线，快进快出的短打战术　　79

时间就是金钱，短线炒股就是和时间赛跑，务求在最短期间内创造出最大的经济效益。我们如果有时间盯盘的时候，靠着短线的进出，同样也可找到许多立马获利的个股。

Chapter 6
第六章　如何卖股票　　　　　　　　　　　　101

炒股是零和的游戏，有人赚就得有人赔。真正在股市能长期生存下来的人，不是懂得买股的人，而是懂得卖股的人。换句话说，懂得买股不如懂得卖股！

Chapter 7
第七章　利用 30—60 分钟线来捕捉期货短线波段的拐点　139

利用技术指标作为指路明灯，就是要让我们看清局势，多头趋势时逢低找买点做多，空头趋势时，逢高找卖点沽空。这就是所谓"顺势而为"的道理。顺势而为才能事半功倍，逆势而为只能事倍功半！

Chapter 8
第八章　炒股心态篇   179

最适合炒股的人，是受过哲学与数学专业训练的人。这是因为炒股既然是人为的行为，当然要以逻辑理性的思维来面对它。受过这两种专业训练的人，较常人更容易有这方面的判断与思维。

Chapter 9
第九章　个股实战案例精解   201

古语有云："师父领进门，修行在个人。"这其中最大的差异，就是领悟力的不同。为了尽量消弭教学上的缺点，我个人认为，唯一的方法就是多增加实战的案例讲解。

Chapter 10
第十章　期货品种实战技巧演绎   227

当我们在实战时，如何系统地运用于中的这些工具，来帮我们指明道路，来提示我们到底该做多还是该沽空？一旦我们做对了，我们该在何时获利平仓下车？还有，在炒作的过程中，如果遇见突发状况时，我们应该如何应对？

结　语   301

Chapter 1
第一章

什么是短平快的炒作方法

窥探投资市场真谛，寻觅茫茫股海明灯

炒股的赚赔与否,不是行情的问题而是你个人炒股的技术问题。技术好,惊涛骇浪依然能如履平地;技术不好,风和日丽照样能让你翻船灭顶。"短平快"引用到股市的领域,则是强调炒股的模式快进快出,期望能积小胜成大胜。

第一章　什么是短平快的炒作方法

股市有句俗话：选对股让你上天堂，选错股让你住套房。记住，这里所谓的套房，不是五星级的豪华舒适套房，而是股票套牢的房。

是的，当别人的股票一天一个涨停地往上飙的时候，而我的股票却如深陷泥沼般地原地踏步，甚至还一路往下掉，请问这是何等难堪的情况与场面呢？炒股炒成了股东，长期套牢，相信这是天底下最窝火的事之一了！

回顾一下，中国股市的发展，至今已有二十多年的历史了，在这漫长的岁月中，所谓的多头行情的时期有多长的时间呢？以下这张上证指数月线图会给你答案！

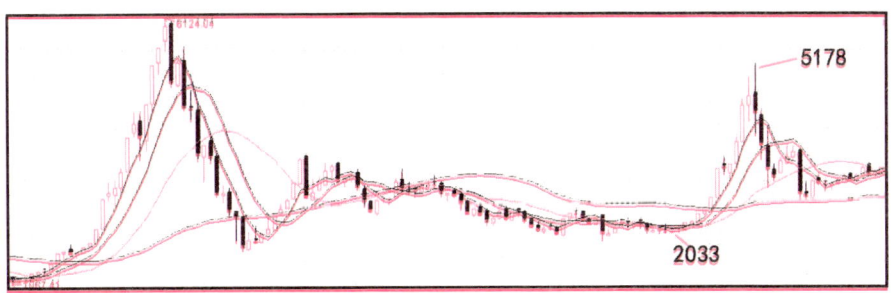

图 1-1　近十年上证月线全景

从上面的这张上证指数月线图，我们可以很清楚地看到，最近十来年，大波段上涨行情有两次，第一次是 2005 年 12 月至 2007 年 10 月，前后时间长达 22 个月，而上证指数从 1067 涨至 6124。第二次是 2014 年 7 月至 2015 年 6 月，前后时间达 12 个月，上证指数从 2033 涨至 5178。

依照统计，在这漫长的十年期间，两次大波段行情的时间总和是 34 个月，而这期间仅仅只占了全部交易时间 120 个月的 30%不到！换句话说，

除了这两次的大波段涨势期间之外，70%以上的交易时间，股市不是下跌，就是盘整。

众所周知，中国股市的交易规则，股民一进场只能做多不能做空，遇到空头行情时，进场就成了套牢的代名词，只赔不赚。而长时间的套牢，迎来的结果，却往往不是丰厚的股利分红，而是无情且巨大的本金亏损。

既然中国股市70%以上的时间，是处于让人容易亏损的下跌与盘整的阶段，难道说中国股票就没得做了吗？难道说我们就应该远离股市这个是非地吗？非也，非也。

不可否认，股市是个投机场所，所谓的投机也就是所谓的高风险高获利的代名词，既然是高风险与高获利并存的场合，那，如果能趋吉避凶，避开高风险的亏损而攫取高获利的成果，相信这就是每一位在股海沉浮的股民最想得到的结果了！

看到这里，相信许多股友会问：既然是下跌盘、盘整盘，大盘行情肯定如同鸡肋一般，无肉可食，一个不小心就被套牢，这种行情不做也罢！如果你是这样想的，那我只能告诉你：你错了！

其实，我要说的真正意思是：股票永远有得做！问题只是你知不知道正确的炒作方法罢了！只要方法对了，即便是行情不好也能赚钱，这情形就如同垃圾堆里也能捡到黄金。反之，如果方法错了，即便是行情大好，你也可能亏损，大多头行情时，追高杀低的例子绝不少见，照样有人亏得惨兮兮的。因此，我们可以得到一个结论：炒股的赚赔与否，不是行情的问题而是你个人炒股的技术问题。技术好，惊涛骇浪依然能如履平地；技术不好，风和日丽照样能让你翻船灭顶。

本书接下来要阐述的观点与方法，就是要告诉大家，当股市处于下跌与盘整阶段时，什么是最正确的方法，而能让我们在"惊涛骇浪"中依然能轻松获利。

前面我们说过，中国股市的行情走势，多头走势的时间不到三成，七成以上的时间，股市不是盘整就是下跌。只要炒过股票的人都知道，每当股市处于多头势的时候，那是鸡犬升天，不管是好股、烂股都会涨，只要紧紧捂着股票就能赚到钱。可是，当股市处于所谓的空头的时期里，要想获利的话，靠的不是运气，而是技术。

接下来我们就要进入本书的主题——短平快，短线炒股的获利利器。

"短平快"一词源于排球比赛的战术，后来被引用到许多不同的领域，例如做生意，追求短平快，希望能在最短的时间里获取最大的经济效益。而短平快引用到股市的领域，则是强调炒股的模式快进快出，期望能积小胜成大胜。

短平快，顾名思义就是短线为王、快进快出获取短线价差。这里所说的短线（通常当日买入第二天卖出，最长不过周）、小额（资金分散二三只股票）、快速（时时盯盘抓住日内短线波动），总的来讲就是指做短线的意思，因为做短线的要求就是要快，要有足够的时间，看着分时图的走势把握买卖点，一个不留神可能就会错过好的买卖点，要买得快，卖得快。总而言之。短平快操作的目标是积小胜为大胜。

好，既然短平快的操作是快进快出并且目标是获取短线价差利益，那么，要选取什么类型的股票才能符合这样的要求呢？

在回答这问题前，我想先请大家看几幅案例K线图。

案例一，002300 太阳电缆，2016 年 12 月 28 日至 2017 年 1 月 19 日日线图

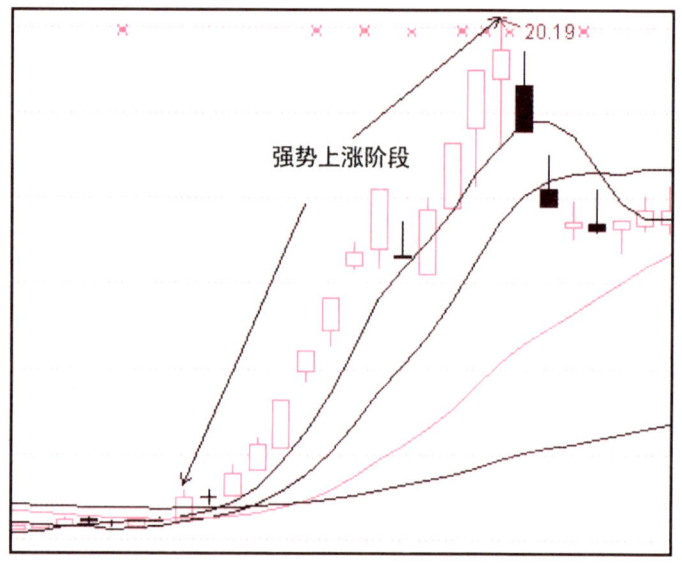

图 1-2　强势上涨的太阳电缆

002300 太阳电缆从 2016 年 12 月 28 日至 2017 年 1 月 19 日前后 14 个交易日，股价从起涨日的最低 8.46 元，涨至最高价的 20.19 元，在短短的 14 个交易日，涨幅高达 138%，幅度相当惊人。股友们，只要逮到一次这样的机会，就足以乐呵呵了！

至于股友们要如何在几千只股票内找到这样的飙涨股，又如何能安安稳稳地"坐轿"到最后？尽可能地赚到最后一块钱呢？别急，后面的篇幅说明里会有正确的答案的！

案例二，000877 天山股份，2017年2月7日至2017年3月1日日线图

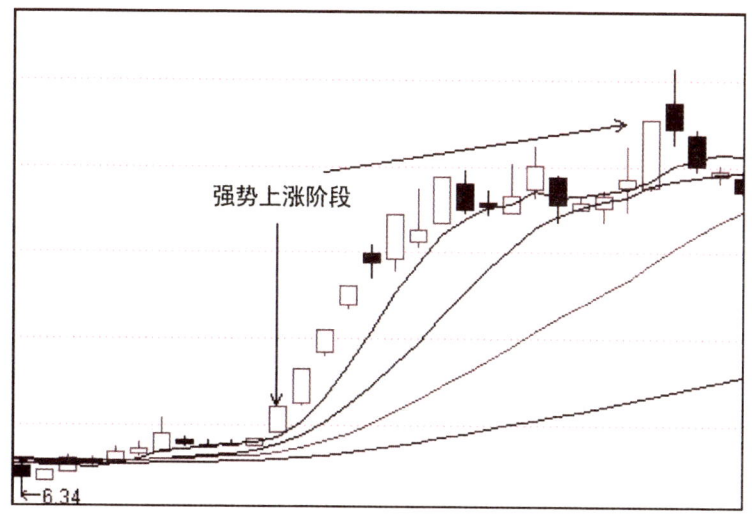

图1-3 "疯狗"式上涨的天山股份

这是000877天山股份日线图，时间点从2017年2月7日至3月1日。前后18个交易日，股价从最低价的7.82元涨至16.29元，涨幅108%。这只股票的涨幅虽略逊于前一只股票太阳电缆，但是也属于"疯狗"式的上涨股票。一年内只要能逮到一次这样的"大鱼"，收益就能翻翻，相信这样的收益应该可以满意了。

案例三，002836 新宏泽，2017 年 3 月 9 日至 2017 年 3 月 27 日日线图

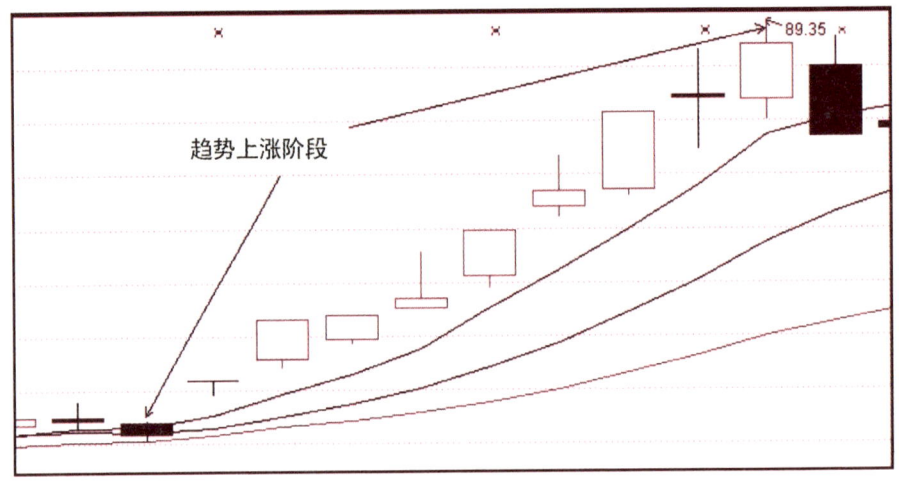

图 1-4　3 个月 10 倍涨幅的新宏泽

这是 002836 新宏泽 2017 年 3 月 9 日至 3 月 27 日的日线图。10 个交易日股价从最低价的 50.16 元涨至 89.35 元，涨幅达 78%，虽然它的涨幅并没有像前两只个股那般的惊人，可是，这只股票是 2016 年 12 月底才新上市的次新股，起涨时是 9.71 元。前后 3 个月期间，涨幅接近 10 倍，这样的气势，不可谓不惊世骇俗吧！

案例四，002027 分众传媒，2015 年 9 月至 11 月日线图

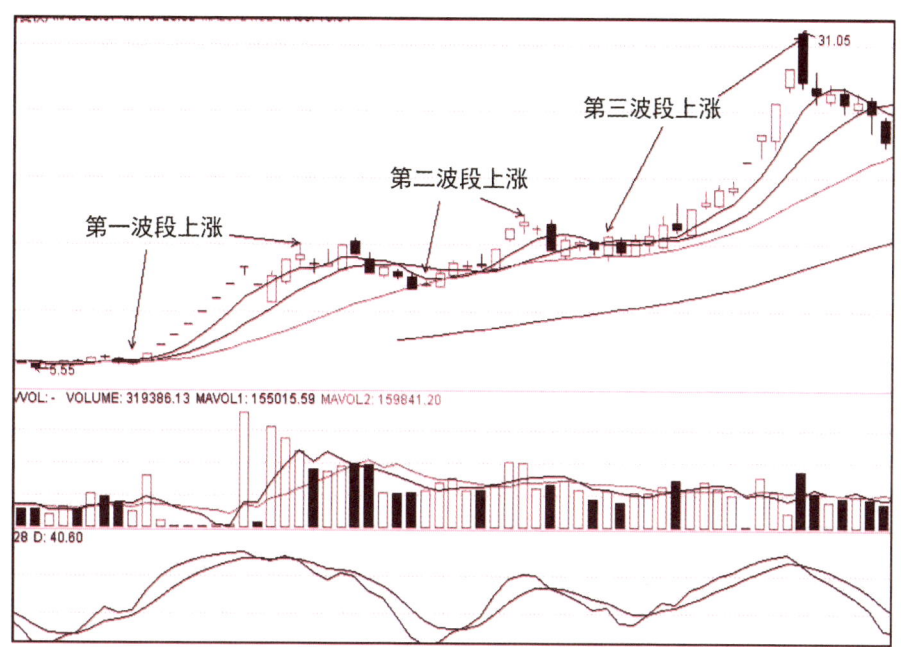

图 1-5　3 个月 5 倍涨幅的分众传媒

这是 002027 分众传媒的日线图。该股从 2015 年的 9 月开始至 11 月期间，短短 3 个月的时间，股价从 6 元涨至最高价的 31 元，涨幅高达 5 倍。

以上，举了这 4 个具有代表性的案例，综合它们走势的共同特性，相信大家应该可以得到以下几点结论：1. 上涨期间短；2. 短线涨幅惊人；3. 涨势结束后，回跌的速度与幅度也都相当快！

★ 股票永远有得做，问题只是你知不知道正确的炒作方法罢了。

★ 短线的要求就是要快，要有足够的时间，看着分时图的走势把握买卖点，一个不留神可能就会错过好的买卖点，要买得快，卖得快。

★ 短线（通常当日买入第二天卖出，最长不过周）、小额（资金分散二三只股票）、快速（时时盯盘抓住日内短线波动）

★ 短平快操作的目标是积小胜为大胜。

Chapter 2
第二章

如何挑选强势股

窥探投资市场真谛,寻觅茫茫股海明灯

股价都是人为炒作的。我们要如何能坐庄家的轿子，占庄家便宜而又不会被他设计的陷阱套牢呢？"将心比心"这四个字很重要。

要想挑所谓的强势股票，就得从"爆量""大涨"——最好是强势涨停的个股中来挑股票。

第二章 如何挑选强势股

本书第一章最后综合结论的 3 点特性，正是符合了所谓的短平快的操作原则，也就是说，短平快的炒作原则就是要针对所谓的强势股。至于如何从几千只股票中找出这样类型的强势股，那就请你往下看！

【2-1】 从涨停板的个股里挑选

在谈到这个问题之前，我想先和大家沟通一个概念，那就是：股价都是人为炒作的，换句话说，股票之所以会在短期内暴涨，纯粹都是人为的炒作，而其中就有所谓的"庄家"隐身在内。至于庄家炒作的目的，无非是在短期内把股价拉高，其最终的目的也就是要把股票高价抛售给散户以赚取价差。

既然庄家的目的是想在高价脱手给我们小散，那么我们要如何应对这局面呢？我们要如何能坐庄家的轿子，占庄家便宜而又不会被他设计的陷阱套牢呢？关于这点，我个人的经验与意见，那就是四个字"将心比心"。

要知道，庄家也是人，只要是人，他就有作为一个人的脾气、个性、行为、情绪等现象。正如古话所言：听其言，观其行，而得之其意也。要想跟庄，首先第一件事便是将心比心地将自己化身为庄家，时时刻刻心里想着，如果这只股票炒作的庄家是我，我会怎么做？

话说回来，可能有些人看到这里会讲：我又没有做过庄，我怎么能推测出做庄到底是什么情况？其实这道理很简单。前面我们说过，庄家千方百计地拉抬股价，其目的就是想在高价时将股票抛售给散户。这情形换一句股市的老话，那就是：千般拉抬只为出。

好,既然庄家的目的是千般拉抬只为出货。我们推想一下,庄家出货时是不是要有大成交量来做掩护?否则的话,庄家的股票要卖给谁?好,既然庄家出货时要有大成交量来作为掩护,那么,同理可推,庄家起拉股票时,除了将股价拉高外,是不是同时也要将成交做大,因为这是为了将来出货时预作的伏笔。正所谓"未雨绸缪",就是这个道理!

好,既然上述的道理是成立的,那么我们可以得到一个结论:要想挑所谓的强势股股票,就得从"爆量""大涨"——最好是强势涨停的个股中来挑股票啦!

以下将前几只案例股的日线图重新放大,并且加上成交量,大家就可知道我说的道理了!

案例一，002300 太阳电缆

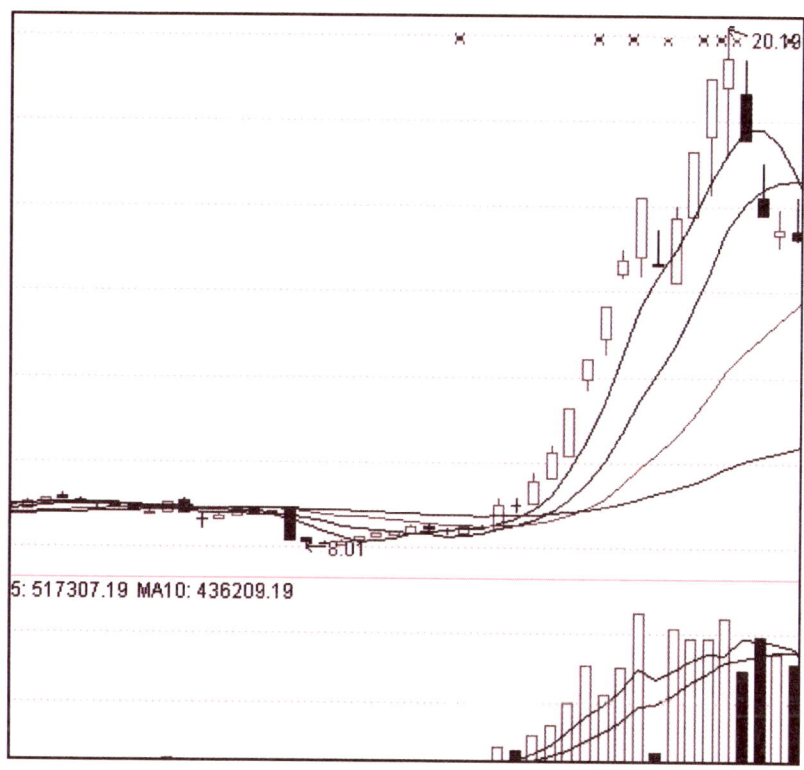

图 2-1　量价倍增的太阳电缆起飞阶段

股价起涨后，成交量也相对应地出现暴量的现象。图上可以清楚看见，起涨后的成交量是前面盘整期成交量的几十倍。股票界有句老话："有量才有价"，又说"量是价的先行指标"。这两句话，都说明了成交量的重要性。

◎ >>> 案例二，000877 天山股份

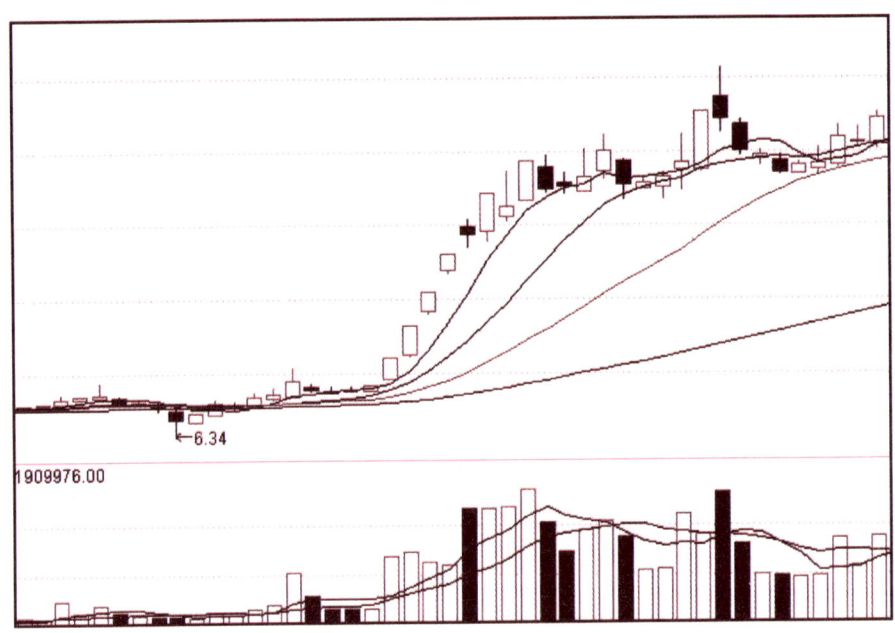

图 2-2　庄家营造巨量的交易环境

大成交量的出现，让个股产生了活络的交易现象，也为日后庄家出货提供了良好的环境。因此，庄家炒作的技术中，营造出一个巨量的交易环境是庄家的第一要务！

案例三，002836 新宏泽

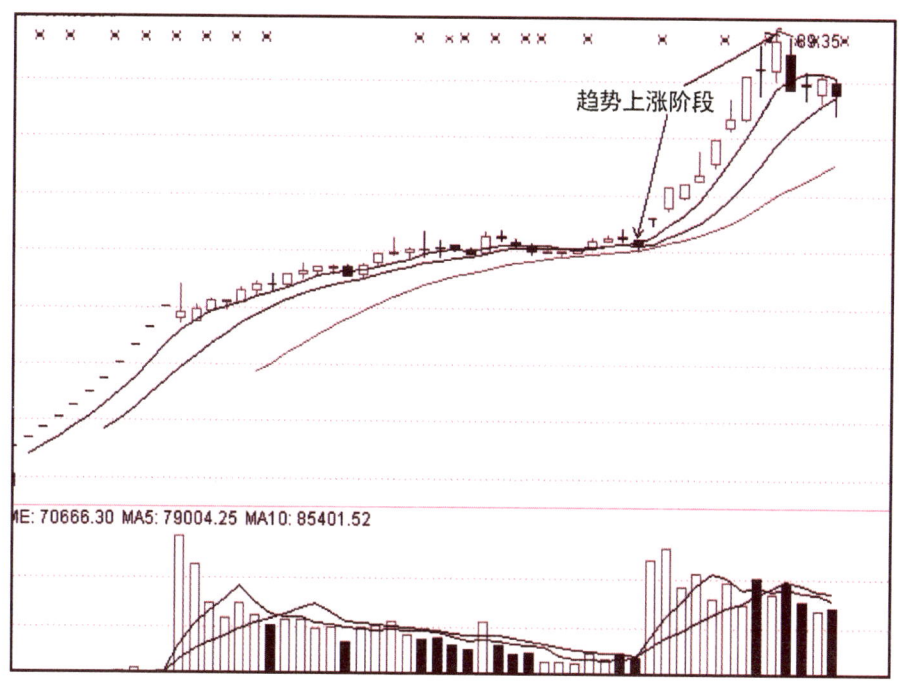

图 2-3　巨量上涨吸筹后开始第三波行情

这是新股上市，经过一字马连番上涨后，股价开始了第三波上涨行情的典型案例。从这张图，我们可以充分地理解到庄家控盘的技巧所在。

这幅图告诉了我们，当中签户在一字马打开后将持股抛售，这些零散的筹码，经过一段期间的沉淀与整理，大部分被庄家吸纳，等到筹码高度集中后，第三波段的行情开始展开，股价与成交量也都相对应地出现了短期间内暴涨与暴量的现象。

参与炒股的股友，要注意的就是这类股票，这类能让你短平快地赚到大钱的股票。

 案例四，300376 易事特

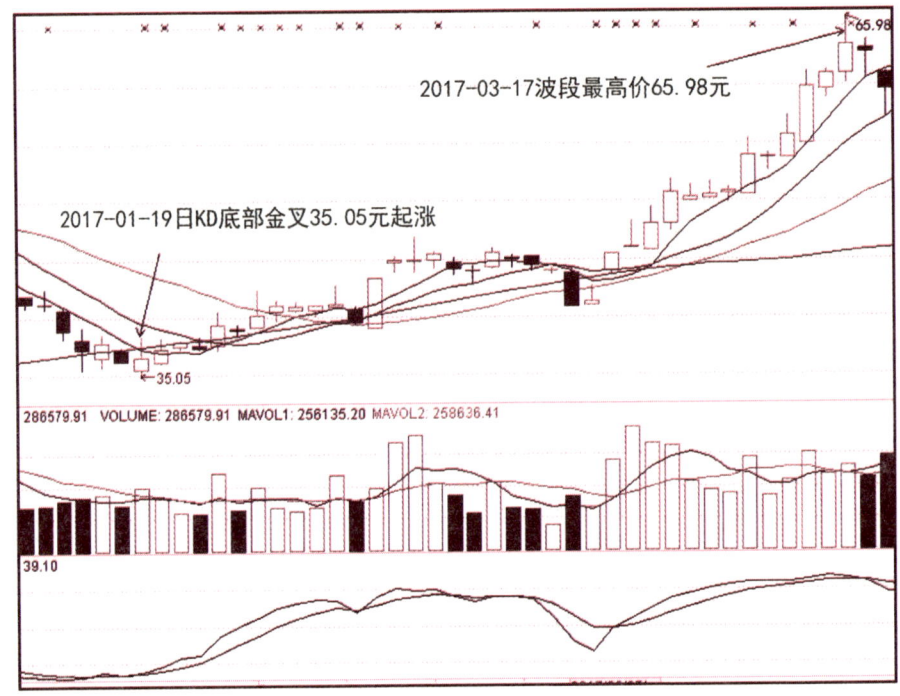

图 2-4　量价俱扬的庄股

综合上述 4 只股票量价配合的关系图，我们可以明显地看出，所有有庄家炒作的个股，起涨时，量价会出现同步俱扬的现象。

说到这里，可能有些股友会问：当股价第一个拉出涨停板，成交量就开始巨量放大，如此一来，庄家岂不暴露了他的行踪？招人过来分一杯羹！是的，庄家强势拉起，目的就是要"敲锣打鼓"地大肆宣传，希望大家知道这只股票要涨了！要大家赶快来共襄盛举。

第二章　如何挑选强势股

众所周知，所谓庄家者，也就是控股数量最多者。换句话说，股价涨得多，他才是获利最大者，而能把众人的目光从众多的股票中吸引过来关注自己的股票，这是庄家炒作的基本技巧与条件之一。俗话说的好：众人拾薪火焰高。身为庄家，引导众人的资金来推高自己的股价，进而操纵股价并获取最大的利益，这是身为一个合格的庄家的基本条件。

将心比心，我们身为一个小散，我们没有那么庞大的资金实力来操纵股价，但是，我们只要能了解庄家的企图，知道庄家的意向，当他开始大张旗鼓拉抬的时候，而我们及时地在第一时间介入，我们一样可以赚得钵满盆满，就如同前面那三幅案例K线图所显示，我们虽然没有赚到第一个涨停板，可是接下来的大涨幅，我们没有落下！如果把这段涨幅比喻成一条鲜美的鱼，我们虽然没吃到鱼头，不过最肥美的鱼身，我们是充分享受到了。所以说，追逐强势股，从涨停板里面挑股票，这是短平快炒作手法的第一要件！

好，既然说选股要从涨停板类股中挑股票，那么只要是涨停板的股票，就能买吗？回答这问题前，我请大家先看三幅个股当日涨停的线图做个示范。

案例一，000010 美丽生态，2016 年 12 月 27 日

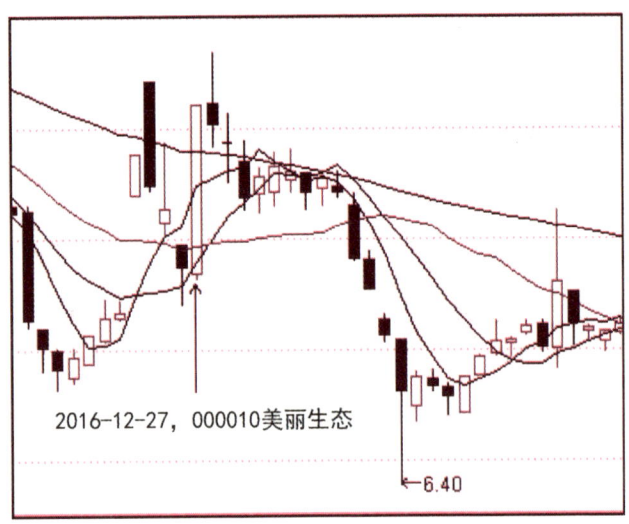

图 2-5　涨停后下坠的美丽生态

　　该股当日涨停，股价从底部的 7.32 元迅速拉升至当日涨停价 8.11 元做收。可惜的是，次日早盘高开，并一路上冲至最高价 8.35 元后，立刻如断线的风筝一般，直线下坠，次日收盘价在 8.02 元，追高者全部套牢。更可怕的是，接下来几天的走势，股价呈现一面倒地向下掉，从线图上，我们可以清楚看到，该股股价最差还来到 6.4 元。换句话说，追到这种股票，惨赔 30% 都不止。

案例二，000019 深深宝，2017年2月15日

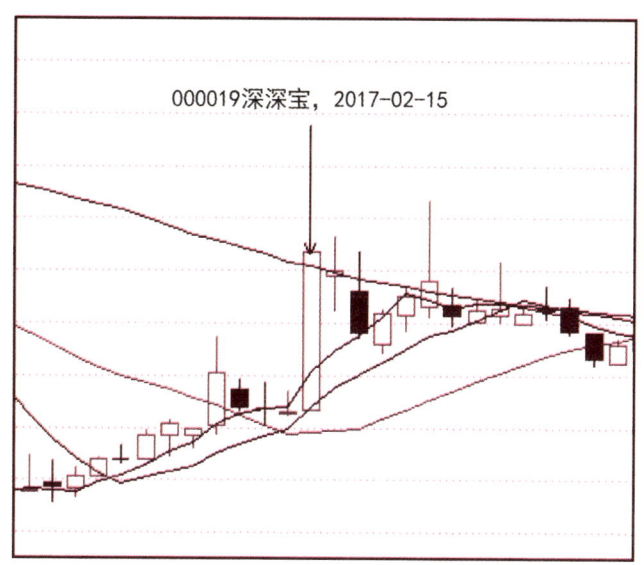

图 2-6　涨停一日游　深深宝

这只股票，000019 深深宝，跟上面的 000010 美丽生态一样，也是昙花一现式的一日涨停行情。两者的表现都是次日高开后，开始一路震荡下杀，追进者，全数套牢，并且在接下来的两三周交易时间内，要么认赔杀出，要么住进套房。

案例三，000068 华控赛格，2016年8月29日

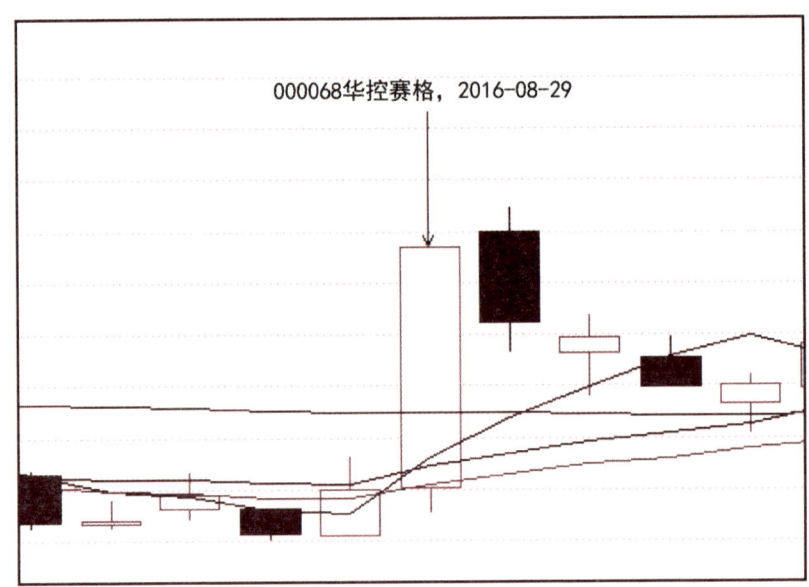

图 2-7 涨停一日游 华控赛格

该股也和前面两只股票一样，都是演出了一日行情，所有次日追进者莫不惨遭套牢。

综合上述三个个股案例，我们可以得到一个答案，那就是并不是所有的涨停板股票都可以买进的。换句话说，涨停板里面也是有所谓滥竽充数的股票，因此，如何精准地辨识出到底你选中的股票是乞丐还是王子？我想下文介绍的这个方法应该可以满足你的需求，解答你的问题。

【2-2】所谓的庄股

前面我们介绍了两种涨停板后的走势情形,一种是连续狂涨一路狂飙,这种类型的个股,无疑是有庄家厕身其间并且高度控盘。我想大家对这讲法应该毫无疑问。可是另一种涨停之后的股票,却如同高空烟火般,短暂地绚烂璀璨后,只留下满地的碎纸渣。

同样是涨停板,之所以会出现两个截然不同的后果,其实答案很简单,那就是一个是有"庄家爸爸"在照顾的宠儿,另一个是没人眷怜的弃儿。

因此,要如何在盘中千变万化的走势中区分出这两者之间的区别?我想,最好的办法,就是利用技术线形与指标来帮我们辨证!

接下来还是看原先几幅庄家控盘股票的K线图。

案例一,002300 太阳电缆,15 分钟 K 线图

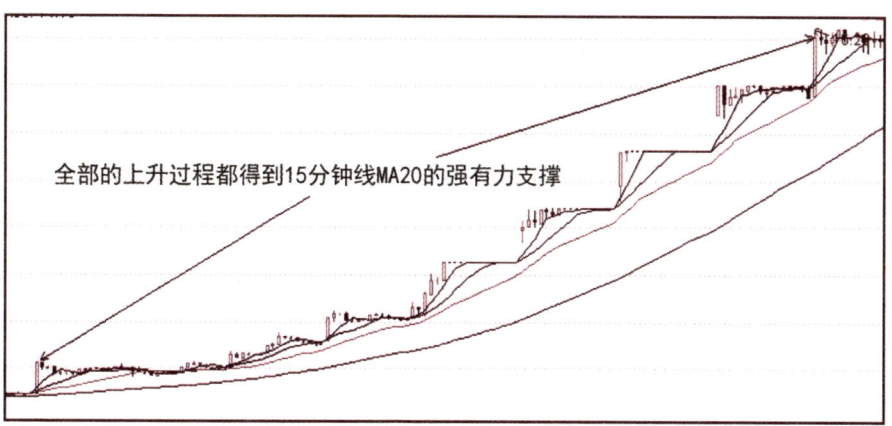

图 2-8 庄股的底线

前面提到，002300 太阳电缆是一支标准的庄股，由于有庄家的"照顾"，因此它的涨势相当的凌厉而且迅猛。从 15 分钟线的 K 线图，我们可以看出，由于庄家的刻意拉抬，因此它的底部有着强力的支撑线在维系着股价一路向上，朝着庄家心目中的目标价前进！

在这里，特别提醒大家一个炒股的小诀窍：但凡有庄家在拉抬的个股，庄家的内心一定有个所谓的"底线"存在。

以 002300 太阳电缆为例，所谓庄家的底线，我们可以一眼就清楚地看出，那就是 15 分钟线的 MA20（K 线图显示的紫红色的线）。

好，既然我们清楚地知道庄家的底线所在，那么我们参与其间，也就不会患得患失了，也就由于得知庄家底线，一旦盘中股价来到底线区，那么，放心大胆地冲进去就是，反正，天塌下来，有庄家这个个子高的人顶着，怕啥？

案例二，000877 天山股份，15 分钟 K 线图

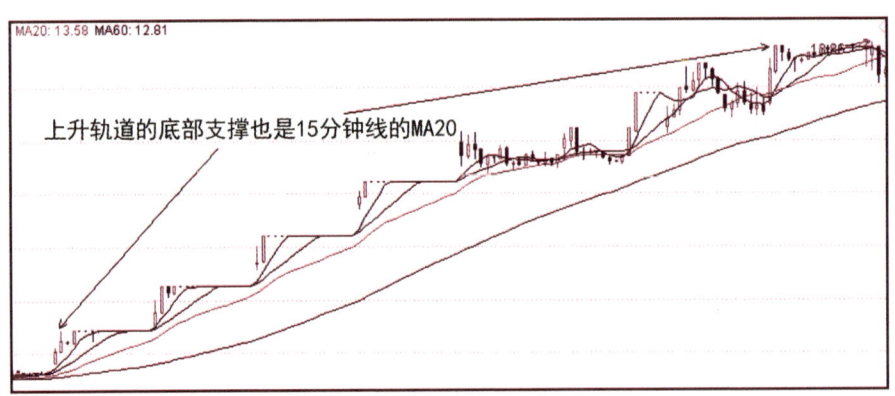

图 2-9　15 分钟 MA20 支撑的庄股底线

表面上看，000877 天山股份在涨升期间所显示出的走势线性，和 002300 太阳电缆的线形有极其相似之处。好像是同一人所为似的！

其实不然，我在此敢斩钉截铁地告诉大家：这绝对不是同一庄家的杰作！只不过，当庄家在"急"拉抬股价之时，所显示的路径是一样罢了！

在此要向大家说明解释一下，庄家在拉抬股价有两种情形：一是急拉，另一是缓拉。图上显示的两只股票是属于急拉型的股票，一般在股市中，这种急拉型的股票比较多，换句话说，庄家在短期内急急忙忙地将股价拉到目标区，尽快出货，然后将钞票落袋为安。

至于另一种缓拉型的庄家手法，其表现在线形图上的上升角度就没那么陡峭，大体而言是大约 45 度角的上升形态，由于是一二年期的长线操作，因此在这过程中，比较难得见到涨停板的现象发生。大多是天天小涨的形态为主。至于急拉型与缓拉型两者最大的区别在于，急拉型的股价涨幅，大体在一至两倍罢了，而缓拉型的股价，由于时间长，因此其涨幅则至少有五至十倍，甚至有二十倍以上的情形出现。

以下选取两幅缓拉型的案例图供大家参考。由于时间跨度太长，而本文的篇幅有限，因此，改以周线的形态表现，个人可以找到该股的日线图印证一下即可！

案例三，600340 华夏幸福，2011 年 4 月 15 日至 2015 年 6 月 19 日

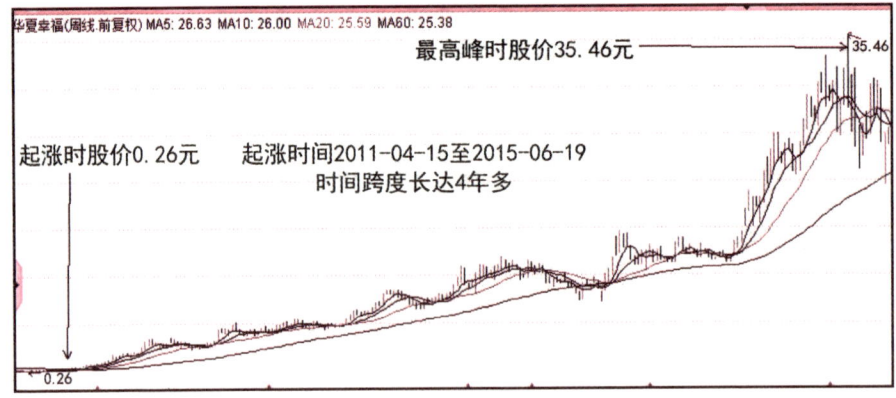

图 2-10　4 年 136 倍的华夏幸福

600340 华夏幸福当年借壳 ST 国祥上市，历经四年多，股价从 0.26 涨至 35.46 元，幅度高达 136 倍！恐怖吧！

其实这种长线缓拉型的个股，基本上都是公司自身的杰作，从而验证了那句老话：知己知彼，百战百胜。

话说回来，也只有公司的当权派有这样的胆气敢这么做。因为只有公司当权派才知道公司的经营策略以及经营状况，才敢使用这种放长线钓大鱼的做法。

 案例四，300104 乐视网，2010 年 9 月 30 日至 2015 年 5 月 15 日

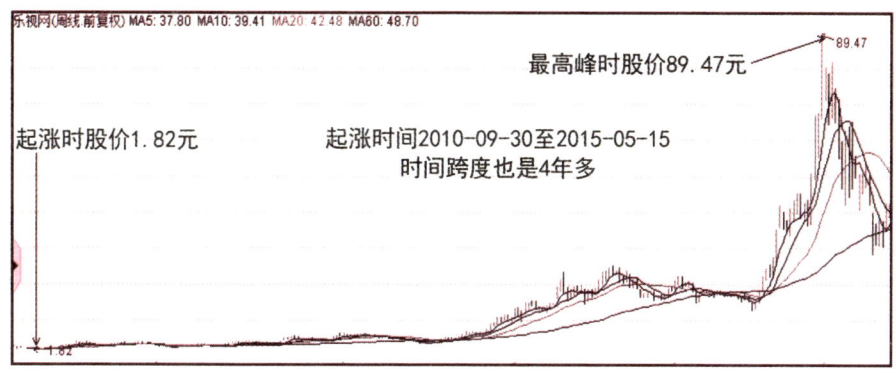

图 2-11　乐视飙涨

300104 乐视网在 2010 年至 2015 年的 4 年多期间，股价从 1.82 元拉升至 89.47 元，涨幅高达 49 倍。也就是由于公司炒作自家个股，因此才有后来大肆投资扩张的本钱。"中国股市是贾老板的提款机。"此言不虚也！

【2-3】如何识别庄股

解说完急拉型与缓拉型两种不同庄股的线型后，我想此刻大家会有一个迷惑：看来要想找到真正的黑马，其实也不是那么的简单。毕竟，要准确地找到黑马，并且能安稳地、最大程度地坐稳这匹黑马，其中的确需要技术与心态的配合！

话说回来，骑上黑马股，固然可喜，问题是由于技术不精，误把冯京当马凉的话，一头拱了进去，却是遇见假的庄股，一不小心住进了高级豪

华套房，岂不冤哉？

为了避免这种不幸的事发生，我们接下来也列举几个"假的"庄股案例，以供大家参考。

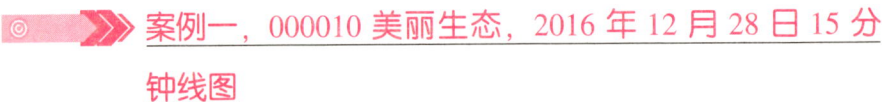

案例一，000010 美丽生态，2016 年 12 月 28 日 15 分钟线图

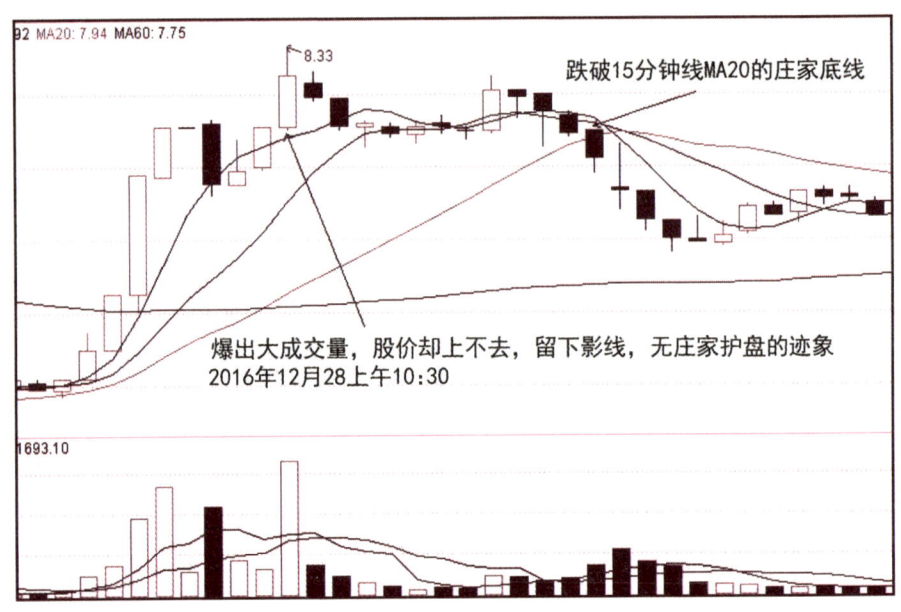

图 2-12　庄家护盘的底线

从 000010 美丽生态个股的 15 分钟线图，我们可以看到两个情形：其一是在 10∶30 时，成交量爆出当时的大量，但是股价却冲高回落，留下上影线，接着下来的另一根 15 分钟 K 线，不但成交量萎缩，而且股价呈现下跌情形。其二，时间来到下午收盘时，该 15 分钟 K 线正式跌破 MA20 的庄家底线，正常情况，如果有庄家护盘的股票，收盘价绝对不会跌破庄家

的底线。

因此，从上述两个现象，我们可以断言，该股没有庄家厕身其间。至于，为什么该股会在前一日（2016年12月27日）亮灯涨停呢？

其实，没有庄家炒作的个股，亮灯涨停也不是什么很稀奇的事。这情形就好比在天干物燥的森林中有人不小心点了一把火，于是引发森林大火。只是这种事纯属意外，因此只能是偶发现象罢了。不过，我们在选股时，记得仔细观察，这类股绝对要避开为要！免得被套牢又浪费时间！

案例二，000019 深深宝，2017年2月16日15分钟线路图

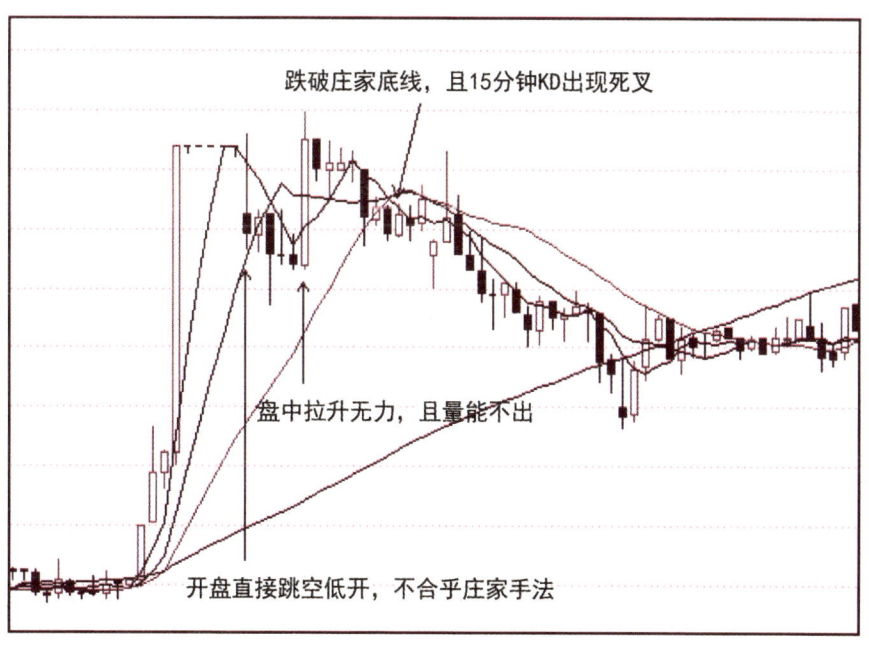

图 2-13　无庄护股的"三个致命伤"

000019 深深宝虽然前一交易日涨停做收，但是一开盘就把该股的原形暴露无遗，首先第一个致命伤是开盘低开。

试想一下：昨日好不容易，千辛万苦地花了大把银子封涨停的个股，就宛如精心呵护的成果一般，爱之唯恐不及。又怎会过了一夜，就将辛苦的成果葬送？所以说，开盘低开，这种现象对一支有庄家护盘的股票而言是绝对不能容许的现象。

第二个致命伤是盘中稍微拉抬一下，多头立刻就丢盔弃甲、无力回天，走势频频下挫，多方的弱势展露无遗。

至于，第三个致命伤是出现在下午盘，竟然还发生 KD 死叉以及跌破 15 分钟线 MA20 的现象。

这连着的 3 个硬伤，暴露出该股无庄家护盘的事实。

看了两个假庄股的案例后，我想在这里补充一点有关选股的另一种方法：通常而言，大家提到如何从涨停板里面选股，一般指的是收盘后的作业。换句话说选股时，你要选的标的股已经在今日涨停板锁死到底了，如果要想买进的话，那是明日开盘后交易的事。

其实，所谓的从涨停板里挑股票还有另外一种情形，那就是盘中挑选股票。这情形就是在交易时间内，某只个股的涨停板被打开了，这时股价出现下滑的情况，此时择机买进进场，也是所谓的在涨停板里面挑选股票的操作方法之一。

下面举几个案例供大家参考。

 案例一，603179 新泉股份，2017 年 3 月 30 日 5 分钟 K 线图

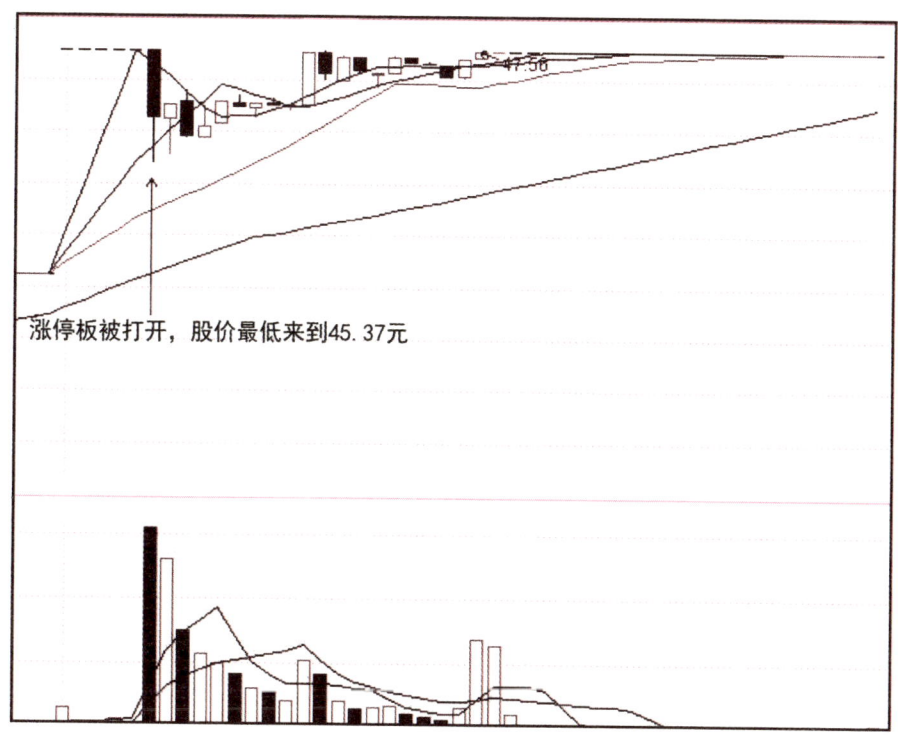

图 2-14　涨停板打开后的量价变化

这是 603179 新泉股份 2017 年 3 月 30 日当天的 5 分钟 K 线图。由于该股是新上市股票，上市议价 16.8 元公开发行后，一路都是一字马涨升，这天一开盘还是涨停开出，上午 9：57 涨停被打开后，股价从最高的 47.56 元滑落至 45.37 元。在这里如果进场买进，后来再度涨停锁死，当天便有有 2.19 元的价差可赚。

在上面这幅 5 分钟线图可以看见整个成交价格与成交量的变化情形如下：

1. 涨停板打开后，股价大幅下滑，成交量也跟着暴量。

2. 涨停打开的当根 K 线收了长下影线，代表了接盘买进的意愿很强。

3. 次根 K 线以后的走势，出现股价向上，多头收复失地的现象。

4. 一个半小时后，该股重新锁住涨停，当日总成交量达到整个流通股的 50.16%，换句话说原本零散的筹码有了新的归宿。

案例二，300620 光库科技，2017 年 3 月 30 日 5 分钟 K 线图

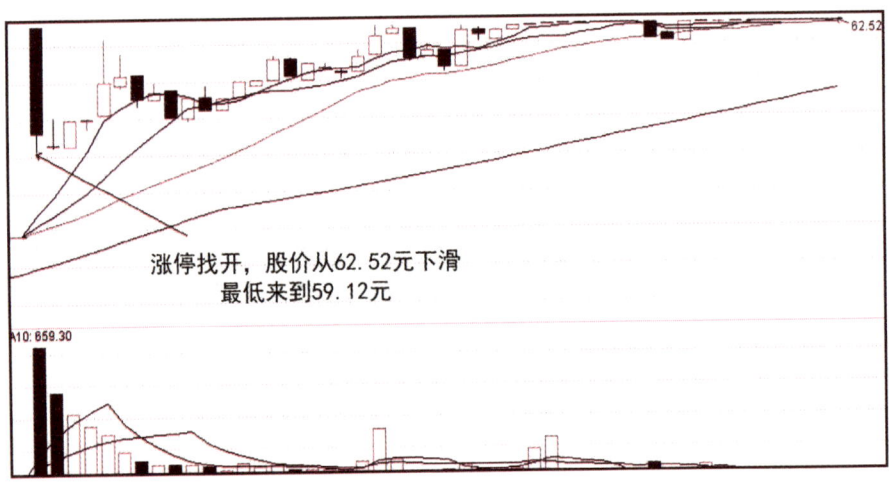

图 2-15　次新股连续涨停后涨停打开

　　300620 光库科技，情形和前面的 603179 新泉股份一模一样。都是经过连续涨停拉升后，涨停被打开然后再经过一番努力后再度锁住涨停。以这两只新股来说，由于筹码较少，因此，常常一日的成交量往往占总流通股的 5 到 6 成。

如此巨量的大换手,很容易吸引投机客进场抢筹。因此,这类股的后市一般都看涨。至于能再涨多少幅度,这就不是人力所能测算出的,恐怕神仙也不知道!

介入这类股票,完全就是凭胆气,正如俗话所说:"撑死胆大的,吓死胆小的。"

下面再补充两个案例,全部都出自这类新上市股票的走势图。

案例三,601212 白银有色日线图

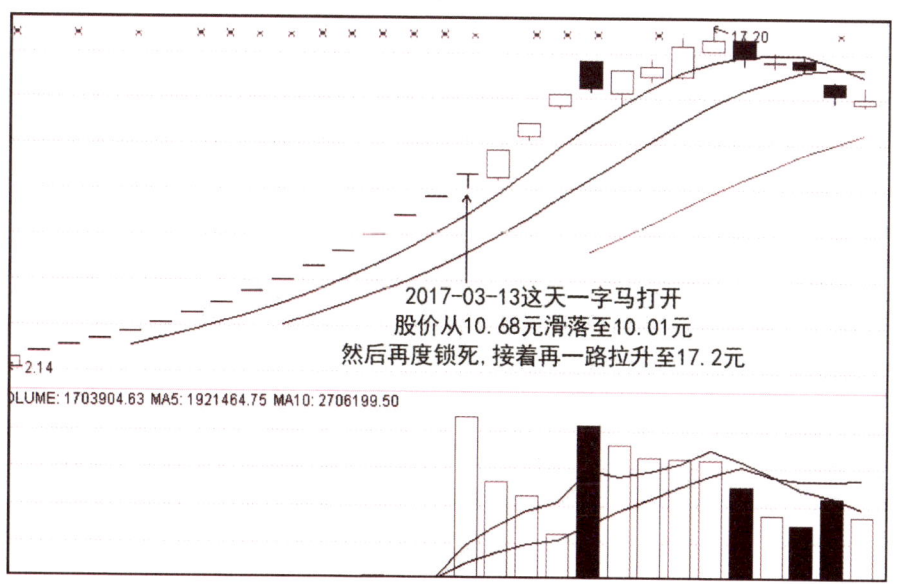

图 2-16 连续涨停中的短暂入场机会

这种股票一上市,便连着拉了 16 个涨停,请问,你敢追吗?

正所谓：运气好，买到赚到！接下来，该股再连着拉了8个交易日的涨停，股价从10.68拉升至17.2元。

案例四，600939 重庆建工日线图

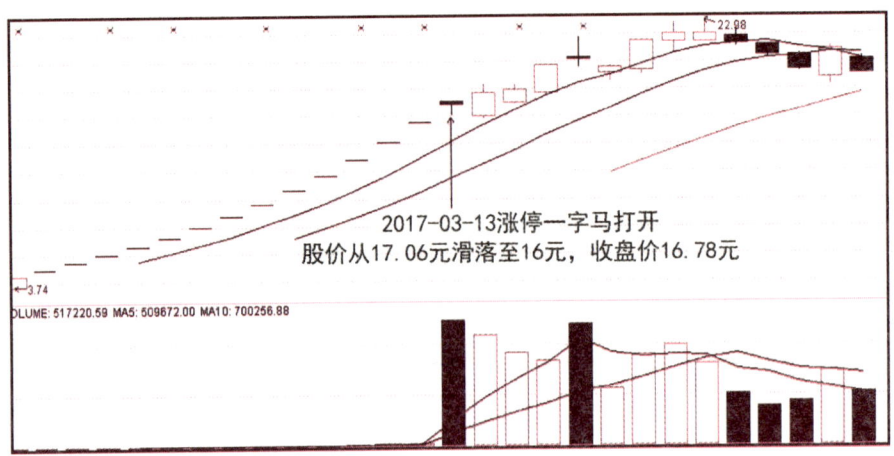

图2-17 连续涨停的强势个股

600939重庆建工的情形与601212白银有色相当类似，都是同一天一字马打开，重庆建工稍弱的是当天该股并没有再度锁住涨停板。可是，该股后市的走势还是可圈可点，短短的8个交易日，股价从16.78拉升至22.98元，涨幅也有37%，这样的投机，收益相当不错了！

说完几个新上市的股票连番一字马涨停被打开后，眼明手快的人，大胆介入后，股价出现二度蜜月行情。接下来，找一只老股票，也来看看它的表现如何。

案例五，600545 新疆城建，2017 年 3 月 30 日 5 分钟 K 线图

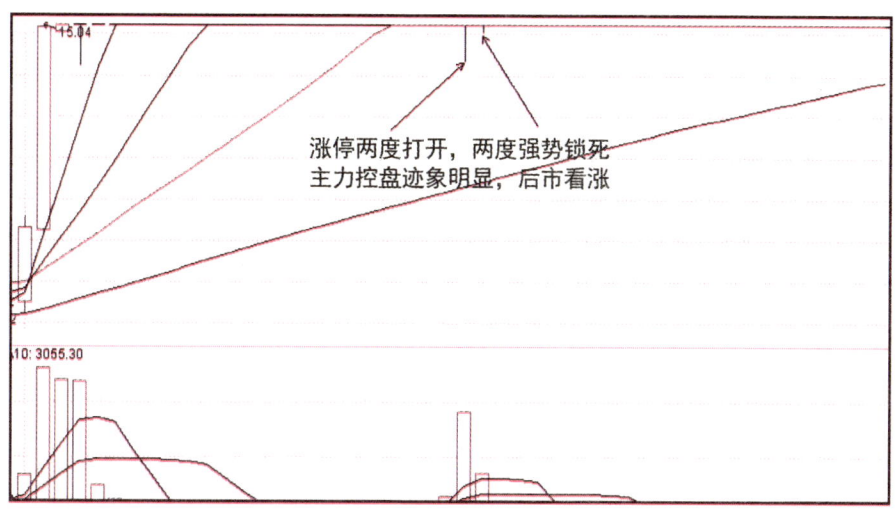

图 2-18 新疆城建涨停中的打开

这是 600545 新疆城建 2017 年 3 月 30 日的 5 分钟 K 线图，该股早盘以平高盘开出后，主力庄家突然发力，以迅雷不及掩耳之势迅速向上拉升。开盘不到 10 分钟，股价已经触及涨停板的价位。

由于突然拉升，短线涨幅过大，因此有许多获利了结的卖盘出现，再经过了 10 分钟的发力后，终于还是封住涨停板。

其后在下午盘时间，也曾两度打开涨停，但都在主力的护盘下，两度强行封死涨停。主力庄家的决心与企图相当明显。

600545 新疆城建日线图

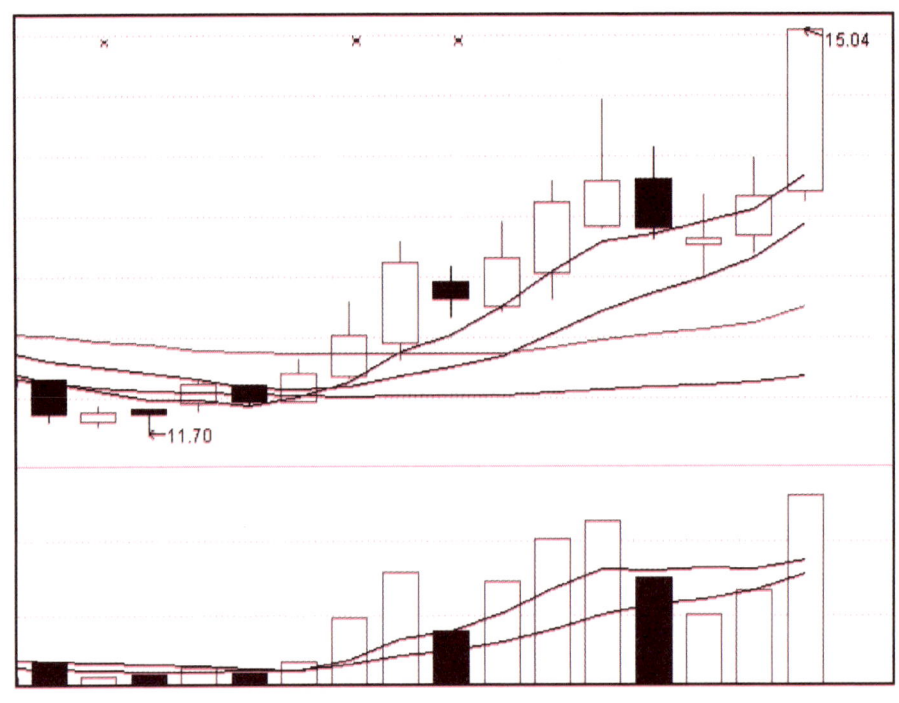

图 2-19　彪悍的庄家

与前面两只个股不同的是，600545 新疆城建是只上市已经 14 年的老股票了。通常这种上市十多年的老股票，市场的流通浮额一定比较多而且较为零散。可在 2017 年 3 月 30 日这一天，主力猛然拉起。而且在早盘 10 分钟的时间就封死涨停，并且在下午盘两度被打开涨停后仍然强力锁死。这应了一句老话："不是猛龙不过江！"庄家表现得如此彪悍、有恃无恐，该股的后市可期！

上面介绍了在涨停板里面挑股票的方法以及应该注意的事项。看了那么多案例后，相信大家应该有了充分的了解。炒股本就是投机买卖，刀口舔血本就是炒股人应有的胆识，否则就不要参与股市的炒作。

问题是，既然敢来就得搞出一点收益出来，大家应该抱着千方百计从股票里赚到钱的思维来炒股，而不是前怕狼后怕虎的苟且心态。狭路相逢勇者胜，只要大家胆气十足，再加上技术到位，最主要的还是技术要到位！自然能有胜算的把握！

接下来，我要再介绍另外一种选股的模式，这种方法也是收益相当高的选股方式，希望大家努力学习，用心体会！

点 睛

★ 庄家炒作的技术中,营造出一个巨量的交易环境是庄家的第一要务!

★ 但凡有庄家在拉抬的个股,庄家的内心一定有个所谓的"底线"存在。

★ 庄家在拉抬股价有两种情形:一是急拉,另一是缓拉。图上显示的两只股票是属于急拉型的股票,一般在股市中,这种急拉型的股票比较多,换句话说,庄家在短期内急急忙忙地将股价拉到目标区,尽快出货,然后将钞票落袋为安。

★ 缓拉型的庄家手法,其表现在线形图上的上升角度就没那么陡峭,大体而言是大约45度角的上升形态,由于是一二年期的长线操作,因此在这过程中,比较难得见到涨停板的现象发生。大多是天天小涨的形态为主。至于急拉型与缓拉型两者最大的区别在于,急拉型的股价涨幅,大体在一至两倍罢了,而缓拉型的股价,由于时间长,因此其涨幅则至少有五至十倍,甚至有二十倍以上的情形出现。

★ 从涨停板里挑股票还有另外一种情形,那就是盘中挑选股票。这情形就是在交易时间内,某只个股的涨停板被打开了，这时股价出现下滑的情况，此时择机买进进场，也是所谓的在涨停板里面挑选股票的操作方法之一。

★ 大家应该抱着千方百计从股票里赚到钱的思维来炒股，而不是前怕狼后怕虎的苟且心态。狭路相逢勇者胜，只要大家胆气十足，再加上技术到位，最主要的还是技术要到位！自然能有胜算的把握！

Chapter 3
第三章

日KD技术指标的妙用

窥探投资市场真谛，寻觅茫茫股海明灯

要谈到KD的运用法则，最主要的就是要针对它的"交叉"的比较，换句话说就是比较"金叉"与"死叉"的价位，就能得知这只股票后市的走势是涨是跌，而且还可得到"涨到哪里"或"跌到哪里"的结论。

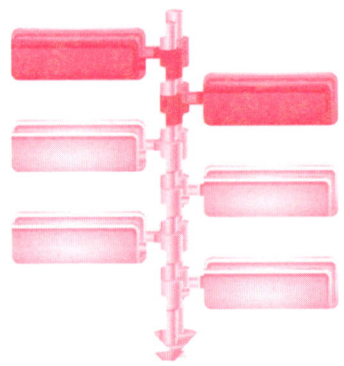

谈到所谓的 KD 指标，在这里，我想先对这个技术指标做一番解释。

首先，按照教科书的解释，KD 指标的中文名称是随机指数，它是技术分析指标的一种，最早起源于期货市场，是在 WMS 的基础上发展起来的。

随机指标（KD）适用于中短期股票的技术分析。KD 线的随机观念与移动平均线相比，各有所长。移动平均线在习惯上只以收盘价来计算，因而无法表现出一段行情的真正波幅。

换句话说，当日或最近数日的最高价、最低价无法在移动平均线上体现。因而有些专家才慢慢开创出一些更进步的技术理论，将移动平均线的运用发挥的淋漓尽致。KD 线就是其中一个颇具代表性的杰作。

随机指标（KD）的主要理论依据是：当价格上涨时，收盘价倾向于接近当日价格区间的上端；相反，在下降趋势中，收盘价倾向于接近当日价格区间的下端。随机指标（KD）在设计中充分考虑价格波动的随机振幅与中短期波动的测算，使其短期测市功能比移动平均线更加准确有效，在市场短期超买超卖的预测方面又比相对强弱指标敏感。因此，这一指标被投资者广泛采用。

以下是 KD 操作的六大基本原则：

（一）K 值与 D 值永远介于 0~100 之间。D 值>70，行情呈现超买现象；D 值<30，行情呈现超卖现象。K 值从低于 D 值瞬间转为高于 D 值，这现象称之为黄金交叉，简称金叉。而 K 值从高于 D 值瞬间转为低于 D 值，这现象称之为死亡交叉，简称死叉。

（二）当 K 值持续大于 D 值时，显示目前趋势是上涨，因而 K 线向上

突破 D 线时,为买进信号;当 K 值小于 D 值时,显示目前趋势是下跌,因而 K 线向下跌破 D 线时,为卖出信号。

(三) K 线与 D 线在 70 以上,30 以下发生交叉,进行买卖比较可靠。如果 KD 黄金交叉发生在 20 以下时,是最佳买点;如果 KD 死亡交叉发生在 80 以上时,是最佳卖点。

(四) KD 指标不适于发行量小、交易不活跃的股票。但 KD 指标对大盘和热门大盘股有极高准确性。

(五) 当 KD 指标与股价出现背离时,一般为转势信号,中期或短期的走势有可能已见顶或见底。

(六) 当 K 值和 D 值上升或下跌的速度减弱,倾斜度趋于平缓时,这是短期转势的预警信号。

上述是从教科书上下载的资料,相信许多读财经专业本科的学生,都背诵过这六大铁律。

撇开上述教科书中对 KD 指标泛泛的解说,基于多年的研究,我对 KD 指标的运用有我独到的见解,要谈到 KD 的运用法则,最主要的就是要针对它的"交叉"的比较,换句话说就是比较金叉与死叉的价位,就能得知这只股票后市的走势是涨是跌,而且还可得到涨到哪里或跌到哪里的结论。

【3-1】利用日 KD 金叉来挑选个股的方法

在前面的章节中,我列举了几个案例来谈如何在涨停板类股中挑选强势股的方法,以及应该注意的事项,接下来,我要介绍利用 KD 技术指标来挑选强势股的操作方法。

依照惯例,我将继续列举几个案例让大家参考。

案例一,300376 易事特日线图

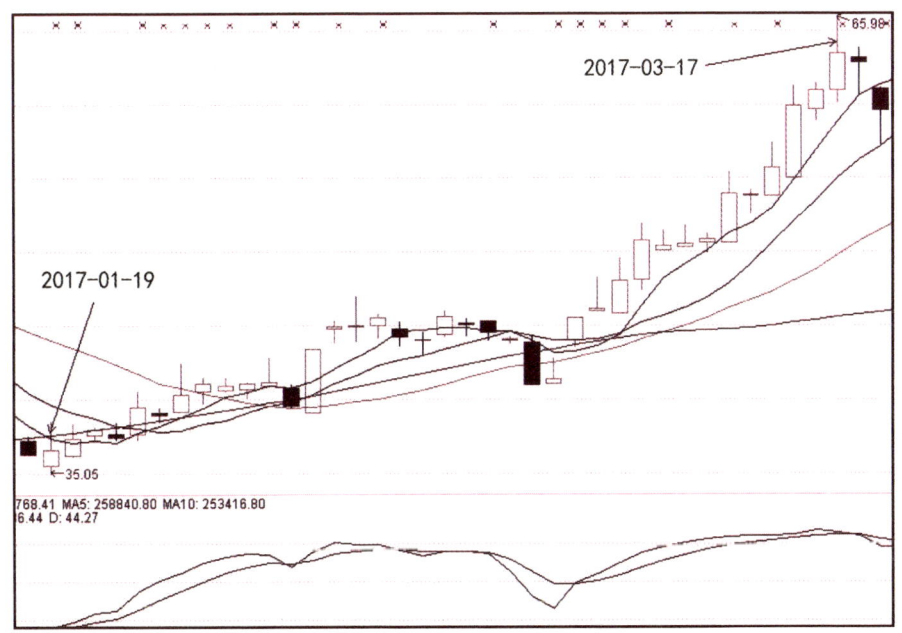

图 3-1　无绝对控盘的易事特

这幅 300376 易事特的日线图时间跨距 2 个月。从 2017 年 1 月 19 日至 2017 年 3 月 17 日。股价从最低价的 35.05 元涨至最高价的 65.98 元。涨幅几乎一倍。从技术线形看,该股并无绝对控盘的庄家存在。

从公司的股东名册可以看出,前十大流通股东,都是新进入的牛散,而股票之所以能涨那么高,纯粹是市场的力道使然。并无人为刻意炒作的迹象可寻。这样的表现,证明一件事:好股票该涨还是会涨,不一定要有

庄家存在。

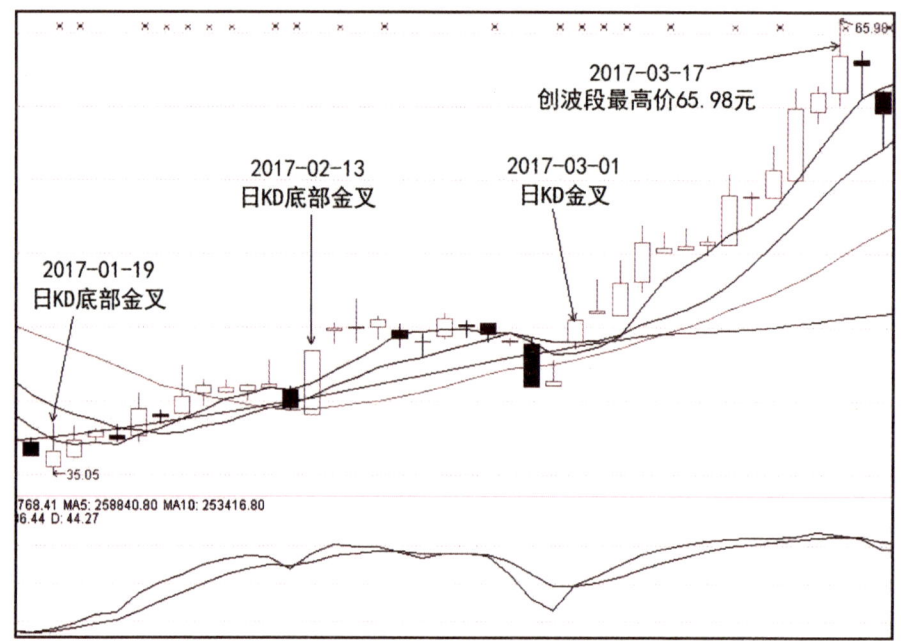

图 3-2 利用日 KD "金叉" "死叉" 买入卖出

还是刚才那幅案例图,只是增加了同步的 KD 技术指标。从技术图形看,每一次的日 KD 金叉,就是一次波段涨势的开始。而每当日 KD 发生死叉,则是波段涨势停滞,股价歇息的时候。这样的情况,真是屡试不爽。这也正是我在这里要强调的事实:利用日 KD 指标来操作进出,一旦金叉发生就买进,一旦死叉出现就卖出。整个操作步骤,就如同跳舞一般,只要跟对了正确的行进节拍,一样能赚到大钱!

案例二，000877 天山股份

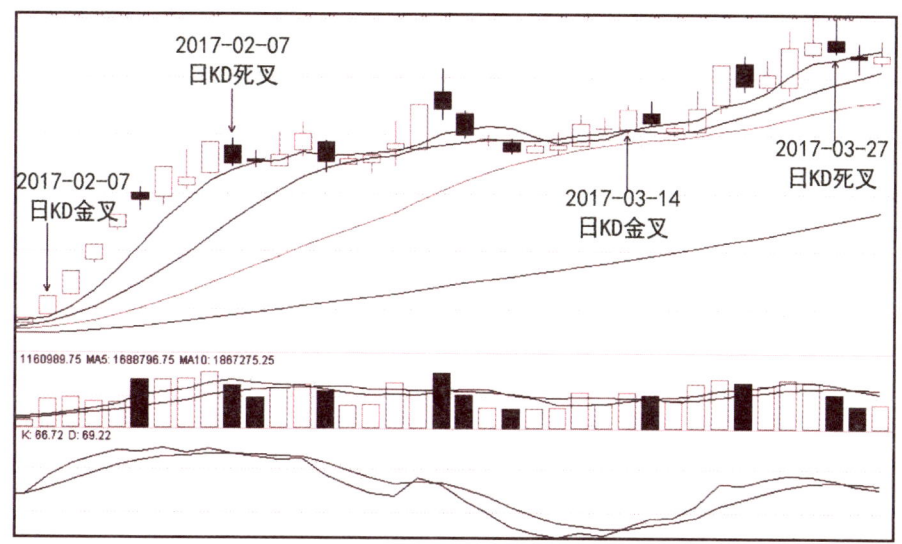

图 3-3　天仙股份日 KD "金叉" "死叉" 的分析

这是 000877 天山股份的日线图以及日 KD 图，时间跨度从 2017 年 2 月 7 日至 2017 年 3 月 30 日，共计 37 个交易日。

按照我刚才的说法：一旦遇到日 KD 金叉出现时就买进，等到日 KD 出现死叉就卖出。按这样的炒作思维来做的话，000877 这只个股，在这里有两次波段炒作的机会：第一次是从 2 月 7 日至 2 月 17 日，在这段期间，股价从 7.82 涨至 13.89 元，涨幅 77%，短短 9 个交易日有如此的涨幅，这样的表现也算是强势股了吧！

第二次的炒作机会则是从 3 月 14 日至 3 月 27 日。总的交易时间是 10 个交易日。股价从 14.03 涨至 18.4 元，涨幅 31%。这样的时间段，这样的涨幅，表现还算中上，能评个 "可圈可点"。

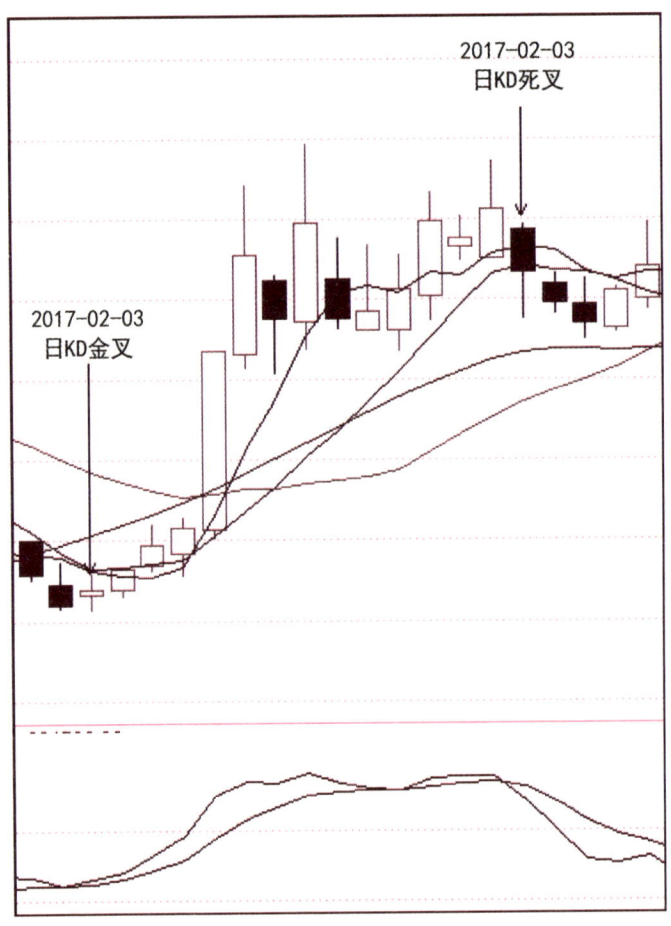

图 3-4　普通股的日 KD 买点

这是 600545 新疆城建从 2017 年 2 月 3 日至 23 日的交易日线图。股价从最低的 10.56 元上涨至最高价的 13.37 元，涨幅 26.6%。在前后 15 个交易日期间，有接近三成的涨幅，这样的成绩，虽然和那些飙涨的庄股无法相比，但是相对于一般的小散而言，这样的成绩也算是可以傲人的吧！

其实，我之所以挑选这只股票来作为案例，倒不是因为这只股票的涨幅如何惊人，走势如何彪悍，最主要是因为它"太普通了"，普通到这种类型的个股在股市中俯首皆是，一抓一大把！

我在此强调的是，股市里大把大把的黄金可以捡，问题只是方法的对与错罢了！方法用对，随随便便、普普通通的股票也能帮你挣钱；方法用错，你只能眼睁睁地看着辛苦的血汗钱付诸东流！

好，既然说到方法最重要，那么单纯地只是利用日 KD 这一条件来选股，真的就能在股市无往不利了吗？其实这答案倒也不尽然，用日 KD 选股，还是有些需要注意的细节和诀窍，这些诀窍如果你无法掌握，不懂得运用，亏损还是难免的。以下我列举三个案例，都是不懂得运用日 KD 选股诀窍，所带来的负面效果。

案例一，000031 中粮地产，2017 年 3 月 14 日日 KD 在底部金叉

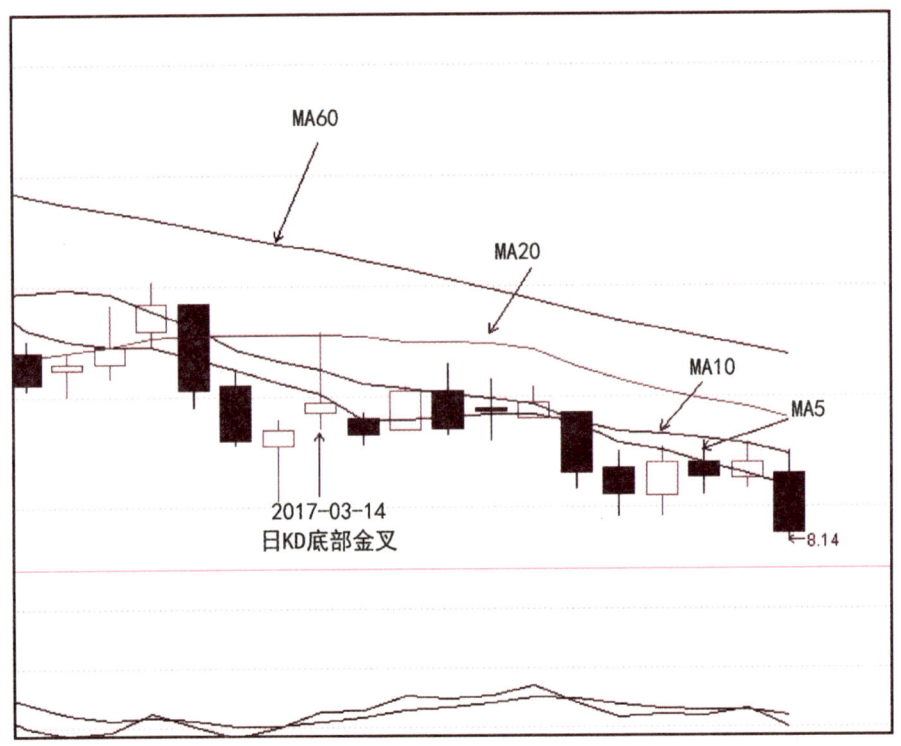

图 3-5　日 KD 买点的条件

这只股票是 000031 中粮地产，2017 年 3 月 14 日日 KD 在底部金叉。表面看是符合日 KD 在底部金叉的选股条件。金叉当日的收盘价是 8.39 元，次日股价虽然小跌，但是跌幅不大，一切的走势迹象似乎都没问题，好像还蛮值得期待的。

可是，从实际的走势来看，该股接下来的走势并没有强势上涨，而是横盘了几日后便一路慢性下跌。买到这种股票，就像是买到"不中"的乐

透彩票一样，先是满怀希望，接着是空欢喜一场，最终就是气愤地诅咒了。

俗话说："慧眼识英雄。"这句话的意思是说，先决条件是你得具备"慧眼"才能分辨出真正的英雄，而不是把冯京当马凉，拿个滥竽来当作宝。

因此，为了正确地在几千只股票中，慧眼地挑出宝，那就得注意下面这个客观配合条件：

如果要利用日 KD 金叉来选股的话，还需配合几个客观条件加以考虑，其中之一就是，整个走势线形必须是多头排列。换句话说，日线的 MA5>MA10>MA20>MA60，要符合这样的基本条件，才是正确的选择方法！

通常来说，整体的走势线形，如果是多头排列的话，那就代表大趋势向上，趋势向上时，日 KD 出现金叉也就意味着股价还有向上趋坚的力道！反之，如果线形是呈现空头排列，就如同现在所举的案例一样，MA60>MA20>MA10>MA5。那就意味着 KD 金叉仅仅只是在下降通道的小反弹罢了，一旦反弹结束之后，股价还将破底再现新低！事实证明，该股后面的走势果然出现一路向下破底之势。

总之，如果要用日 KD 选股，一定要考虑整体的走势线形是处于多头排列的情况下，这个概念很重要，请务必切记！切记！

案例二，000046 泛海控股

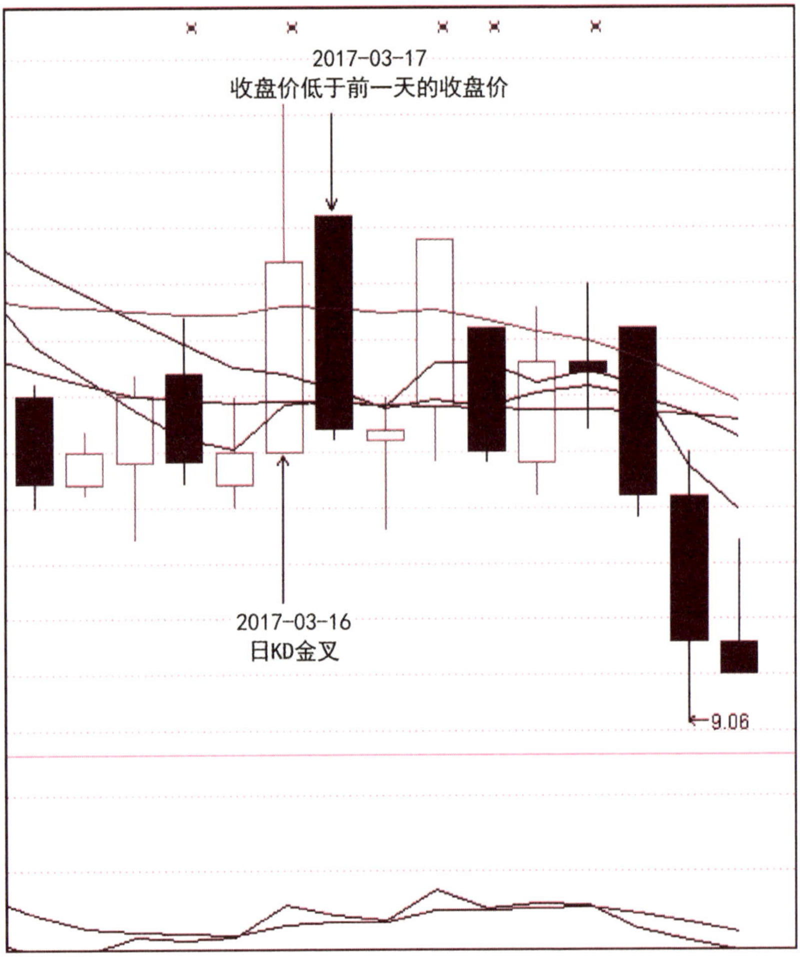

图 3-6 假"金叉"，假"死叉"

000046泛海控股和上面的中粮地产走势情况稍有不同，虽说整体走势出现纠缠的排列，而非标准的空头排列，但是由于日KD金叉的次日，收盘价却是低于金叉当日的收盘价，这种现象的金叉，我把它定义为"假金叉"。既然是假的金叉，换句话说就是没有真金叉的那种带领股价向上的力道。果不其然，该股接下来的走势，出现破底的结果。

在此，我要再重复一句：

1. 凡是金叉的次根 K 线的收盘价低于金叉这根 K 线的收盘价，这根 K 线的金叉是假金叉。

2. 凡是死叉的次根 K 线的收盘价高于死叉这根 K 线的收盘价，这根 K 线的死叉是假死叉。

补充说明：不论是假金叉也罢，假死叉也罢，既然是假的，当然就不具备原本的功能。不过，假金叉或是假死叉都具有一次补过的机会。记住是一次而已。

以上述 000046 泛海控股的走势为例，日 KD 金叉的次日收盘价低于金叉，已经形成假金叉，接下来再次日的收盘价，仍是无法在金叉当日收盘价之上，至此，假金叉确认，股价没能有金叉助涨的功效，形成反转向下的走势。

为了增加大家的印象，我再找了另一只股票来印证假金叉的意义。

案例三，000005 世纪星源

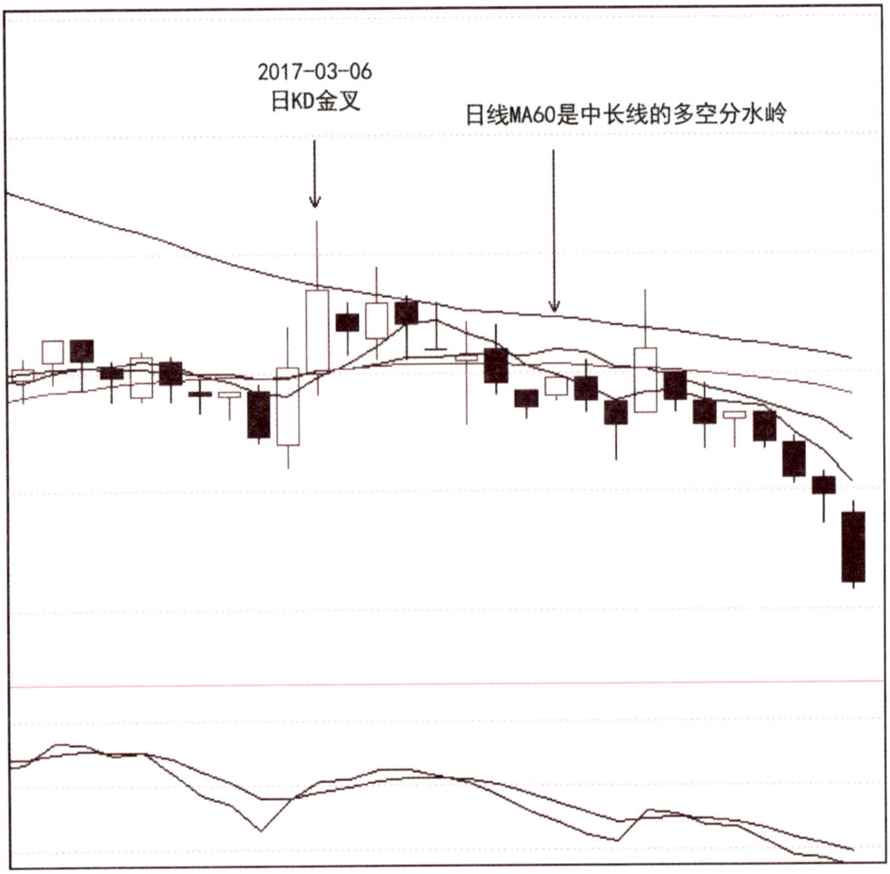

图 3-7　处于 MA60 下的日 KD 金叉

　　这是 000005 世纪星源近期的日线走势图。从图上我们可以明显地看到虽然该股在 2017 年 3 月 6 日这日出现日 KD 金叉的现象，但是，随后的交易日，收盘价在金叉日之下，再接着下一个交易日的收盘价，也还是无法高于金叉当日的收盘价，至此这个金叉变成了所谓的"假金叉"。再者，这只股票的移动平均线的线形排列紊乱，并非多头排列。还有一点很重要的参考之处，那就是金叉当日，股价曾试图突破日线 MA60 的反压，不过却功败垂成，收盘价处于日线 MA60 之下。

【3-2】利用日 KD 来判断期货的多空趋势

谈完了利用日 KD 指标来选股的方法后，我想将话题转为：如何用日 KD 指标来判别出期货的多空趋势？

至于为什么要将同样的技术指标的运用模式，从股票转为期货呢？这是因为炒股与炒期货的道理是一样的，有许多的技术指标是可以互通的。特别是 KD 指标。

KD 指标在名称上还有一个名字，那就是"随机指标"，这意思是说，借着实战中实时数据的变化，经过它独特的公式计算后，这个指标会在最短的时间内最迅速地显示出走势的强弱。由于它具有这种指征，可以让我们迅速地得知实时的走势变化是走强还是转弱。而我们能靠着指标强弱的标示，清楚地看出多空趋势而做出对应的买入与卖出。

一般而言，提到期货，大家都知道是指金融期货以及商品期货两大类。所谓的金融期货包括股票指数期货，例如上证沪深 300、香港恒生指数、美国 SP500 等等，以及外汇汇率两种，至于商品期货的品种那就更是五花八门了，有有色金属、黑色金属、粮油、原油等等。

虽说期货的价格走势常常受到其他因素的影响，例如粮食作物类的期货，大豆、咖啡等会受到气候的影响，有色金属会受到战争、罢工的影响。可是，追根究底，期货价格的变动，基本上还是在供需问题上做文章。因此，一般期货的走势还是有迹可循的，而这点，我们可以用技术分析来加以判断。

由于期货的交易模式可多可空，而且可以立刻冲销，因此炒期货的概念，没有所谓的长线操作，而是多空轧平，短平快式的短线炒作。就由于多空随时可能易主，因此，炒期货最重要的技巧就在于看清多空的趋势。

认清多空的趋势这点很重要，因为，炒期货有个非常重要的原则：那就是多头势的时候要找低价买进的机会，而不要做空，反之，空头势的时候是逢高找沽空点，绝对不要做多。换句话说，炒期货是做单边势，而不要忽多忽空，多头势只做买进的动作，空头势只做沽空的动作。

既然看清多空趋势是炒期货的第一基本要务，那么如何看出多空趋势呢？以下就是我个人的见解：

依照前面解说的模式，我们先举几个案例来告诉大家，如何研判多空趋势。

案例一，伦铜电（LMCDE）

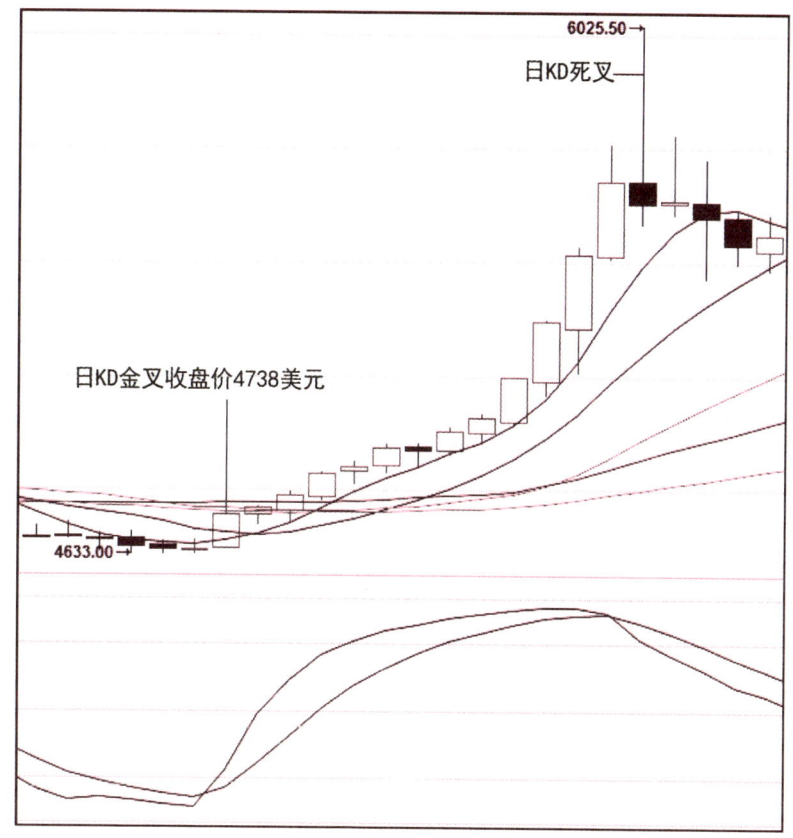

图 3-8　期铜的金叉和死叉

首先第一个粉墨登场的是 2016 年 10 月 25 日至 2016 年 11 月 11 日的伦铜电日线图。短短 12 个交易日，铜价从 KD 金叉当日的收盘价每吨 4738 美元上涨到最高价的每吨 6025.5 美元。每吨铜价足足涨了 1287.5 美元。

而炒作过期铜的人也都知道，沪铜的走势与伦敦铜是几乎同步的，用如影随形四个字来形容是一点也不为过的。就因为如此，同期的国内沪铜铜价也从每吨 38010 元上涨至每吨 46830 元，每吨铜涨了 8820 元，涨幅

23.2%，这个涨幅相信参与过期货炒作的人都知道意味着多大的利润！在此就不再赘述。

以下就是同时间段沪铜的日线以及KD线图

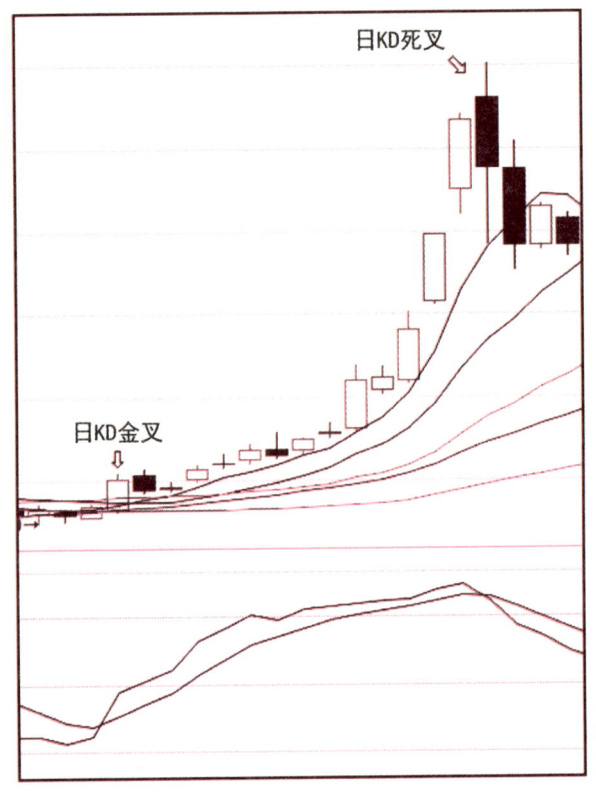

图 3-9　沪铜的金叉和死叉

我之所以用期铜来做第一个案例，纯粹是因为我对期铜的走势比较清楚，而当年在深圳金属交易所也让我度过一段蛮美好的时光。话说回来，前面我在股票的解说里有提过，只要是能用K线图来标示的东西，不管是股票、期货、指数、外汇等等，都能用KD技术分析的手段来加以解释。

既然能用KD指标来分析，KD金叉买进，死叉卖出，这可是最最简单的第一条法则。单是运用这最基础的法则，金叉时候买进做多，你看那走势线形被日线 MA5 托着一路向上，盘中根本没有破线的机会，换句话说，这段期间走势的表现是一路上涨的多头格局，根本就没有下车平仓的理由，你只要捂着你的多单，短短十来天便能赚到几倍于本金的利润。

结论：利用日线图的移动平均线以及 KD 指标，是判断多空趋势的最佳利器。

案例二，上海交易所白银指数

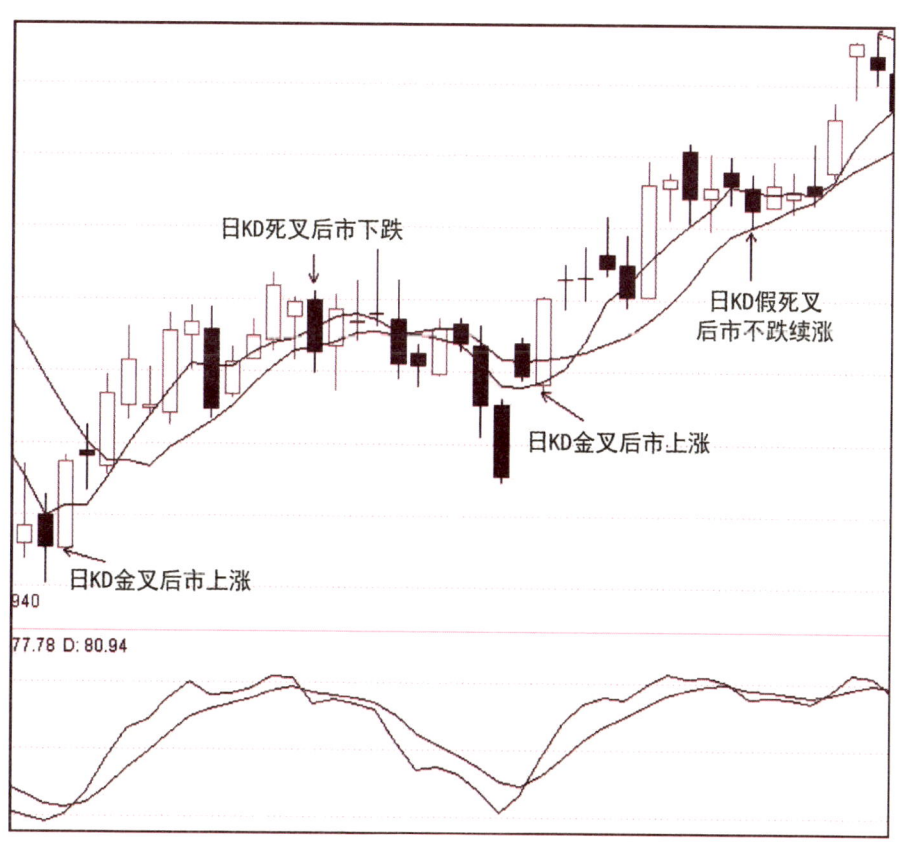

图 3-10　白银"假死叉"

这是 2016 年 12 月 27 日至 2017 年 3 月 1 日的白银指数日线以及 KD 图。图中我们可以清楚看见，日 KD 金叉，走势向上，出现死叉后，趋势向下。最右面的 KD 虽然出现死叉，但是由于下一个交易日的收盘价高于死叉这一天的收盘价，所以这个死叉是假死叉，因此，行情拐个头之后继续上涨。

在上涨与下跌的整个过程中，我们也可清楚地看见日线的移动平均线也同样发生作用，上涨时 MA5 与 MA10 都托着价位上行，下跌时支撑线变成反压线，清楚地指明走势趋势，看得懂的人，据此多空来回炒作，一定会获利颇丰的。

案例三，大连商品期货豆粕连三

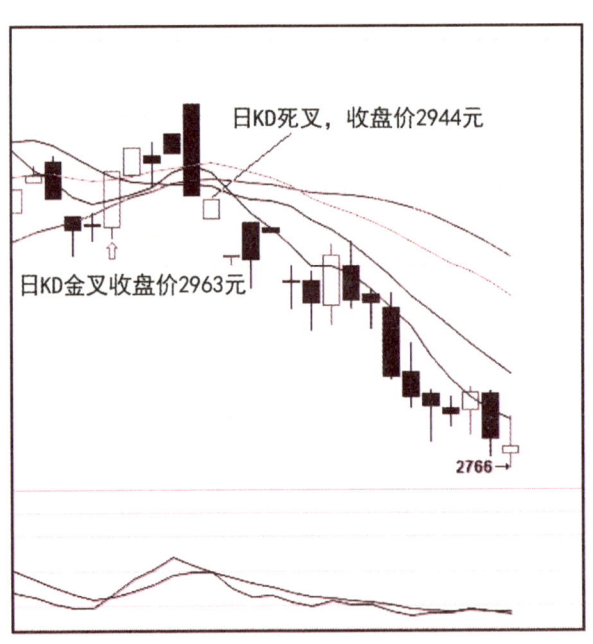

图 3-11　豆粕死叉

这是近期大连粮油交易所的商品豆粕日线图。线图上我们一眼就可看出，日KD金叉时收盘价是2963元，而金叉反弹幅度不大就开始力竭下挫，明显的涨势已经出现变化，另外，几条移动平均线也从纠缠混沌不明的形态出现了明显的空头排列，出现日KD死叉后，我们得知死叉的收盘价是2944元，低于金叉的收盘价2963元，这时，整个趋势已经非常清楚，此时不沽空更待何时？

果然走势趋空，价位一路下杀至最低价的2766元才止跌。以死叉的收盘价计算，沽空的话，每吨有178元的获利空间。

案例四，郑州交易所品种白糖

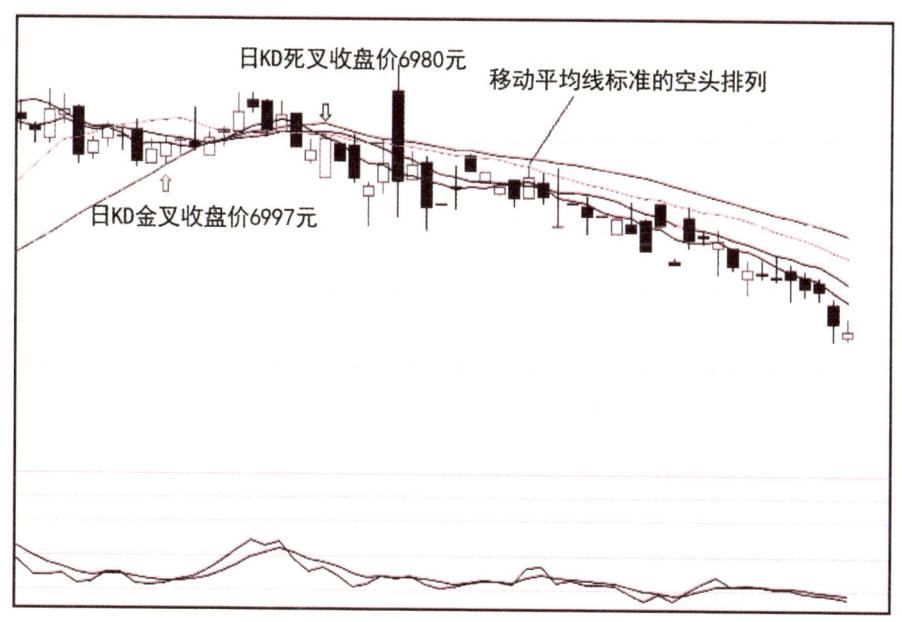

图3-12　白糖的沽空机会

这是郑州商品交易所的品种白糖的近期走势日线图。从图中，我们清楚地看到日KD死叉的收盘价是6980元，明显低于前面金叉的收盘价6997元，这就意味着，趋势向下，沽空的机会来临了！再从移动平均线来看，极为典型的空头排列，这样的技术线形，不沽空可就对不起自己啦！这一路下跌，最低价是6500元，每吨白糖的价差接近500元。

案例五，欧元兑美元日线图

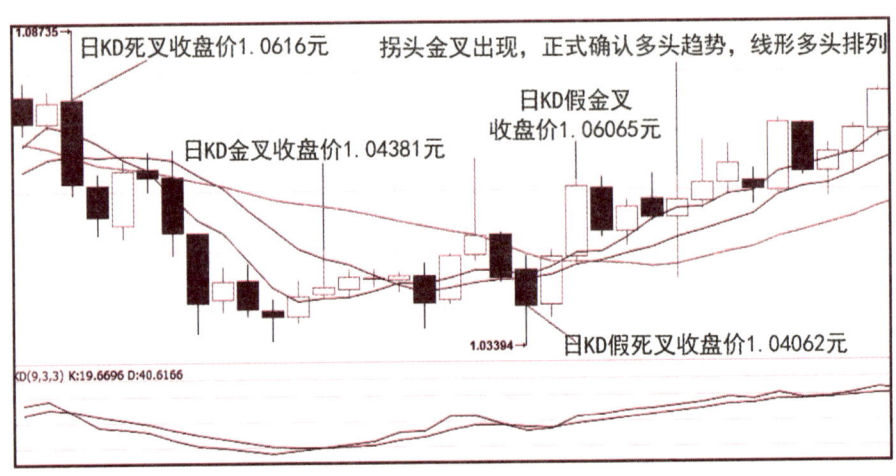

图3-13　欧元兑美元中的日KD假死叉

这是期货界公认最捉摸不定、操作难度最高的外汇。上图是欧元兑美元的日线走势图。

在金融期货的业内有个说法，那就是：要想准确地抓住汇率的趋势，就宛如用弹弓去射击惊恐逃窜的老鼠一般的困难。外汇的炒作趋势之所以非常难掌握，就是因为外汇的走势表现，牵涉到一个国家的财政、经济以及社会等等综合而多变的情况。

众所周知的国际对冲基金大鳄索罗斯，就曾经在1992年的9月成功地狙击英镑的汇率,当时他一边沽空英镑一边则做多德国马克,动用的资金超过一百亿美元,如此让他在一夜之间净赚了20亿美元。索罗斯也被誉为"打败英格兰银行的人"。

就由于外汇炒作难度是如此的高,因此,世界各国主要大银行的外汇操作员年纪都非常年轻,据数据显示,一般不会超过28岁,换句话说,外汇的炒作是件让人非常伤神的事。

我现在之所以选取欧元兑美元来做案例,就是要告诉大家,即便是如此繁复、如此捉摸不定的品种,有的时候也有它波动的规律,而这规律也可用KD技术指标的比较法来加以分析。

案例六,中金所股指期货,沪深300日线图

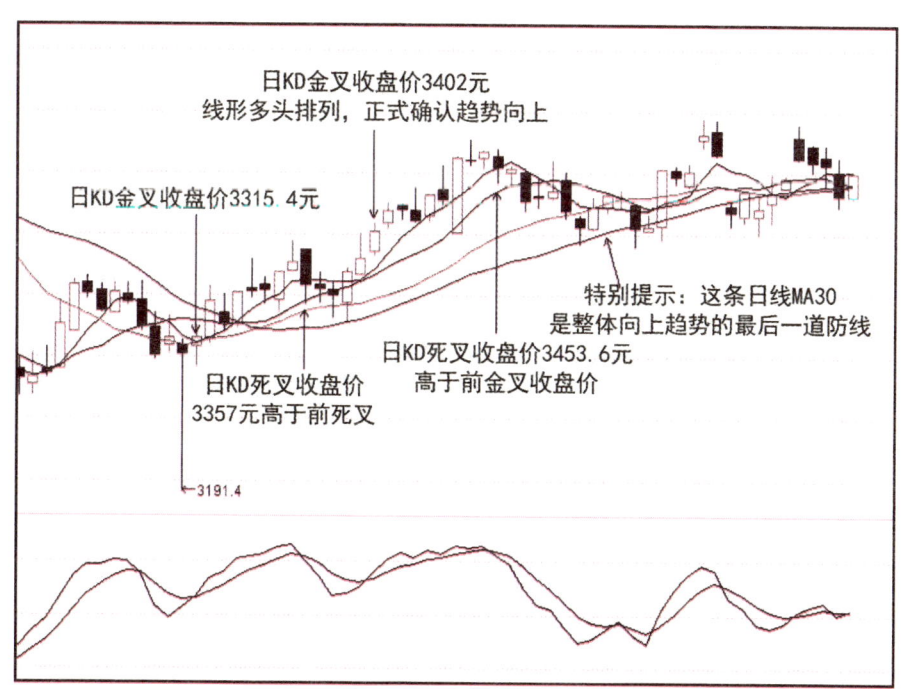

图3-14 沪深300日KD的金叉和死叉

这是中金所的股指期货，沪深 300 的日线图。从图形的左边开始，我们标示出几个日 KD 金叉与死叉的位置，整个走势都是死叉高于金叉。因此，这即使回档下跌也都不会跌破前低，换句话说这是个趋势向上的走势。

我在案例图里，特别做了一个重要的标示，那就是日线 MA30 是整个趋势图的底部防线。所谓的移动平均线就是力道的延伸，这个概念很重要。多头行情时，观察的重点在支撑线能否撑得住，空头行情时，观察的重点在看压力线是否被突破。

支撑线是多头的防守底线，如果撑不住被击穿，代表多转空的情形出现。反之，压力线则是空头下压的力道所在，如果被突破就代表了空方力道不敌多方，这时格局就会转为空翻多。

案例七，上海金属交易所品种螺纹钢 1710 日线图

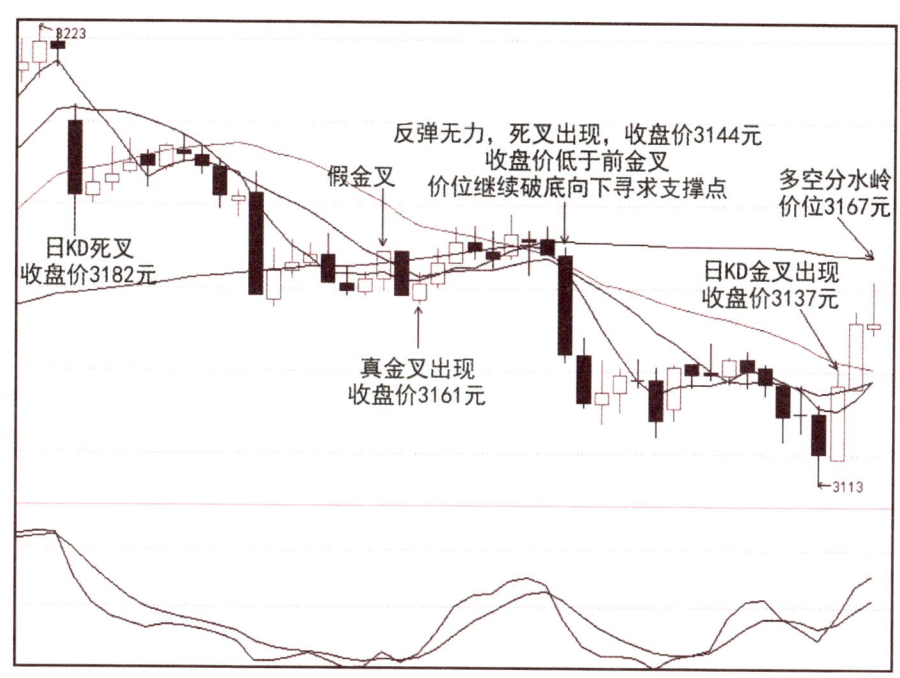

图 3-15 螺纹钢 KD 金叉和死叉比较

这是上海金属交易所品种螺纹钢 1710 近期的日线图，相信大家一看就知道，从移动平均线空头排列的形态以及 KD 金叉与死叉的比较上，都显示出整体趋势向下的走势。

从图形的右下角可以看到出现了近期最低价 3113 元，然后有止跌反弹的情形出现。那么，问题来了，到底这次的反弹会弹到哪里？会不会将整个空头格局扭转过来呢？

答案：右下角的日 KD 金叉收盘价是 3137 元，还比前面的死叉收盘价 3144 元低，因此我敢肯定的断言，这次的反弹最高点不会比 3144 元死叉

背后的最高价 3178 元高。

好，既然过不了 3178 元，那么在什么价位反弹结束呢？

答案：这波的反弹，应该在日线 MA60 的多空分水岭 3167 元这里就结束。理由是，这条多空分水岭是整体多空趋势的攻防点，线图上可以看到，前面的走势，多空双方在这条线上反反复复地激战了 18 个交易日，结果是空方胜出，也才出现收盘价 3144 元的那根长黑式的死叉。这次的反弹虽说是多方的反攻，反弹的金叉收盘价低于前死叉，因此可以判定反弹终结点在多空分水岭的位置。如果您想看更多的案例分析，大家可以关注封面折页处的公众号，我会有一些分析案例和视频发布在上面。

★ 要谈到 KD 的运用法则，最主要的就是要针对它的"交叉"的比较，换句话说就是比较金叉与死叉的价位，就能得知这只股票后市的走势是涨是跌，而且还可得到涨到哪里或跌到哪里的结论。

★ 我在此强调的是，股市里大把大把的黄金可以捡，问题只是方法的对与错罢了！方法用对，随随便便、普普通通的股票也能帮你挣钱；方法用错，你只能眼睁睁地看着辛苦的血汗钱付诸东流！

★ 如果要利用日 KD 金叉来选股的话，还需配合几个客观条件加以考虑，其中之一就是，整个走势线形必须是多头排列。换句话说，日线的 MA5>MA10>MA20>MA60，要符合这样的基本条件，才是正确的选择方法！

★ 如果是多头排列的话，那就代表大趋势向上，趋势向上时，日 KD 出现金叉也就意味着股价还有向上趋坚的力道！反之，如果线形是呈现空头排列，就如同现在所举的案例一样，MA60>MA20>MA10>MA5。那就意味着 KD 金叉仅仅只是在下降通道的小反弹罢了，一旦反弹结束之后，股价还将破底再现新低！事实证明，该股后面的走势果然出现一路向下破底之势。

总之，如果要用日KD选股，一定要考虑整体的走势线形是处于多头排列的情况下，这个概念很重要，请务必切记！切记！

★ 日KD金叉的次日，收盘价却是低于金叉当日的收盘价，这种现象的金叉，我把它定义为"假金叉"。既然是假的金叉，换句话说就是没有真金叉的那种带领股价向上的力道

★ 凡是金叉的次根K线的收盘价低于金叉这根K线的收盘价，这根K线的金叉是假金叉。

★ 凡是死叉的次根K线的收盘价高于死叉这根K线的收盘价，这根K线的死叉是假死叉。

★ 假金叉或是假死叉都具有一次补过的机会。记住是一次而已。

★ 炒期货有个非常重要的原则：那就是多头势的时候要找低价买进的机会，而不要做空，反之，空头势的时候是逢高找沽空点，绝对不要做多。换句话说，炒期货是做单边势，而不要忽多忽空，多头势只做买进的动作，空头势只做沽空的动作。

Chapter 4
第四章

日线的多空分水岭

日线MA60有个非常醒目的代号"中长线的多空分水岭"。顾名思义，只要股价站在它之上，代表了未来中长线的趋势向上，反之，如果股价被它压制在下，则代表未来很长一段时间的股价趋势向下。

第四章 日线的多空分水岭

日线 MA60 就是所谓的季线，以技术分析的角度而言，这条线相当的重要，因为，它有个非常醒目的代号"中长线的多空分水岭"。顾名思义，只要股价站在它之上，代表了未来中长线的趋势向上，反之，如果股价被它压制在下，则代表未来很长一段时间的股价趋势向下。从下面的几个案例我们就可清楚地看到，随后的交易日，该股曾经两度试图突破这条线的反压，但都无功而返。反攻不成之后的命运，那就是继续地向下探底了！

为了加强大家对日线 MA60 这一重要的多空分水岭的印象，以下我将举几个案例，以供大家参考。

案例一，002346 拓中股份

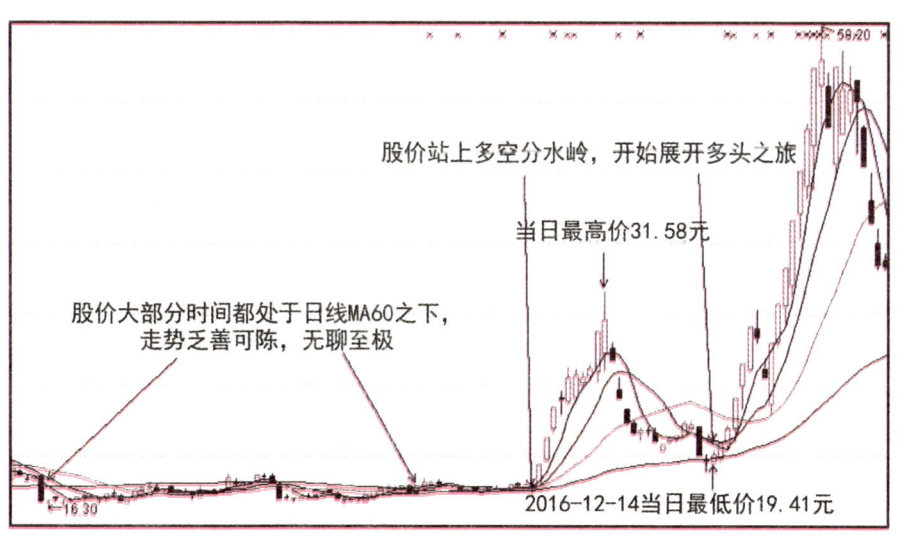

图 4-1　日线 MA60 的多空分水岭

这是个关于日线 MA60 重要性的典型的案例，线图中我们可以明显地看到，当股价站在多空分水岭之下的时候，走势呈现量缩横盘的形态，时间长达两个多月。

接下来，当股价站上多空分水岭之后，出现了两度短线飙涨的情形，而且涨幅相当的客观。第一次上涨，持续 10 个交易日，股价从最低价 17.23 涨至 31.58 元，涨幅 83%，第二次起涨时，股价从 19.41 元狂拉至 50.2 元，涨幅 258%。

案例二，上证指数日线图

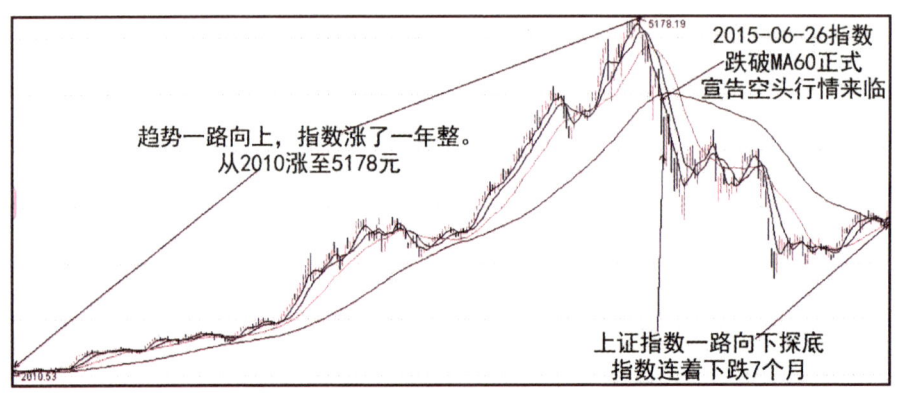

图 4-2　上证受到日线 MA60 的影响

其实，不单只是个股受到日线 MA60 的影响，即使是以整个大盘的走势来说，日线 MA60 也具有非常强大的影响力。我以上证指数日线图来证明我的观点。从这张上证指数日线图就可清楚地看到日线 MA60 的重要性了。

案例三，000862 银星能源

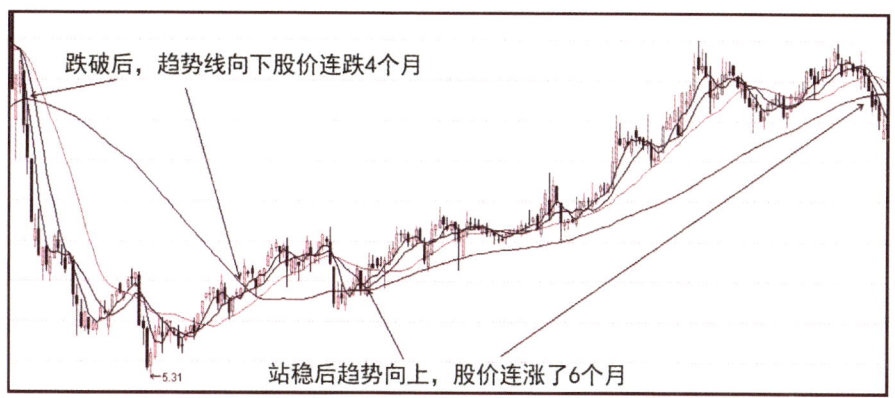

图 4-3　站上多空分水岭的银星能源

这只股票的趋势也是典型的案例。只要站稳多空分水岭之上，股价就出现多头走势，而且上涨的时间长达几个月。反之，一旦跌破多空分水岭，股价就开始向下探底，探底的时间也是很长的几个月。

以上列举了三个跟股票有关的案例，或许有些人会问，我是炒期货的，所列举的这些案例和期货没有关系呀！错啦！在这里我要特别声明一件事：**所谓的多空分水岭，不但跟股票有关，就是对期货走势也是一样能发挥作用。**

不信的话，请看以下案例。

案例一，螺纹钢日线图

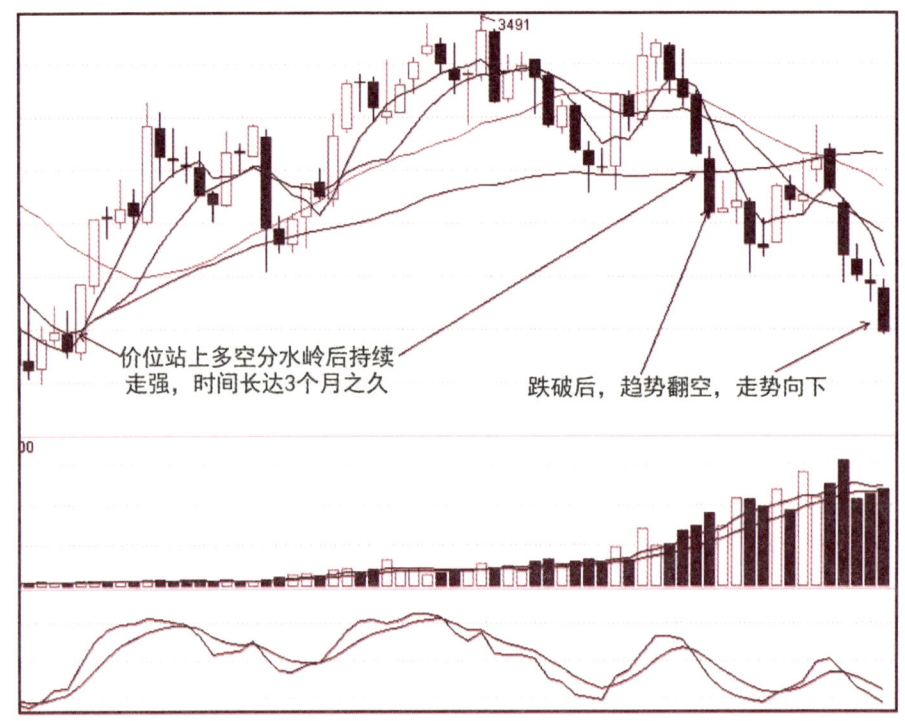

图4-4 螺纹钢多空分水线

这是RB1710螺纹钢2017年1月至今的日线图。线型上明显地看出，2017年初价位走强站上多空分水岭之后，多方乘胜追击，价位一路向上。期间虽有两次技术性的回调，但是多空分水岭都发挥中流砥柱的功效。

案例图中我们也看到，最后，价位击穿了多空分水岭后，开始由多翻空，至此价位一蹶不振向下探底，多空分水岭的功效明显至此！

案例二，铁矿石 1709 日线图

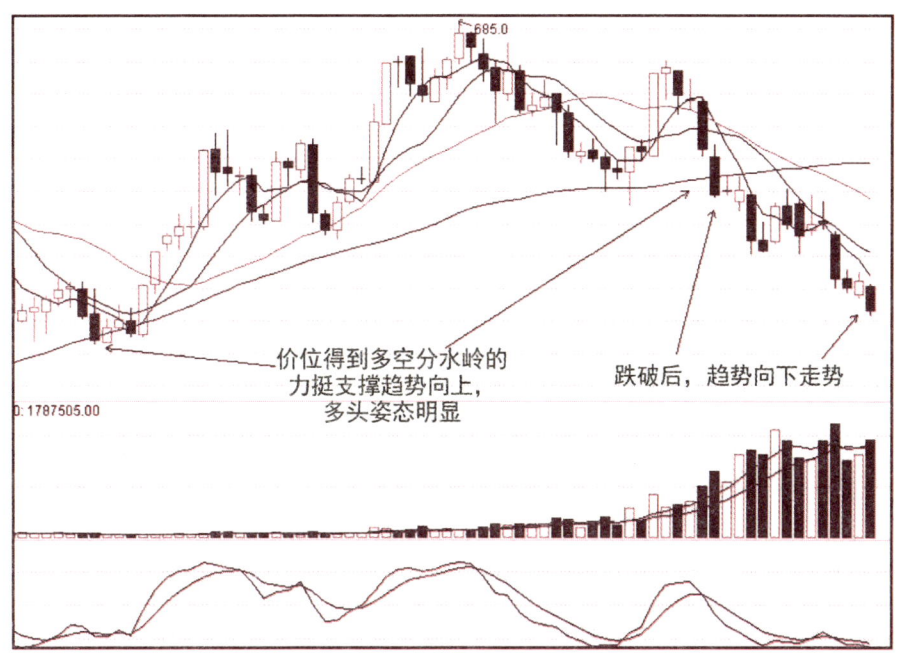

图 4-5 铁矿石的多空线

这是铁矿石 2017 年 1 月至今的日线图。同样的，多空分水岭的作用在此线形图上表现得相当的明显。两个阶段，一多一空，泾渭分明。

众所周知：炒期货无关涨跌，只在乎能否准确地判断出多空。顺势而为，多头势不做空，空头势不做多，诚乃不变的真理也。而多空分水岭就是最好分辨多空势头的工具之一。

案例三，中证 500 日线图

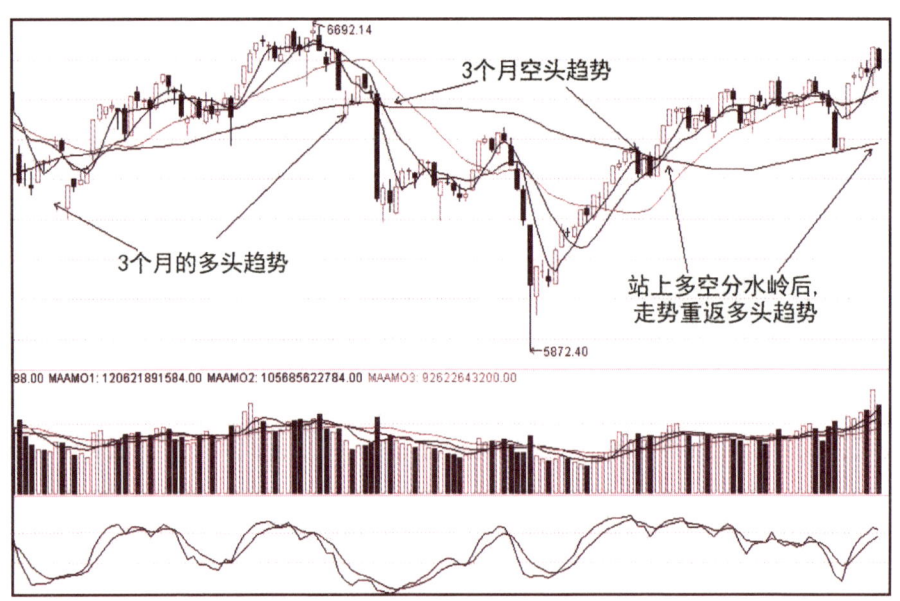

图 4-6 中证 500 的多空多

这是 2016 年至今的金融指数中证 500 的日线图。整个走势很轻易地被划分成 3 个多空阶段，先是多头趋势，接着出现空头趋势，最后价位回到多头趋势。

之所以以此为例，就是要证明，**多空分水岭的功效，不但适用于股票领域，就是期货领域的商品期货、金融期货也都适用。**

★ 所谓的多空分水岭,不但跟股票有关,就是对期货走势也是一样能发挥作用。

★ 炒期货无关涨跌,只在乎能否准确地判断出多空。顺势而为,多头势不做空,空头势不做多,诚乃不变的真理也。而多空分水岭就是最好分辨多空势头的工具之一。

★ 多空分水岭的功效,不但适用于股票领域,就是期货领域的商品期货、金融期货也都适用。

Chapter 5
第五章

运用分钟线,快进快出的短打战术

时间就是金钱,短线炒股就是和时间赛跑,务求在最短期间内创造出最大的经济效益。我们如果有时间盯盘的时候,靠着短线的进出,同样也可找到许多立马获利的个股。

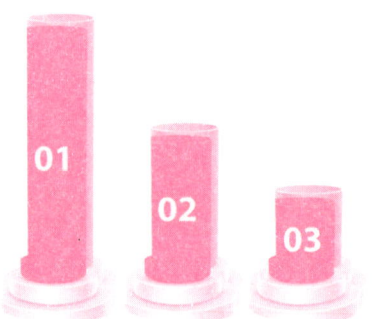

第五章 运用分钟线，快进快出的短打战术

前面章节里我已经介绍了从涨停板里选股，以及借助日 KD 技术指标的选股方法。现在我要给大家介绍一个比较传统、比较常规的选股模式，那就是短线快速进出的选股战术。

有句俗话：条条道路通罗马。这是说成功的道路不止一条，许多不同的道路都是殊途同归，都是可以达到胜利的彼岸。炒股也是如此，从涨停板里我们可以挑到强势的飙涨股，利用日 KD 的帮助，我们也可找到获利不菲的潜力股，话说回来，我们如果有时间盯盘的时候，靠着短线的进出，同样的也可找到许多立马获利的个股。总之，就像前面的篇幅中，我说过的：只要方法用对，股市是个有大把黄金可以捡的地方！

以下先看第一个案例。

案例一，002836 新宏泽日线图

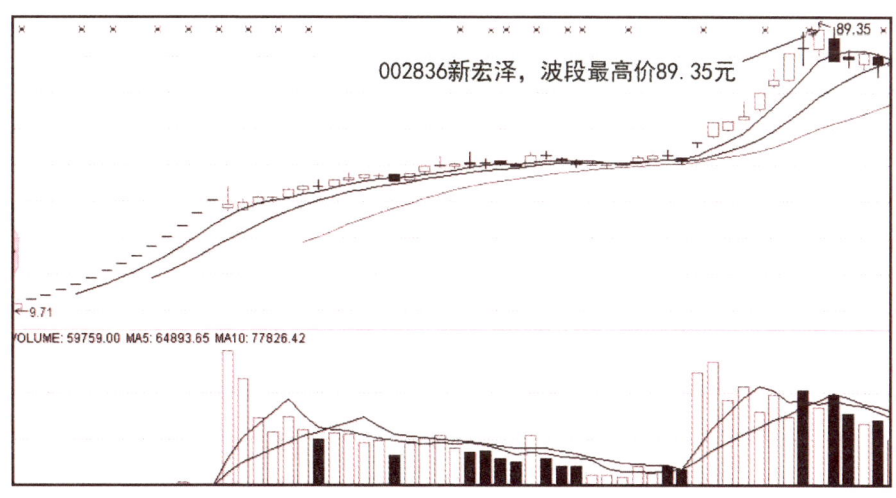

图 5-1 连续涨停强势股新宏泽

这是 002836 新宏泽的日线图，新股发行时 9.71 元起涨，最高涨至 89.35 元。

接着，我们来看它的 60 分钟线图。

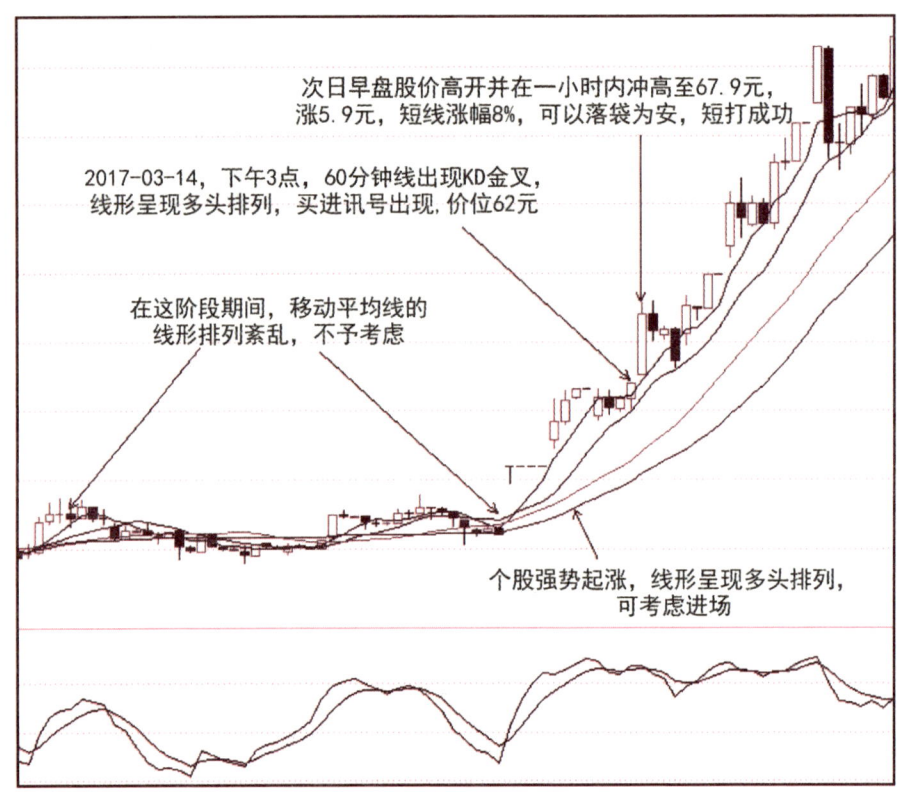

图 5-2 新宏泽 60 分钟 KD 金叉提示买点

在这张 002836 新宏泽的 60 分钟线图，我已经在图上标示了几个重点提示：

1. 图的左边部分，我们可以看见，移动平均线呈现紊乱的现象，就由于移动平均线相互纠缠，忽高忽低，因此，该股的股价也出现小涨小跌的格局，遇见这种鸡肋的走势情况，选股时当然不予考虑，毕竟买到这种鸡肋股，除了浪费时间外，没有其他效益。

正所谓，时间就是金钱，短线炒股就是和时间赛跑，务求在最短期间内创造出最大的经济效益。

2. 经过一段时期混沌不明的盘整期后，我们可以看到该股终于走出了明确的方向，股价起涨了，线形也出现明显的多头排列。这就是我们可以考虑进场的时机来临了！

3. 2017年3月14日这天，该股还是保持多头排列的线形，唯一要考虑的最后一个条件，也是最重要的条件，就是等待KD出现金叉。时间来到下午2点以后，股价终于出现了盼望已久的KD金叉。买进信号出现，大胆地出手买进吧！

4. 次日早盘，一切都如同我们事先的算计，KD金叉、线形多头排列，涨势格局完全具备，股价果然高开，并且迅速上冲，30分钟内，股价急冲超过67元，最高来到67.9元，与成本价相较，每股已涨5.9元，涨幅8%以上，短短一天时间，有此收益，可以落袋为安，再积极寻找另一只黑马股了。

案例二，300591 万里马日线图

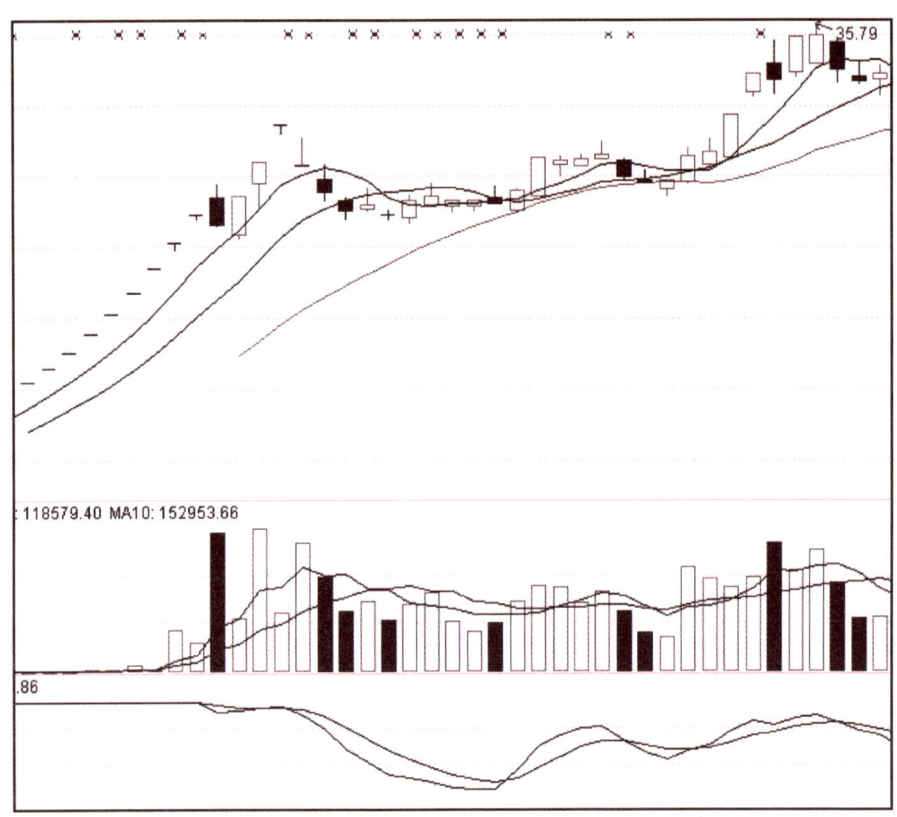

图 5-3　一字马打开涨停

这是 300592 万里马的日线图。该股是 2017 年初才新上市的个股。正所谓初生牛犊不怕虎，新股上市自然有其狂飙的蜜月期。这点从线形图上那一连串的一字马走势便可看出。

问题是，蜜月期结束后，一字马打开了之后，这只股票还能追吗？要知道这个答案，那就只能从分钟线图去求得解答了。以下是它的 60 分钟线图。

300591 万里马的 60 分钟线图

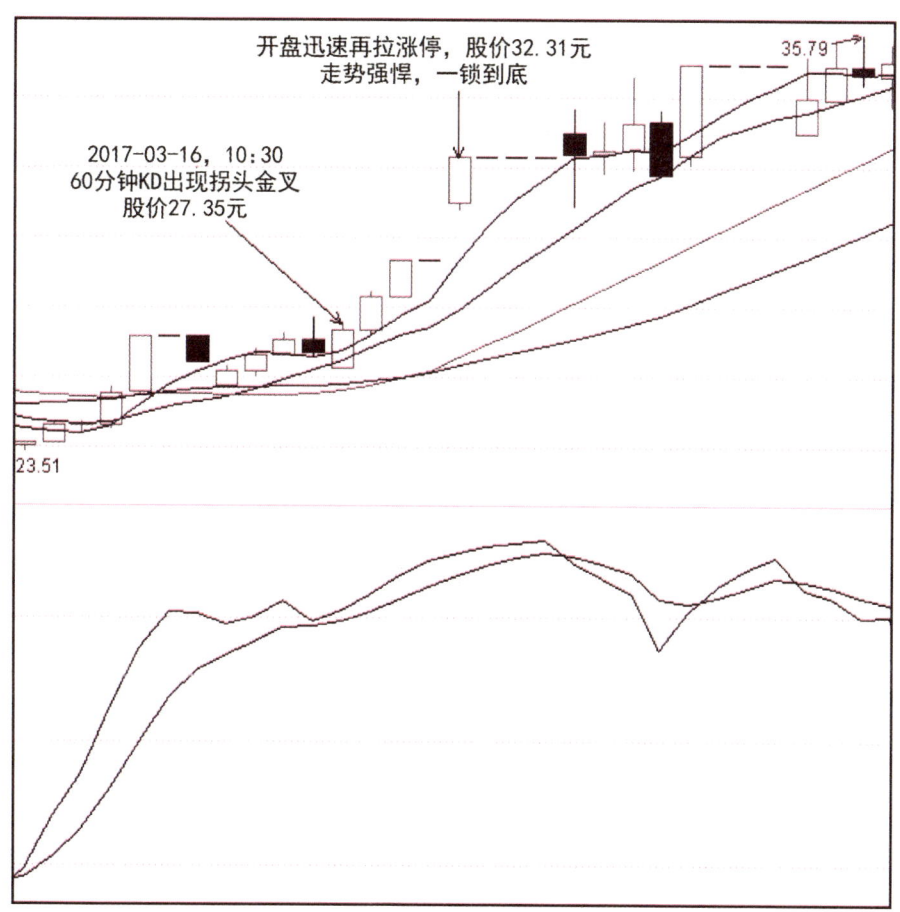

图 5-4 涨停后，60 分钟 KD 金叉出现买进信号

300591 万里马也是次新股，一般而言，由于新上市的缘故，次新股的流通筹码较少比较容易控盘，不像上市多年的老股票那么零散难以掌控。2017 年来，许多炒作的庄家特别喜欢短打这类股票，最主要的原因就是吸

筹容易，往往只要涨停一字马打开，一天时间就能吸足所需的筹码，次日就可开始拉抬炒作，不像过去的老股票，为了低价吸筹，往往得搞几星期甚至几个月，就由于短炒次新股在时间上有这个优势，因此，吸引许多短线客的青睐。

所以自去年底以来，新股一上市，一字马打开后，投机的短线客就蜂拥而至，来追逐短线利差。案例二的这只股票300591万里马，就是典型的案例之一。就如案例图上的标示，2017年3月16日上午10：30，60分钟KD出现拐头金叉后，买进信号明显，只要敢大胆进场，当日立刻赚到涨停，次日早盘迅速再跳空高开封住涨停，一天下来，足足有18%的获利。这样的收益，非常快。更何况，依照实际的走势，该股再摆两天，股价又多了10%以上，60分钟KD线金叉的效果，在这只股票的表现上展现无遗。

案例三，600425 青松建化日线图

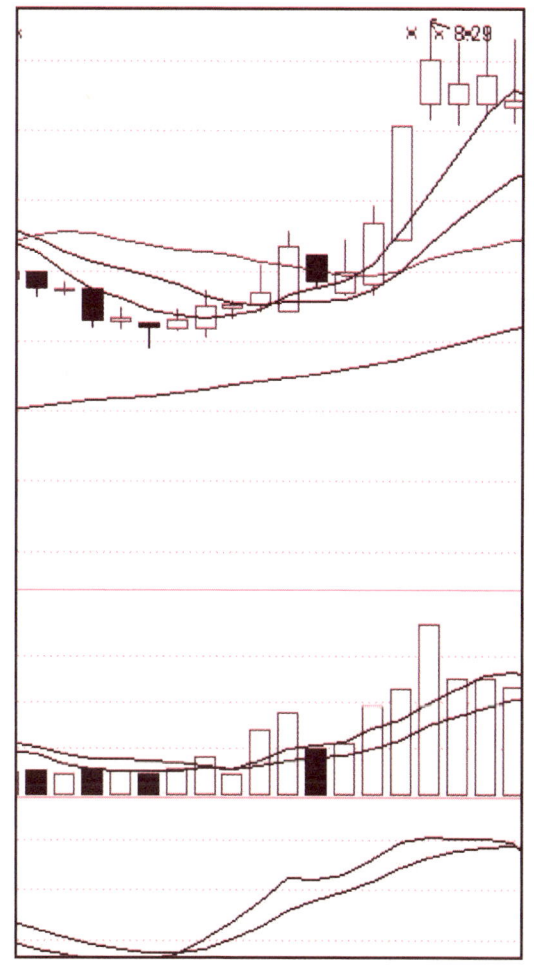

图 5-5 弱势股为何一周内上涨 40%

这是青松建化 2017 年 3 月份强势上涨的日线图。短短一周时间，股价涨了 40%，不可谓不惊人。

在线形图上，我们可以看见，起涨前，它的走势很一般，甚至可以说

是蛮弱势的。

那它为什么会突然上涨，而且在短期内涨势惊人呢？个中到底又存了什么玄机？我想可以从它的60分钟线图里面看出端倪。

青松建化 60 分钟线图

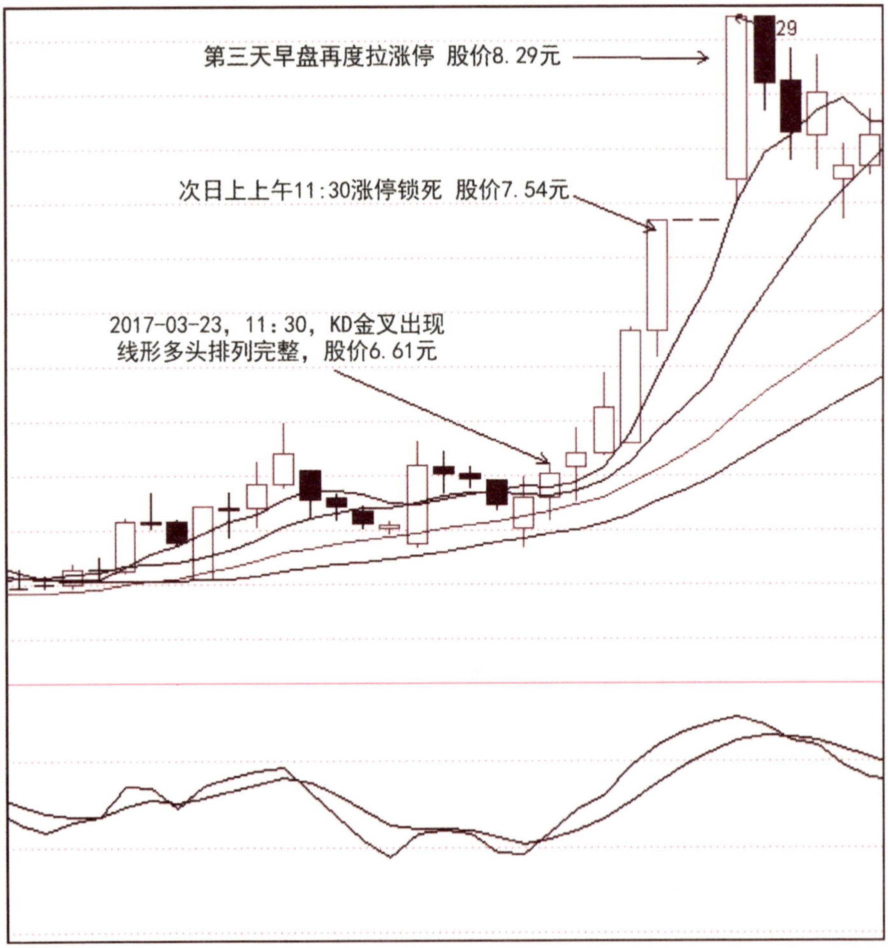

图 5-6　均线多头排列的 60 分钟金叉后的买进信号

这是 600425 青松建化的 60 分钟线图。该股 2017 年的走势也相当的投机与彪悍，也是近期市场上所追逐与关注的热门股之一。线图上我们可以清楚地看到，**当 60 分钟 KD 出现金叉，而且移动平均线的多头排列出现后，这类股票一发力，那就勇冠三军，锐不可当了！**

金叉出现时的股价是 6.61 元，次日早盘高开向上，11：30 前就封住涨停 7.54 元，一天时间获利 14%以上，由于当日一封到底，惜售的股友，次日还有一支涨停额外奉送。这样的操作爽吧？

凡事都有利有弊，前面举了三个正确操作 60 分钟 KD 的案例，接下来，我要举几个反面教材的案例，前面是上天堂，接下来的这可是住套房了。所以说，炒股的方法很重要，老师也很重要。同样的，好的老师带你上天堂，天天吃香喝辣；不好的老师带你住套房，损手断脚赔掉你的血汗钱，慎之慎之！

案例一，600939 重庆建工 60 分钟线图

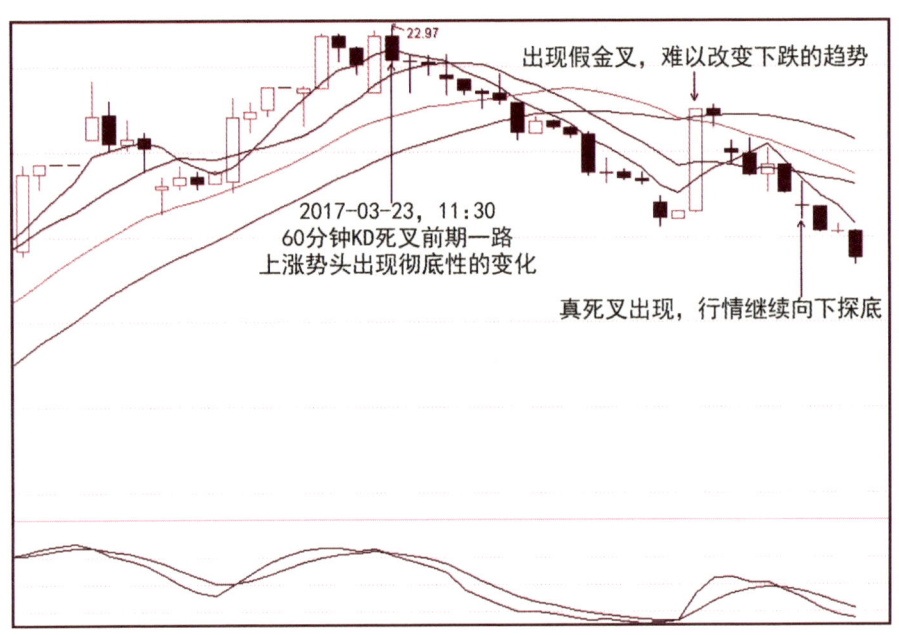

图 5-7　高位死叉后股价的惨烈

600939 重庆建工这是我们前面提到的案例股，前面提到它时，是说它如何的威猛与彪悍，这次拿他来作为案例，却是最好的股价转折的教材。

图中显示，2017 年 3 月 23 日上午 11：30 的这根 60 分钟线图，出现了真死叉。特别是，我们可以从 KD 的技术线图上看到这个死叉发生在 KD 值都居高的高位死叉（一般而言，高位死叉的杀伤力更为强劲）。

接下来的走势，不必我在此赘述，该股后续的走势，就如同断线的风筝一般。股价从最高的 22.97 元一口气杀到 18.22 元，跌幅超过 20%，情形不可谓不惨烈。

虽说后来出现一根强劲反弹，将股价从 18.54 元拉回至 21 元，不过这也只是假金叉，在技术线形上，这是所谓的"逃命线"罢了！没趁机止损的话，后续的下跌，会让套牢的人，亏损继续扩大。

金叉买进，死叉卖出，这是非常简单的道理，也是非常明确的技术操作策略，如果你能知道这原则，你就不会在它趋势出现拐头时去介入了。炒股和世事一样，讲究的是趋吉避凶，该赚的有赚到，不该赔的能躲掉，这就是股市的赚钱之道，也是股市的生存法则！

案例二，601212 白银有色 60 分钟线图

图 5-8　白银有色的高位死叉

601212白银有色与前一只案例股600939重庆建工是同一天上市的股票，两者简直就像一对好兄弟一样，你涨它也涨，它跌你也跌。两只股票都是在同一时间出现波段涨势的拐头点，也是同时出现高位死叉的现象，唯一两者稍有差异的是，600939还有一根反弹假金叉的出现，让某些高价套牢者有个止损逃命的机会，而601212白银有色的套牢者可就没这么幸运啦！线图上可以清楚地看见，自从出现死叉后，股价从最高价的17.2元一路急杀毫不回头地杀到跌破13元整数关卡都还没止跌的迹象。真不知何时能解套。

我知道，很多股友喜欢抢反弹，当然啦，股价从高位下跌下来，抢反弹不失为一种捡便宜的方法。问题是，抢反弹得有正确的方法，所谓正确的方法就是当真金叉出现的时候，才是抢反弹出手的时候。

大家要有一个概念，那就是：股价急速下跌，就宛如高空掉下来一把利剑，要等到这把剑掉到地上弹起来，这时才能进场（也就是出现60分钟线KD真金叉），千万不要自恃艺高人胆大，半空中伸手去接利剑，这样的话，很容易断手断脚的。

案例三，002300 太阳电缆 60 分钟线图

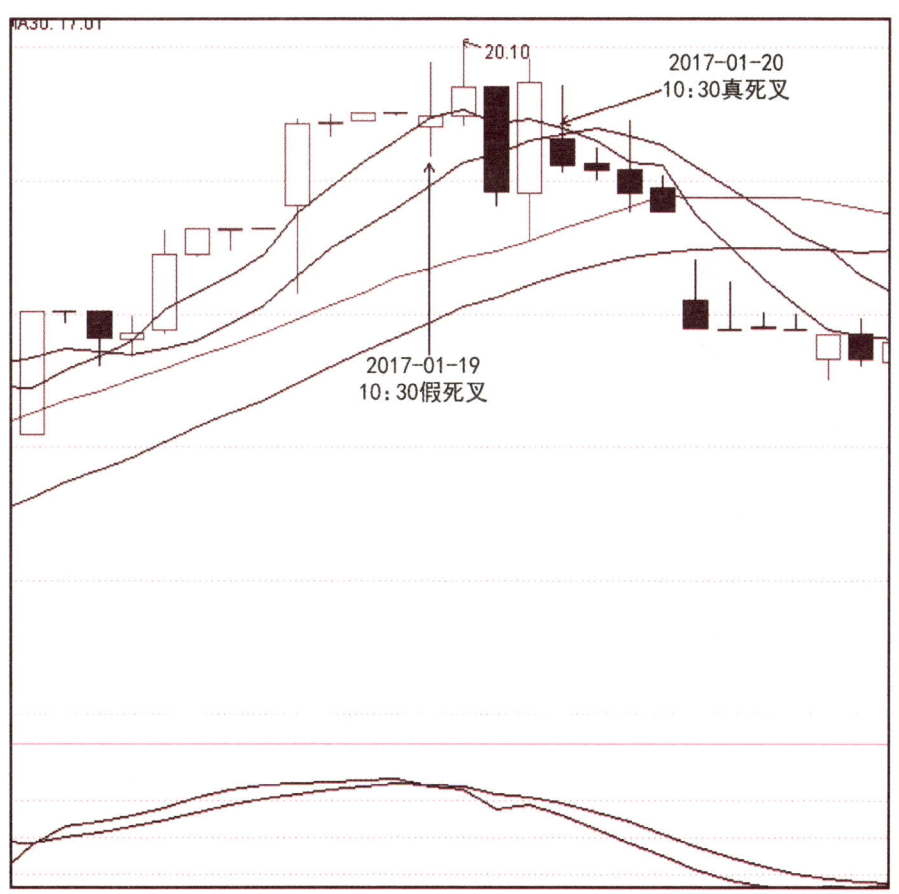

图 5-9 太阳电缆高位假死叉

这是 002300 太阳电缆在 2017 年 1 月 19 日前后的 60 分钟线图。该股在这时间段之前，出现连拉十几根涨停板的记录，股价从 8.01 元一口气拉到最高价的 20.1 元，涨幅 250%。

在线形图上，我们可以看到，2017 年 1 月 19 日这一天，出现第一个

提醒信号，也就是所谓的假死叉，所谓的假死叉就是其后的那根 K 线的收盘价在这根 K 线收盘价之上，如果其后这根 K 线收盘价在这根之下，那么这就是真死叉。虽说是假死叉，但是这也值得我们高度警惕了！

次日，真死叉终于来了，换一种说法就是达摩克利斯之剑正式杀下来了。这一杀，对多头可就没啥客气的了；这一杀，走势出现大跌小反弹的格局，一路杀到 14.24 元才开始正式的反弹；这一杀，股价足足跌了 30% 以上。不可谓不严重吧！

上面谈了几个利用 60 分钟线来作为选股的方法，相信大家已经注意到了，当 60 分钟线金叉时，价位可是往上推移，死叉时价位也开始下滑。问题是分钟线的这个作用，难道仅仅只是在股票上面有效吗？如果运用在期货方面，效果如何呢？

为了解答这个问题，我们也举几个期货走势的案例，这样大家就明白了。

案例一，棕榈油 1709

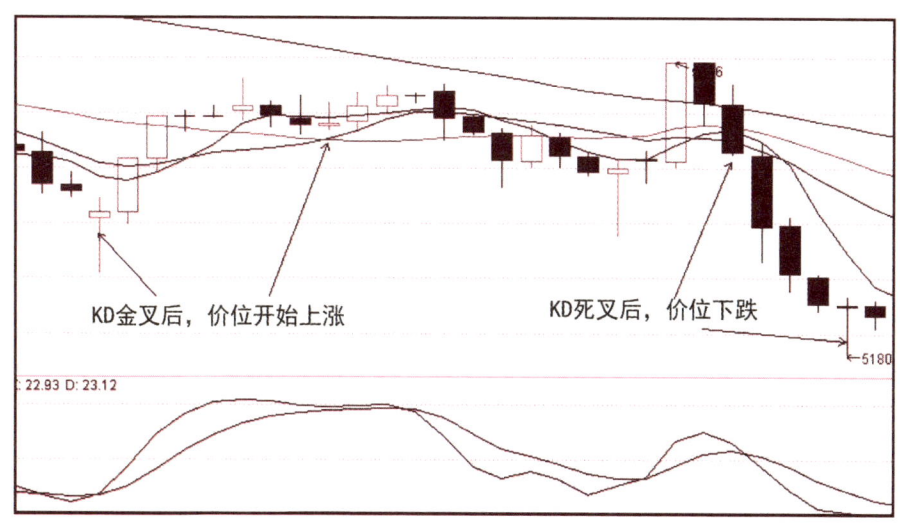

图 5-10　棕榈油 60 分钟 KD 金叉和死叉

这是棕榈油的 60 分钟线图。由于 2017 年棕榈油的走势趋空。因此，每当有反弹情形出现时，换句话说也就是 KD 出现金叉时，我们可以看见虽然价位有所上涨，但是涨幅都不是很大。反之，当 KD 在高位出现死叉时，这一下跌的幅度都很大，速度也很快。

这种上涨较慢下跌较快的走势，就是典型空头趋势的现象。

棕榈油 60 分钟线图

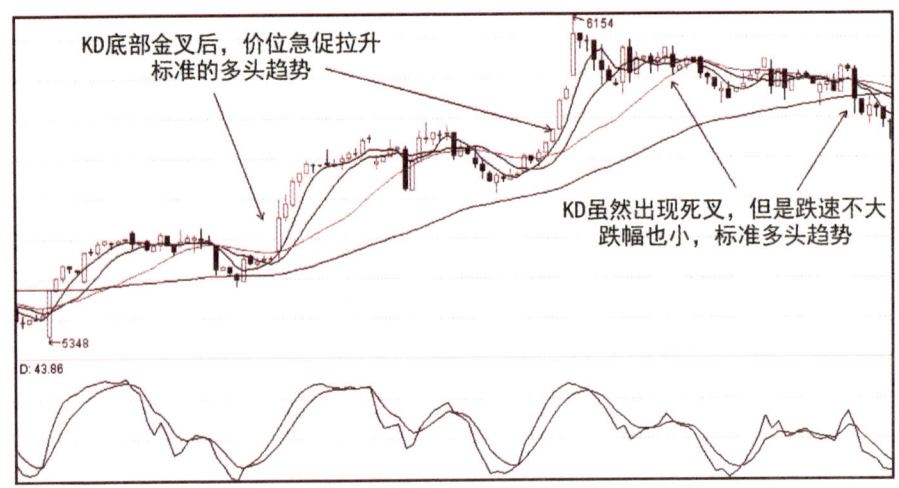

图 5-11　多头趋势下的 KD 出现死叉

这张线图和前一张线图都是棕榈油 1709 的 60 分钟线图，所差异的是这是 2016 年 10 月左右的线图，而上一张是 2017 年 4 月的线图。上一张是空头趋势的线图，而这一张则是多头趋势的图形。

同一商品期货品种，由于时间段不同，走势的多空趋势也不同，两相比较，我们可以得到一个结论，那就是当多头趋势时，即使 KD 出现死叉，跌势也会较缓，跌幅也较小。反之，当空头趋势时，KD 一旦出现死叉，则跌幅与跌势都较大。

案例二，SR1709 白糖 60 分钟线图

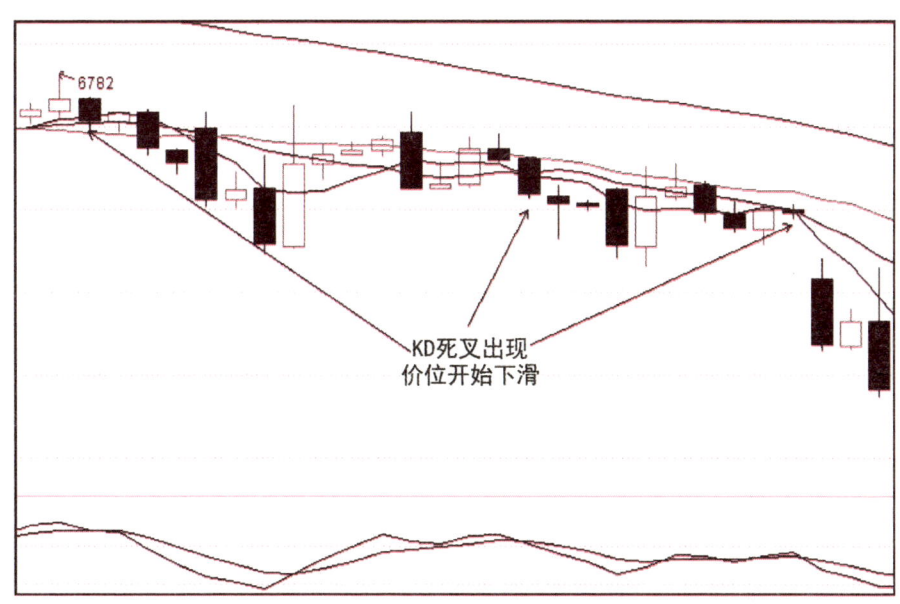

图 5-12　白糖的多次高位死叉

从白糖的这张 60 分钟线图，我们可以简单而清楚地看见，一旦 KD 出现死叉，价位就开始出现下滑现象，而且这种情形是屡试不爽。

线图上我们看见，死叉出现了 3 次，3 次的价位都有下跌，所差别者，只是幅度的不同罢了。

因此，我们可以得到一个结论：一旦 KD 出现死叉，则价位下跌，以炒作期货的角度而言，这是最好的沽空时机来临。

◎ **SR1709 白糖 60 分钟线图**

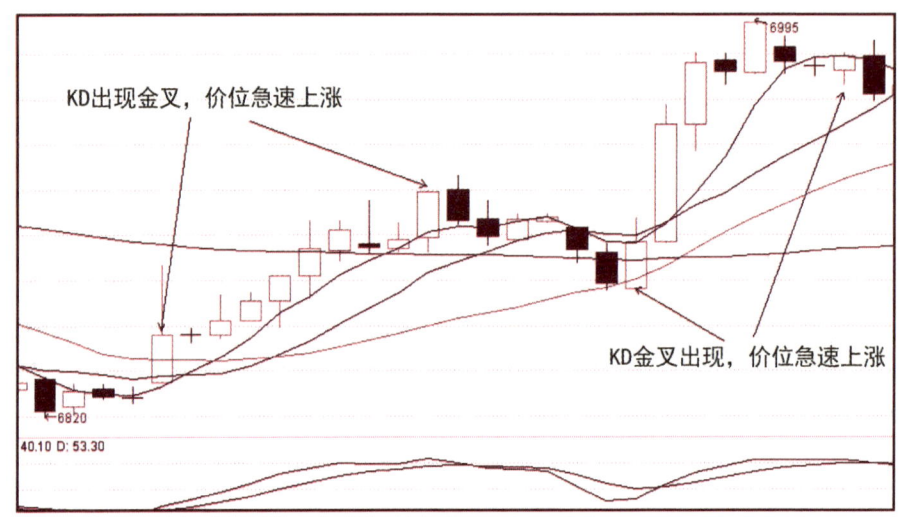

图 5-13　白糖 60 分钟 KD 金叉

同样是 SR1709 白糖的 60 分钟线图。这张图形，KD 两次出现上涨的现象，价位都急速上扬，明显的多头趋势。

与上面相互对应的是，金叉出现，价位上涨。由白糖这两张互相比较的线形图，我们可以印证：**KD 金叉与死叉是研判后市涨跌的重要指标与依据。**

看了上述几个股票与期货的案例，这些案例有涨也有跌，涨跌相互比较之后，相信大家心里头一定有所感触，只用了一个简简单单的技术指标就能轻易地研判出后市的涨跌。做对了，赚几十个百分点，做错了，赔几十个百分点，请问大家，如果每次都是赔几十个百分点，就是家里有金山银山也早晚赔光的，不是吗？

或许有人看到这里会说，我举的例子都比较夸张。是的，不可否认，我在这里举的例子是比较极端的案例。可是，我在书里面说的方法绝对是正确的。你不按照正确的方法操作，不该买的时候进场买，套牢了，幸运的话是小赔，不幸的话是惨赔，总之就是赔！我希望，看我的书的股友都能学到正确的方法，能赚到钞票，这也不枉我写这本书的初衷了！

点睛

★ 正所谓，时间就是金钱，短线炒股就是和时间赛跑，务求在最短期间内创造出最大的经济效益。

★ 当60分钟KD出现金叉，而且移动平均线的多头排列出现后，这类股票一发力，那就勇冠三军，锐不可当了！

★ 所谓的假死叉就是其后的那根K线的收盘价在这根K线收盘价之上，如果其后这根K线收盘价在这根之下，那么这就是真死叉

★ 上涨较慢下跌较快的走势，就是典型空头趋势的现象。

★ 一旦KD出现死叉，则价位下跌，以炒作期货的角度而言，这是最好的沽空时机来临。

★ KD金叉与死叉是研判后市涨跌的重要指标与依据。

Chapter 6
第六章

如何卖股票

窥探投资市场真谛，寻觅茫茫股海明灯

炒股是零和的游戏,有人赚就得有人赔。真正在股市能长期生存下来的人,不是懂得买股的人,而是懂得卖股的人。换句话说,懂得买股不如懂得卖股!

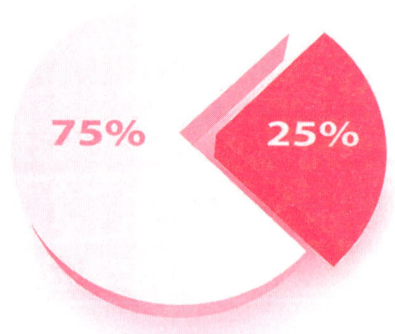

第六章 如何卖股票

炒股人永远有以下几个问题：股市千变万化，股票走势变幻莫测，我要如何才能挑到好股票——那种一买到就开始飙涨的股票？可是，当你一旦买到的股票突然狂拉至涨停时，相信你立刻就在考虑，我是要继续持有等更高价呢，还是见好就获利了结？今天虽然封死涨停，可是万一明早开盘就低开往下落，我该怎么办？

炒股人的心态就是如此，股票在手时怕把它捏死，股票离手时，又怕它飞了。总之，炒股人的心永远像十五个吊桶般的七上八下没有定论！

前面我讲解了如何在涨停板里面挑飙涨股的方法，也解说了利用日K线的线形挑股票的诀窍，最后还举了几个例子阐述了利用60分钟线KD选股的技巧。相信你只要充分理解，并且能切实遵守法则、具体落实的话，选股对你已经不是难事了。

好，既然你能挑到好股票，接下来的问题是你买了，股票也涨了，你该何时退场获利了结？

什么时候才是正确的退场时机？这个问题的难度比如何选股的难度，大上几十倍都不止！

的确，好不容易选到飙股，才赚了一个涨停，区区10%，卖掉后，眼见它如火箭升天般的直冲云霄，说实在的，那股难受劲比买到的股票跌停还难受！

我个人20岁那年在台湾买入第一只股票，至今已有40年的光景了。在台湾股市的那段期间，我开过证券公司，当过股票经纪商，也有十多次操盘炒作个股的经验，最终还曾经入主过上市公司。多年的炒股经验，让我深深地体会到股海的浩瀚与凶险，以及股市里的尔虞我诈。我见过太多曾经叱咤风云的庄家威风一时，也眼见他们一败涂地倾家荡产。

有许多庄家的失败,不是他们控盘炒作的技巧不好,而是他们不懂得见好就收的道理。1983年,我曾经有一位庄家好友,同时拉抬3只股票,那时的他是当时台湾股市无人不知无人不晓的风云人物,他当时的确能点石成金,跟随他买卖进出的股民那真是车载斗量,只要他一声令下,那只股票就得先涨3个涨停才算开始,我曾经笑他:炒股就像赴宴一样,还没开席就得先喝三杯。

就由于他有这样的盛誉,所以当他鼎盛时期,能呼风唤雨,赚钱就像流水,也就是这样长期的顺境,让他失去了警惕心与谦顺心。他的野心无比地膨胀,最终他同时拉抬3只股票,由于资金不足,他开始使用杠杆资金运作。当他炒作到行情最鼎沸的时候,一个大利空来袭,一夜之间,股市多头气氛发生反转,所有股票全面下挫。

由于一开始炒作就是利用杠杆的贷款资金,一旦股市大跌,立刻就让他感受到战线拉得太长的困难,3只股票同时在手,变成了连体婴,一个都甩不得,股价下跌让他的资金捉襟见肘,金主催缴保证金的电话就如同阎王的催命符一般,前后不到10天,催缴不到保证金的金主开始追杀他的股票,这些倾巢而出的股票,就如燎原烈火般迅速蔓延开来,一夜之间,多年建立起来的帝国就如秋风扫落叶般土崩瓦解了。对他,我真的是:眼见他起高楼,眼见他楼塌了。

其实,时隔多年,讲到我这位老友的事,相信大家听起来也没啥新鲜的,毕竟这种事在股票市场早已司空见惯了,太多人患了同样的错误,所差异者,只是亏损金额多寡罢了!

股市说起来的话,要说好混也很好混,要说难混,的确很难混。炒股是零和的游戏,有人赚就得有人赔。股市所谓的八二法则,意味着百分之八十的人赔钱,只有百分之二十的人赚钱。以我个人的炒股经验,真正在

第六章　如何卖股票

股市能长期生存下来的人，不是懂得买股的人，而是懂得卖股的人。换句话说，懂得买股不如懂得卖股！

接下来，就进入下一个环节，如何卖股票。

【6-1】利用移动平均线与成交量的配合情形来决定卖点

首先，依照惯例，我请大家先看一个案例的图形。

案例一，300104 乐视网日线图

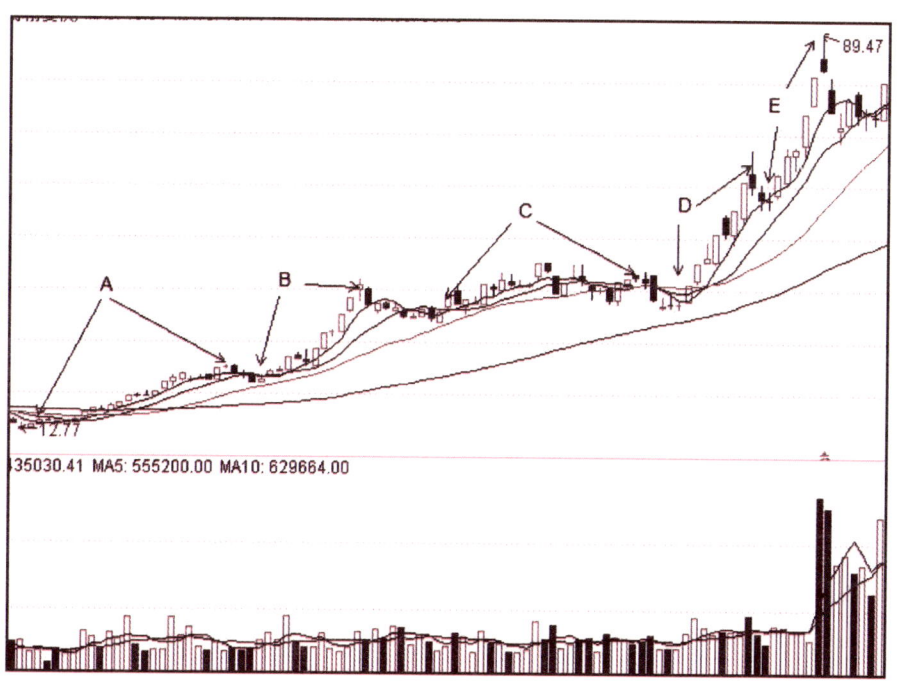

图 6-1　乐视半年 7 倍涨幅

这是 300104 乐视网的日线图，时间跨度从 2014 年 12 月 24 日至 2015 年 5 月 13 日。短短半年时间，让乐视股票大涨了 7 倍以上，也由于这次的大涨，让贾老板口袋里面堆满了弹药，他的身价从几十亿暴涨到几百亿，同时也让他的野心水涨船高地膨胀了几百倍。

人只要志得意满就容易好大喜功，站在山顶的滋味的确蛮好，环视群山众人皆小我独大。就是在这种踌躇满志的心情驱使下，人才会变得盲目，变得骄傲，变得狂妄，也才会干出傻事。

闲话少说，写这本书不是为了批评贾老板，把话题拉回主题。

坦白说案例图中乐视网的这波上涨行情，我个人赚到钱，赚到大钱。不怕你笑，炒这股时，我只用了两招：一是移动平均线，另一是成交量。你可能会怀疑：怎么这么简单的招式就够了？是的，够了，真的够了。

在案例图上，我用了 5 个英文字母 A、B、C、D、E 标示出 5 个不同的阶段走势。整个走势，如果要按波浪理论来解释的话，正好是上升 5 波段，清清楚楚。

接下来，我将详细解剖该股的每一个波段，让大家明白，何以只用简单的移动平均线以及成交量的量价配合，就能赚的钵满盆满。

300107 乐视网之附图1

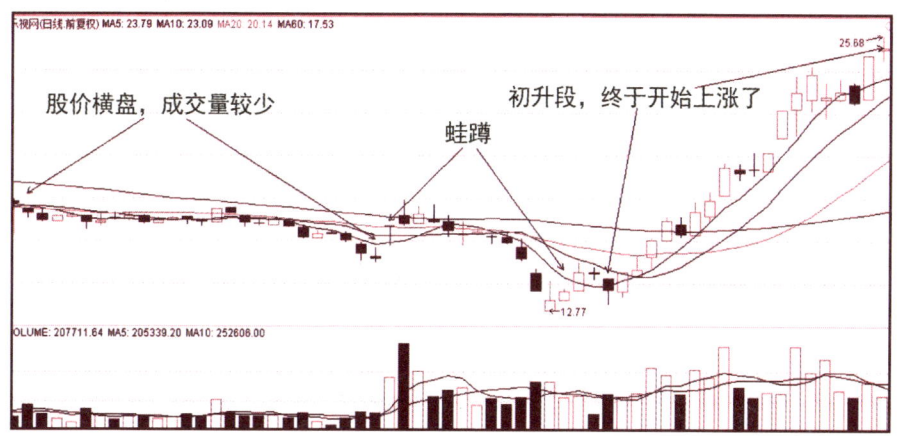

图6-2 乐视起涨前的"蛙蹲"

特别声明：以下所引用线图里面的数据，都是该股前复权的数字。

图6-2是图6-1的A段——初升段以及起涨前的日线图。我特别把前面的走势以及成交量也都标明进来，目的就是让大家清楚地看到一支标准的庄股，起涨前会是什么样的模样。

首先，我们先看这幅图的左边部分，我标示了"股价横盘，成交量较少"的字样。套句股市的行话，在这阶段，这只股票没有庄家炒作的迹象。如果你在这段期间持有这只股票的话，除了浪费时间，还是浪费时间！

接下来的阶段，我标示了"蛙蹲"两个字。相信很多人看了这两个字，不太明白是什么意思，炒股跟青蛙又有什么关系呢？

大凡见过青蛙起跳动作的人都知道，青蛙要蛙跳之前，一定有个动

作,那就是蛙蹲。青蛙先把身子往下蹲,蓄势后,一跃而起,奋力向上跳跃,这是蛙跳的标准动作。说到这里,相信很多人会问:股票走势跟蛙跳为什么会牵扯上关系呢?

如果你问这个问题,那你是问对人了!

其实,从技术线形上看,我们可以看到,这个所谓的蛙蹲期间,股价从最高价的17.95元跌到了12.77元,跌幅30%左右。这样的操盘手法,其实是源自于台湾1970年代的老派庄家的手法。当时的台湾股市市场规模较小,成交量也不大,如何把股民的目光吸引到这只股票,为了活络这只股票的成交情形,庄家可是要煞费苦心的。

在这样的条件背景之下,就有一个老派的庄家,想出这一招,也就是起涨前,先把股价打跌下杀,以制造出一种"震撼性"的效果。这样的手法,一则可以多吃些浮额(股票一跌,散户逃命为先,可借此再清洗一批浮额出来,吃些便宜货),再者,为马上要拉抬的线形做出一个"戏剧性"的转折效果!

果不其然,当股价一个下杀,接着再一个上拉,在技术图形上出现的是V型,或者W型反转的格局,这样的转折形态,在1970年代的台湾股市,可是相当令人振奋。毕竟这样的线形图,也就是所谓的W型反转与V型反转图形,都是代表股价将要开始上涨的形态,自然会吸引到许多看技术图炒股股友的青睐与介入参与。如果还不明白我这段解说的意思,请看下面这幅线图。

300107 乐视网之附图 2

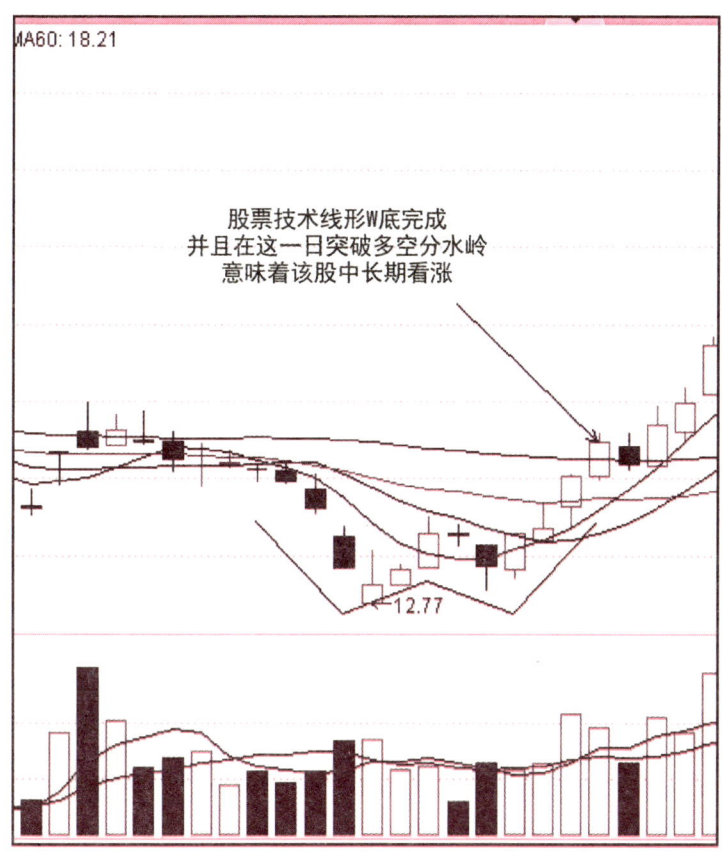

图 6-3　乐视网底部的"W"底

这幅日线图显示，股价在底部区做出了一个漂亮标准的 W 型底，初入股市的人也都知道，W 底完成就意味着未来将有一段波段上涨行情。为什么说在"底部"呢？理由是这个 W 底完成的地方是在日线 MA60 多空分水岭的下面，换句话说是在空头格局的时候完成的。这也就意味着未来将会是空转多，未来有极大的上涨空间。

坦白说，2015年我在深圳炒股，当时看到乐视网这个走势的情形出现时，我真的非常惊异与错愕。毕竟时隔多年，即使在现在台湾股市也没有庄家炒作用到这个手法，然而，却在几十年后的大陆股市再次见到这手法的重现。我认为，这个控盘的庄家绝对跟台湾的股市有渊源。

也就是在那个时候，我决定，也判明了这是一支标准的庄股，只要跟着它的节拍起舞，那就能坐它的大轿子！

既然已能确认是庄股，可以与庄共舞，那么所谓的庄股，其走势有什么特色呢？

庄股的特色第一条，就是筹码已被庄家高度控盘，股价将随着庄家的意图而走，正因为如此，所以每根日K线图的开盘价与收盘价都是在庄家的严格控盘之下。换个角度来说，不管盘中如何剧烈地高低震荡或者大跌，总之临收盘时，庄家用尽吃奶的劲也会将股价守在日线MA10之上。因为，这条线是上涨过程中的底线，一旦这条线不守，也就是波段结束的时候。

下面的线图，可以清楚地体现出，W型底完成后，股价突破多空分水岭，开始多头之旅，股价拉至最高价的2天后，该股的收盘价低于日线MA10，正式宣告第一波段完成。

从线图看，整个上涨时间是21个交易日。股价从最低价13.05元拉升至最高价25.68元，涨幅大约一倍。（这是庄股特色，个股起涨的第一波段涨幅为85%至100%）

话说回来，如果你就如我刚才所言，只要股票收盘价没破日线MA10这个庄家拉抬时护盘的"铁律"，那么来到这里，已经赚了7至8成的获利，你会不会落袋呢？

>>> 300107 乐视网之附图 3

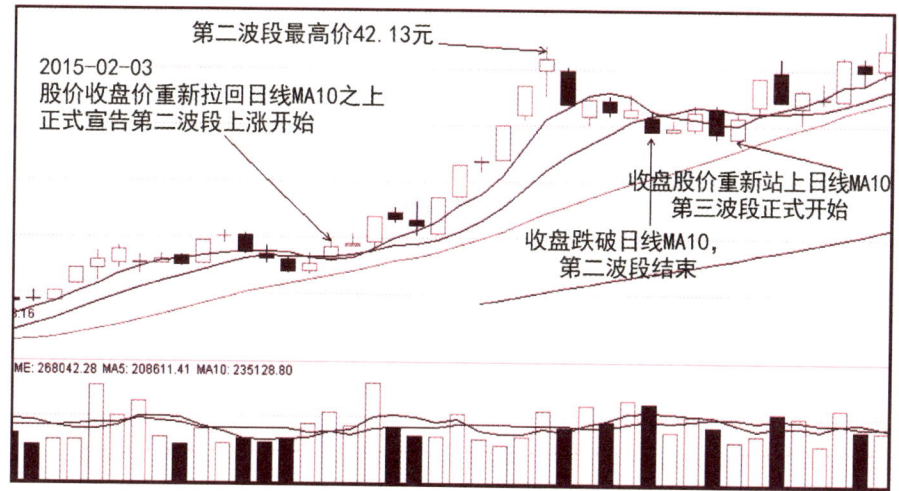

图 6-4　乐视网踩着 MA10 线的第二波上涨

这幅图是标示第二波段的走势，2015 年 2 月 3 日股价重新站上 MA10，正式宣告波段上涨开始。我们从图上可以看见，一路上涨时，收盘价都没跌破日线 MA10。我们计算一下，从正式起涨的前一天最低价 21.77 元至波段最高价的 42.13 元，股价是不是涨幅一倍左右？换句话说，当你看到收盘价站上 MA10，心知另一波段要开始了，你立刻买进介入，这时你可能的买价应该是 24.5 元左右，而这时，你看一下最低价是 21.77 元时，你应该可以推算出目标价就是涨幅一倍左右的 42 元了吧！

特别是从线图上可以看到股价到达 42 元当日，出现了巨幅震荡，这种盘中巨幅震荡代表了多空争持相当剧烈，也就是该出货的时候到了！

300107 乐视网之附图 4

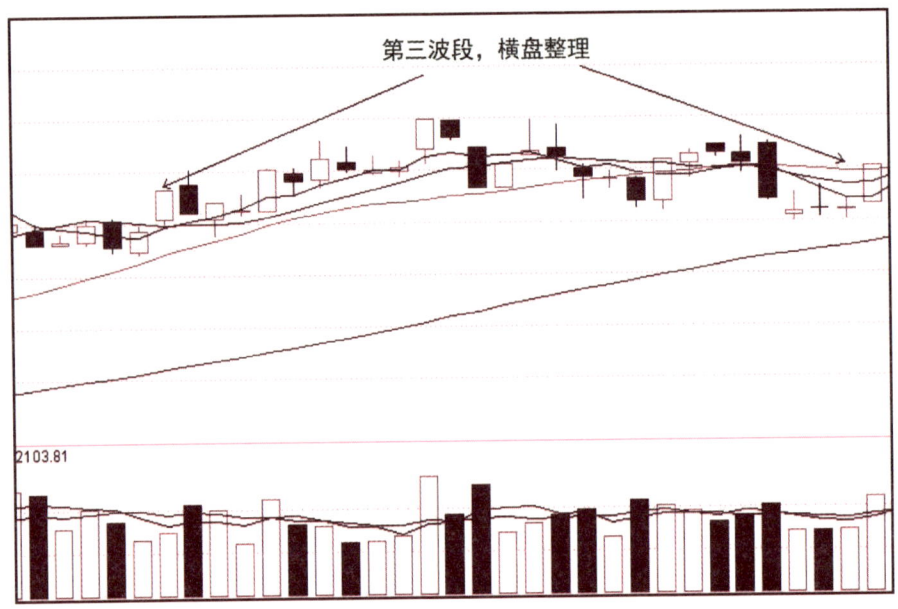

图 6-5　乐视网第三阶段

经过两波段的强力拉升，股价已经从最低价拉升 250% 以上了，再笨的庄家也知道，不能再傻乎乎地往上干了，接下来是所谓换手的时刻到了，毕竟这两波拉升的时间，前后不过是 2 个月而已，2 个月时间，股价涨了 2 倍半，市场心理一时还不太能适应，得整理一段时间，一则换换手，让前面赚到钱的股民下车，另外，让认同这股价的新散户进场接盘。这才是正确的庄家第三条法则！

不过，虽说是整理波，股价可不能暴跌，庄家还得每日控盘，一般而言，这段期间，股价在上下 20% 的幅度内来回，庄家也会高抛低吸，维系成交量不会萎缩，也让该股的人气维持住，为未来第四、第五波行情打基础。大家看看上面这张图的成交量就可明白这道理了!

当然啦,该股在这换手盘整的期间,行情是没什么大块肉可吃的。况且,此时的线形走势,忽高忽低飘忽不定,也都不符合买进的条件,这段期间也只适合浅尝辄止罢了,总之,严格遵守买进的操作标准就对了!

300107 乐视网之附图 5

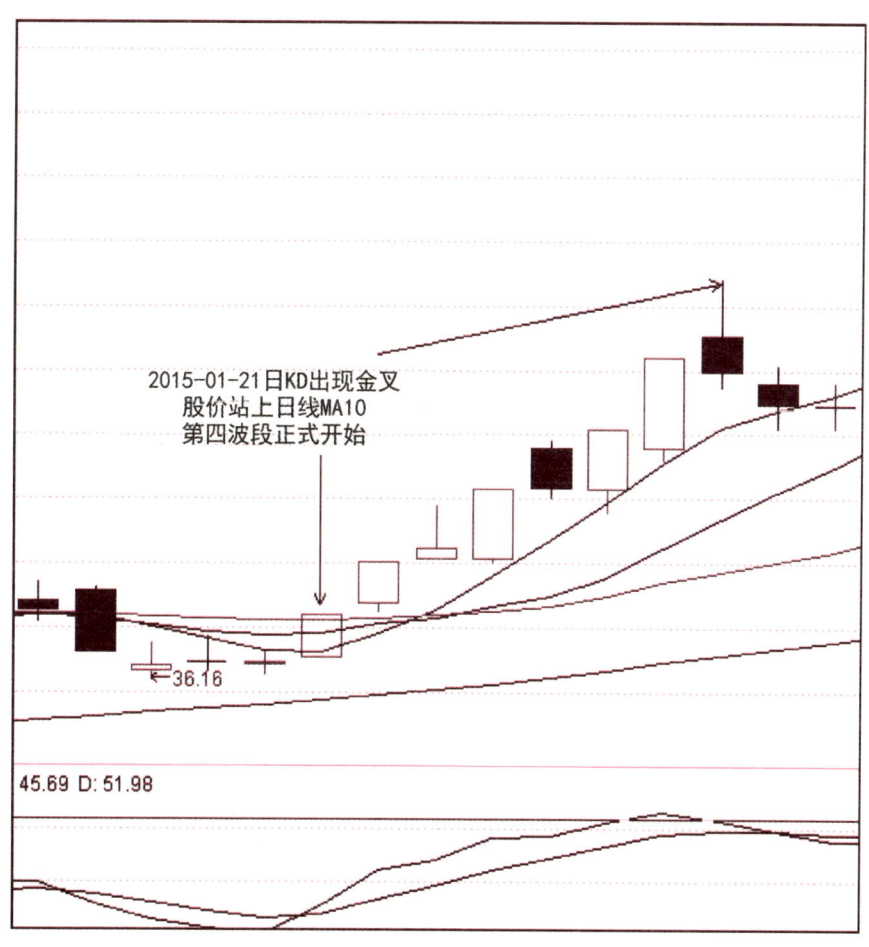

图 6-6　KD 金叉后乐视网的第四波段

经过大约一个半月的上下震荡后，2015年4月21日这天，日KD出现底部金叉，同时收盘价也正式站上日线MA10，两个多头信号同时出现，乐视网第四波行情正式启动。

过去在台湾股市，对于这第四、第五波（也就是俗称的末升段）的界定比较模糊，不过，炒股界的共识就是最后一波的末升段应该是最凶猛也最疯狂的波段幅度，因此末升段也有另一个名称，叫做"疯狗浪"。

如果你去过海边矶钓的话，你就知道会有那突如其来的波浪袭击而来，那种不知何时出现，令人防不胜防的波浪击打过来，会将钓客瞬间卷入海里，台湾的海钓客将这种海浪称之为"疯狗浪"。这个名词引用到股市就是形容末升段的走势最猛、最彪悍，也最令人捉摸不定！

300107 乐视网之附图 6

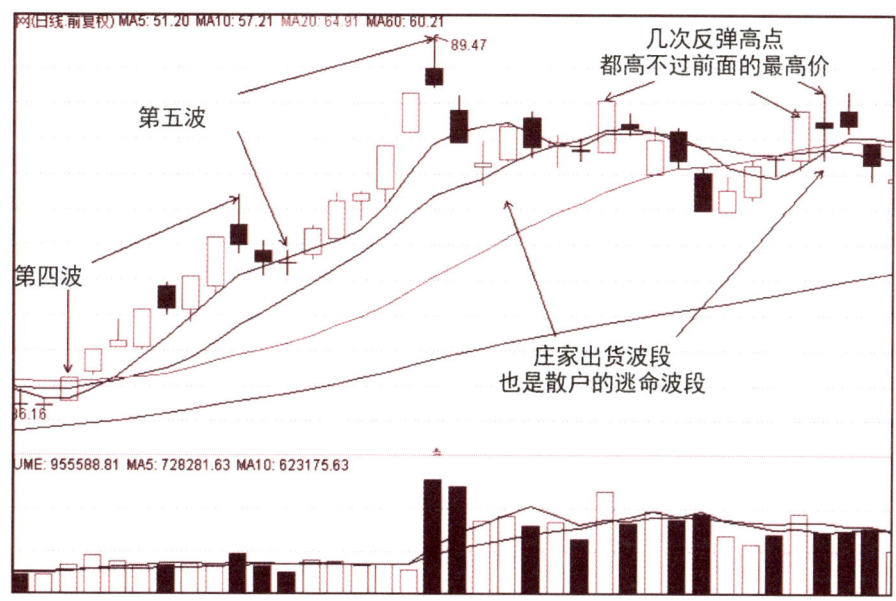

图 6-7　乐视网高位出货

在历经第四、五两波段的拉抬后，股价来到最高价的 89.47 元（这是前复权的价位，换算成当时实际的最高价是 196.95 元）。疯狗浪结束，庄家开始出货。

经历了 5 个月的拉抬，股价大涨了 7 倍多，贾老板趁机大肆套现，在几年前，原始成本 1 块钱的老股票，以 200 元的价格卖给股民，这样的暴利，他能不发达吗？后来贾老板也公开承认，在这期间他卖了一百多亿元的股票，也就是从股市搜刮了这笔巨款，才让贾老板从此野心大起，四处扩张。

从上面这幅图的成交量就可看出，股价到达庄家目标价后，也就是庄家开始出货派筹之时。成交量是前期的两倍都不止，可是价位却往下滑落。量增价跌的现象，说明了庄家已经顾不得拉抬股价了，这时庄家已经专注于出货，反正股价已经涨到离谱的地位，到了卖多少赚多少的地步了，换做你是庄家，你出不出货呢？

庄家出货的阶段，其实也是散户出逃的阶段，此时却有许多盲目的散户如飞蛾扑火般蜂拥而至来接盘。散户呀散户！散户哀歌几多愁？

总结乐视网全部 5 个月的走势过程，其实这只股票一点也不难做，只用最简单的移动平均线与量价配合的理论，就能赚到钵满盆满。炒股如果看懂了诀窍，其实很简单，不是吗？

案例二，600050 中国联通日线图

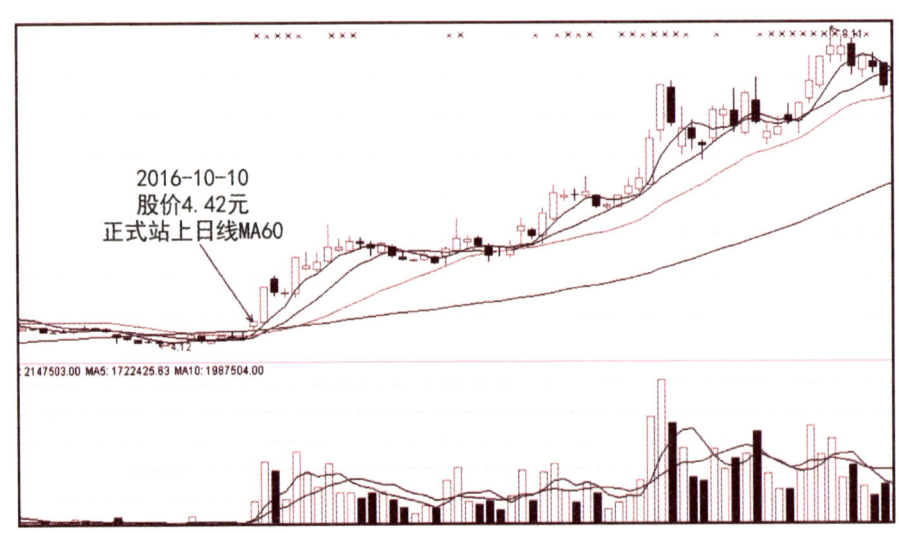

图 6-8　市场力量主导的中国联通

刚才我们介绍 300104 乐视网在 2015 年的一段庄家炒作行情，接下来

我们介绍的这只股票是没有庄家，完全由市场的力量主导的行情。我之所以明确地说这只股票没有庄家炒作，所凭借的唯一理由就是该股的流通市值太大，600050 中国联通，流通盘 212 亿股，起涨时的市价是 4.42 元，也就是说，当它起涨时的总市值是千亿元。

通常我们所谓的庄家是指其控盘的筹码大约占流通盘的半数以上，有如此的实力，庄家左手有股票右手有钱，也因此才能在那只股票呼风唤雨，上下其手。可是以中国联通的盘口而言，千亿级的大牛，如果想控盘半数，那就是 500 亿元，说真的，真有 500 亿现金的人，也不会那么辛苦来炒股了，他天天烦着如何花钱都没时间，哪有闲情逸致来炒股呢？

线路图上我们可以清楚地看到，2016 年 10 月 10 日这天，该股摆脱了日线 MA60 多空分水岭的压制，正式站了上去，这在技术理论上意味着它将开始展开一波段中长期的上涨走势。

在这里，或许有人会问：才站上去一天，何以就可如此断定未来有一波中长期上涨行情？

其实道理很简单：第一，就由于它的盘子太大，不是那些十几二十亿的小盘股可以忽上忽下，这类大盘股完完全全是市场的力量主导，它的准确度比较高；其二，大家可以从成交量图看见，从这天开始，它的成交量开始放大，成交量是之前底部盘整时的十倍以上，股市里，价可以骗人，量却骗不了人的。换句话说，这次起涨是玩真格的！

600050 中国联通的 30 分钟线图

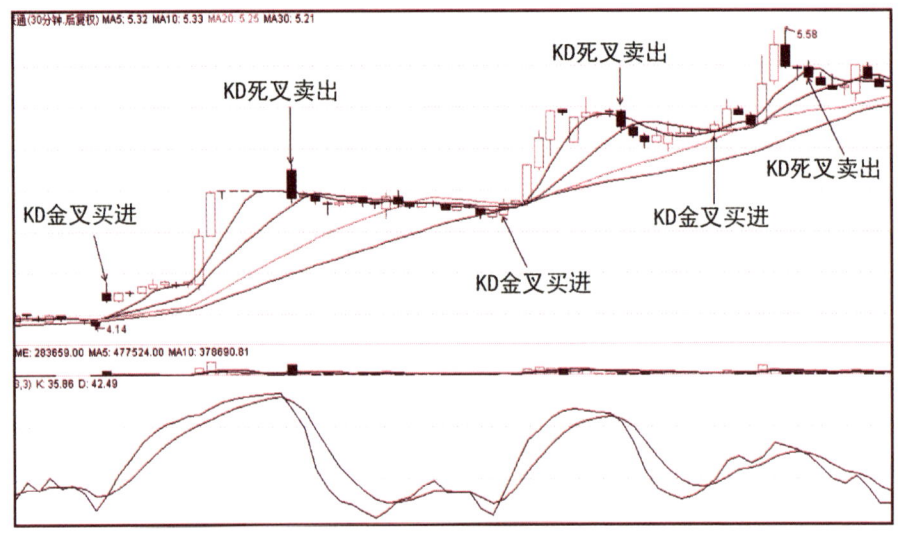

图 6-9 适合操作大盘股的 30 分钟 KD

通常炒作这种纯粹是市场力量主导的大型股,其实和炒作大盘指数的意思一样。毕竟由于盘口太大,这种股票是无法被单一的某个集团或者个人所掌控,因此,我们不必像前面乐视网那种庄股一样,去考虑庄家的思维,我们炒这只股票,唯一要做的就是顺应市场的力量,市场力道强,我们做多,力道弱我们做空。

而最简单最容易看出市场的力道由强转弱或者由弱转强的指标就是 KD 指标,而这种大盘股最合适的时间段就是 30 分钟线的 KD 指标。

上图中,我标示了 3 个买进点以及相对应的 3 个卖出点,顺着这样简单的模式炒作,每趟进出都有 10% 以上的收益。我计算过,三次下来的总获利是 40%,前后 8 个交易日,进出 3 次,获利 40%,可以了吧!

案例三，000519 中兵红箭周线图

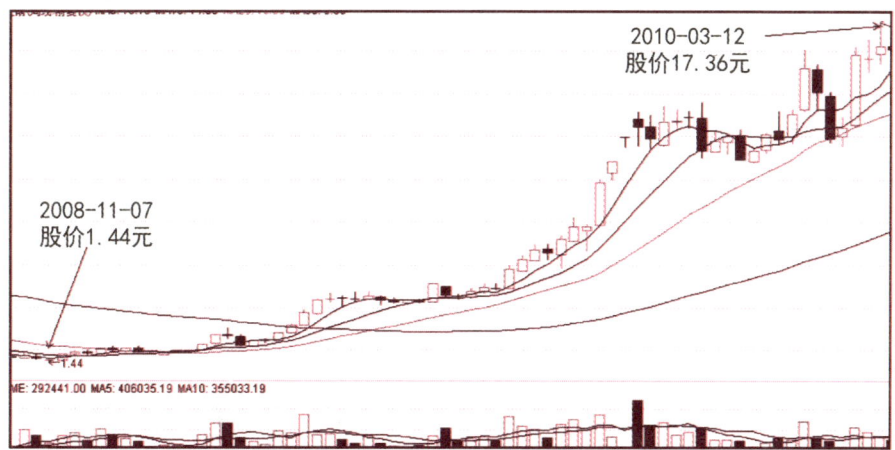

图 6-10　月涨幅 80% 的狂飙股

接下来我要介绍一支超级强悍的"狂飙股"，这只股票就是 000519 中兵红箭。大家在这张周线图上可以清楚地看到，该股从 2008 年 11 月 7 日至 2010 年 3 月 12 日的 15 个月时间内，股价从最低的 1.44 元飙涨到最高价的 17.36 元，足足涨了 12 倍。换算成单月的话，等于是每个月涨幅 80%。到底这只"战斗股"是怎么炼成的，我就详细地帮大家剖析。

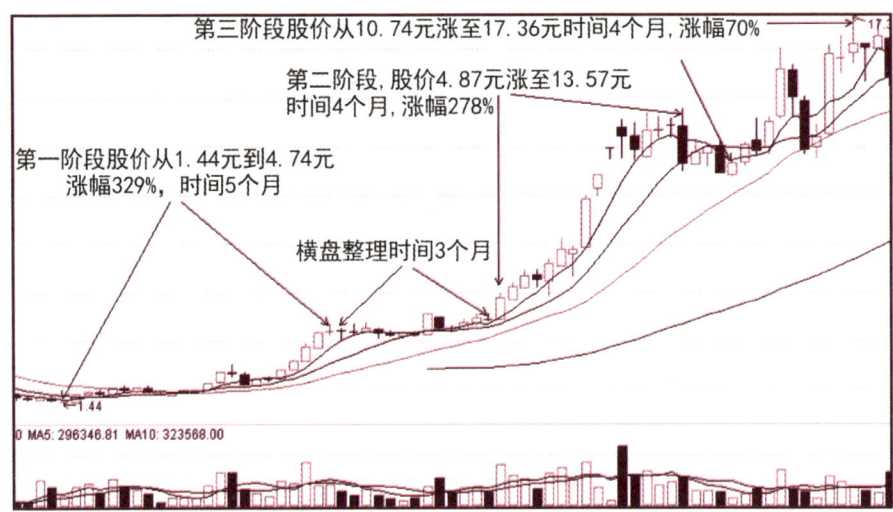

图 6-11 中兵红箭 3 个月横盘 12 个月上涨

这是 000519 中兵红箭的波段涨幅以及耗费的时间表。从这张周线图，我们可以看见，全部 15 个月的期间，有 3 个月的时间是横盘整理的时候，换句话说，这只股票全部涨幅超过 12 倍，实际在上涨的期间也只有 12 个月，等于是每个月的涨幅是 100%。

如此惊人的涨幅，是怎么炼成的，其中又有什么奥秘呢？

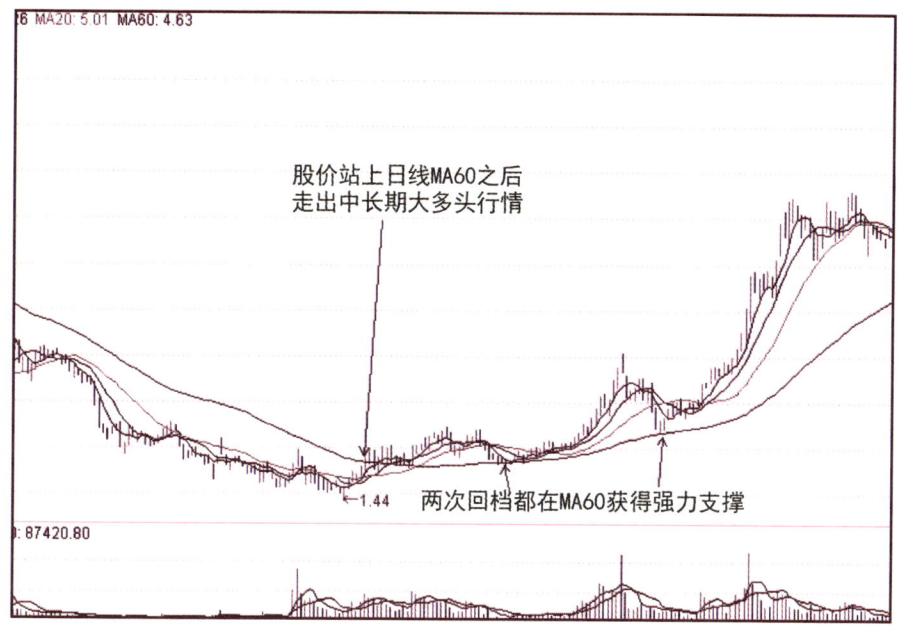

图6-12　中兵红箭的多空分水岭

这是该股的日线图，图上可以清晰看见，日线 MA60 多空分水岭的妙用了吧！自从股价站上多空分水岭之后，走出了一年多的大多头行情，股价涨了 12 倍之多。

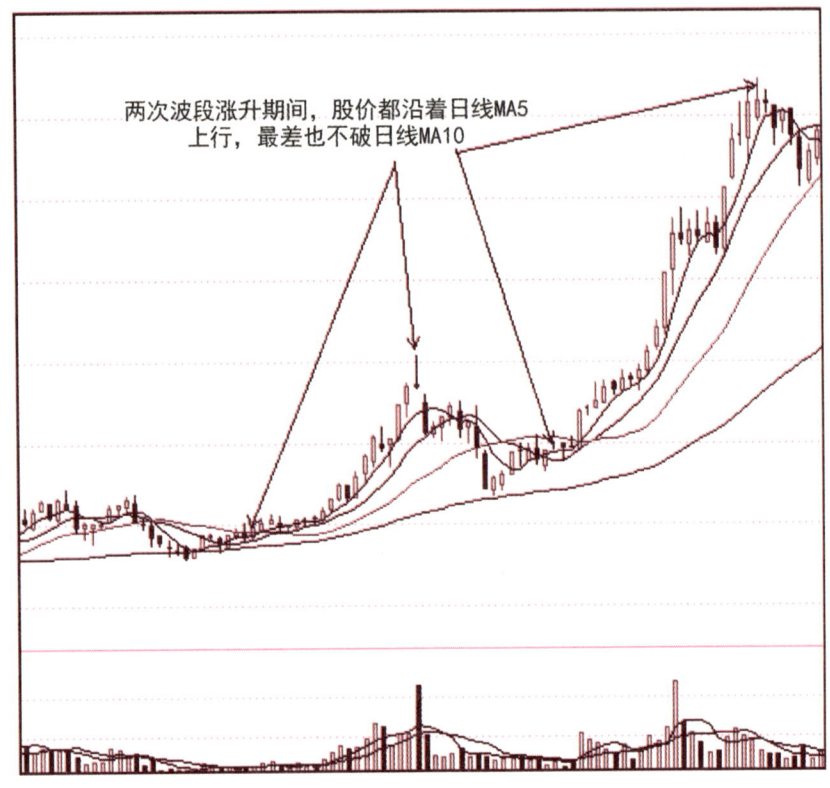

图 6-13　强势股常不破 MA10

在这一章节，我要告诉大家的是何时是最好的卖点。因此，从一开始我就一直翻来覆去地强调：所谓的强势股，其股票在上涨过程中，一定有个铁律，那就是不能破日线 MA10，换句话说，股票收盘价一旦破了这条底线，当然不会马上崩盘大幅下跌，但是这意味着这一上涨波段已经结束，股价要回档休息了。即便以后会再拐头创新高，那也是以后的事。

因此，炒股人最应该注意的就是这件事。一旦见到跌破日线 MA10，二话不说，先保存战果卖出股票退出观望，等股价重新站回日线 MA10，届时再买进也不迟。炒股最忌讳的就是死抱着股票不动的人。

【6-2】利用 KD 指标预知个股的卖点

谈完了利用走势线形与成交量相互配合的关系来决定股票的卖点后，接下来是讲如何利用技术指标来"事先"判断卖点的所在。

在进入这个主题之前，我得先说明一个概念性的问题，那就是技术指标对炒股的重要性。

其实炒股的道理真的很简单——不是涨就是跌，真的没那么复杂。问题是世上有许多人却喜欢把简单的事复杂化，他们总认为太简单的事就不稀奇，就没啥道理可言。其实，殊不知，无极生太极，太极生两仪，两仪生四象，四象生八卦。天下事从混元到复杂，而要明白一切的道理，只有追根究底了解最初、最简单的道理即可。

以炒股而言，许多人喜欢运用技术指标来辅助分析与研判，而许多看似简单无奇的理论或者技术指标，如果你真能彻底领悟其中的真谛，反而能发挥无穷的功效。换句话说，不要迷信那些复杂而虚华的理论，华而不实的理论容易让你坠入五里雾中，反而得到反效果。

过去我在讲课时，常常喜欢举知名武侠小说家古龙先生笔下的一个人物为例，此人号称中原一点红，是个职业杀手，这人的武功招式很简单，没有繁复无比、华而不实的花招，他有的只是迅雷不及掩耳的一剑，这一剑直取对手的咽喉，而且是一剑毙命，就由于对手毙命时，咽喉冒出红潺潺的血花，所以他的江湖称号是中原一点红。

我举这例子就是告诉学员，说了老半天云山雾罩的炒股理论，口吐莲花是没用的，重点在于你炒股赚到钱没有，其他理论都是虚的，能一针见血地帮你赚钱的技术与理论才是硬道理！！

谈到技术指标，不必讳言，所谓的技术指标，每项技术指标确实都有其功效，但是也都不免有其缺陷性与盲点，因此，仅仅单独使用某一技术指标，相信许多股友都体验过，还是容易在股市中铩羽而归。

既然单一技术指标无法以一概全，那么，运用不同的技术指标本身之功能，截取相互有互补功效者，综合判断与多角度思考，发挥各指标的分析优势，这样就能获得胜利的战果吗？

其实关于技术指标，要说的更具体更形象，我个人觉得可以将它比喻为做菜时的调味料，一般常用的技术指标如KD、MACD、RSI、费氏系数、艾略特波动理论等等，就如同炒菜时的味精、胡椒粉、酱油、辣椒等，都是为了使味道更鲜美的调味料，毕竟每种调味料都有其不同的美味与功效。

稍有烧菜经验的人当然都知道，不同的食材要用不同的调味料来提味，并不是胡乱地全部加进去，就能得到最好的味道。糖与醋相加可以得到酸酸甜甜的口感，但是如果再胡乱地加入花椒的话，那就只能适得其反。做菜如此，炒股也是如此，简单两三项技术指标巧妙地搭配与相互交叉运用，却往往能收到事半功倍的效果。

说到技术指标的妙用，我个人对于KD指标的运用，可算是情有独钟，也可说是有我个人独到的见解。一般人的概念，只知道金叉出现代表买进，因为后市看涨；至于死叉出现，则是代表卖出，因为后市看跌。当然啦，这个概念是正确的，没错！不过，很多人可不知道，利用金叉与死叉出现时的收盘价来相互比较，竟然可以事先预判出后面的走势到哪里。

换句话说，当金叉出现时，我们看那根K线的收盘价与前面发生过的死叉收盘价两者价位比较，就可知道这次价位将来涨到哪里了。同样的道理，死叉出现，代表将会下跌，不过我们将死叉的收盘价拿来与前面金叉的收盘价比较后，可以得知未来将会跌到哪里。

说了半天，恐怕有些人还是不懂，我就举几个实例，大家一看就明白了。

案例一，000877 天山股份 60 分钟线

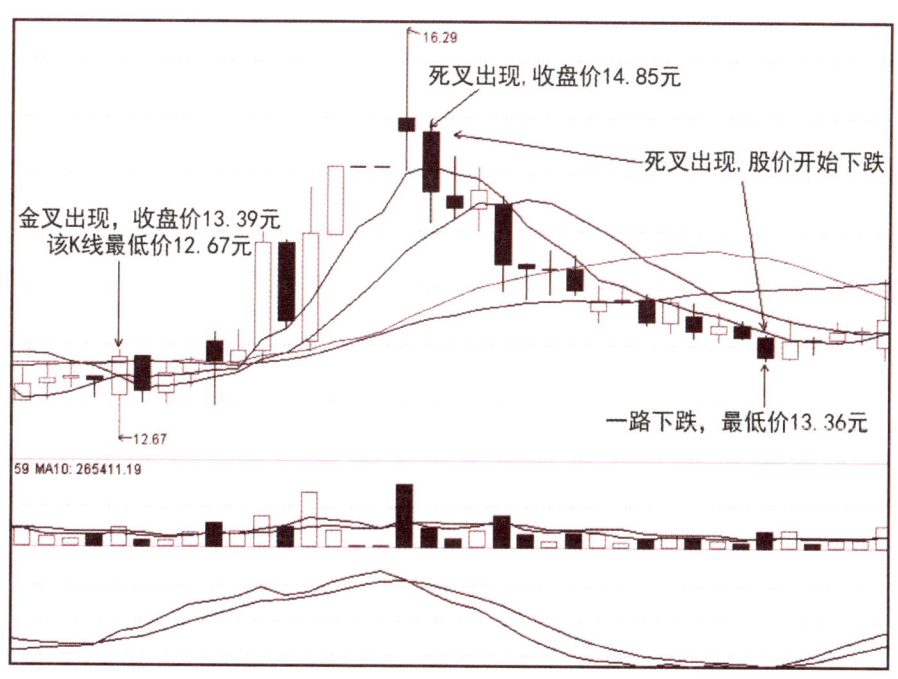

图 6-14　具有支撑作用的金叉收盘价

从上面这张线图我们可以清楚看到，前面上涨时的金叉出现的收盘价是 13.39 元，一路涨到最高价 16.29 元后，开始拐头下跌。接着下一个 K 线出现死叉，这根死叉的收盘价是 14.85 元。我们拿这根死叉的收盘价与前一金叉的收盘价来相互比较，14.85 元当然高于 13.39 元，也就是说，

死叉的收盘价高于金叉的收盘价。

结论：死叉的收盘价如果高于前面金叉的收盘价，那么，死叉后的下跌，在下一个金叉出现之前，不会跌破前面金叉的最低价。

解说：KD指标最主要的效用就是金叉与死叉接连地出现，也就是说，金叉出现后，接下来就是死叉出现，同样的，死叉出现后接着就会出现金叉。

每一个金叉至死叉的过程，就如同出生、茁壮、到顶、幻灭的过程。反过来，死叉到金叉的过程就是死亡、沉沦、否极、重生的过程。在这样的轮换中，反应出了股价的涨与跌。涨到极限便开始下跌，跌到谷底开始反弹上涨。

每根K线图的收盘价以其价位的高低就可标示出它的强弱度。例如上面的案例显示，死叉代表下跌，可是它的强度是14.85元，明显高于前面金叉13.39元，也就是死叉的支撑力量强于前面金叉的上冲力道，在这情况下，当它下跌时，由于支撑力道较强，因此不会跌破金叉起涨时的最初价位，也就是最低价的12.67元。

从案例图我们看到实战时，它这次的下跌果然在12.67元之上的价位也就是13.36元就结束下跌，并且转而开始反弹，同时出现KD金叉。

这种比较法是我个人经过多年炒股经验累积后所思索出来的成果。现在拿来跟大家分享。

事实上，这种KD比较法在实战中非常有效。我们炒股人遇到最困扰的问题就是当我买到好股票，它涨了，我该在什么时候获利了结？换个角度，当我手中的股票下跌，产生亏损了，我是应该继续持有，还是认赔出局？每次要做这样的决定，都是令人伤神且厌恶的。

第六章 如何卖股票

如今，只要你学会了这个方法，一秒钟的时间，你就能做出正确的判断，该买该卖毫不犹豫，炒股已经不是在玩不可知的游戏了，而是一件可事先预知的事，如此一来，炒股岂不快哉！

案例二，000778 新兴铸管 60 分钟线图

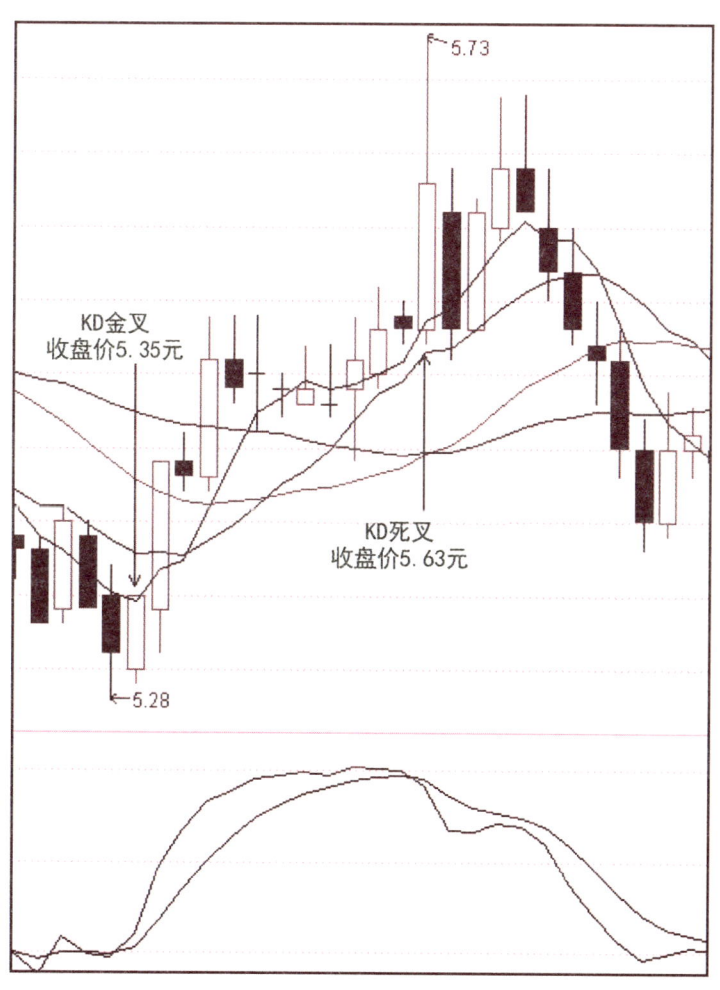

图 6-15　不会跌破的金叉最低价

这是 000778 新兴铸管最近的 60 分钟线图,图上可以清楚地看见,前面 KD 金叉时的收盘价是 5.35 元,最低价是 5.28 元,换句话说,该股之前从高位下跌至 5.28 元后,拐头向上开始反弹。

当反弹至 5.73 元时,反弹力道衰竭,股价反转向下,这时出现了 KD 死叉的现象,这个死叉的收盘价是 5.63 元。一比就知这价位高于金叉的 5.35 元,代表支撑力道强于上冲力道,因此,我们可以得到一个结论:此番下跌不会跌破金叉的最低价 5.28 元。

案例三,000766 通化金马 60 分钟线图

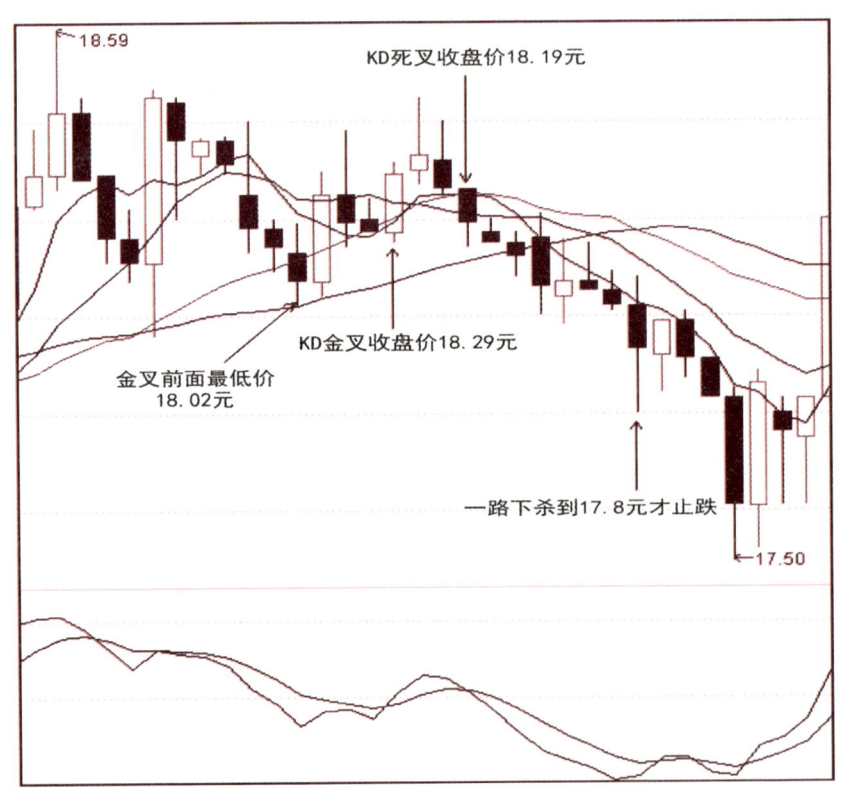

图 6-16　不具备支撑作用的金叉最低价

这个案例和前面两个案例稍有不同，前面的是死叉高于金叉，代表支撑力道较强，所以跌不破金叉之前的最低价。

这个案例是说，死叉的收盘价低于金叉的收盘价，代表了死叉的支撑力道弱于金叉的上冲力道，因此，当股价下杀时，会一口气跌破金叉前期的最低价。

从图 6-16 上，我们可以看见，股价从左上角的 18.59 元开始下滑，在 18.02 元止跌反弹，并且在后面的 K 线上出现 KD 金叉，金叉的收盘价在 18.29 元。

出现金叉后，股价继续上行，到 18.45 元力竭止涨拐头向下，并且出现死叉，死叉的收盘价 18.19 元，这收盘价低于前面金叉的收盘价 18.29 元，因此，股价继续下跌，并且跌破金叉的前面最低价 18.02 元，这次的下杀直到 17.8 元才止跌。

案例四，000797 中国武夷 60 分钟线图

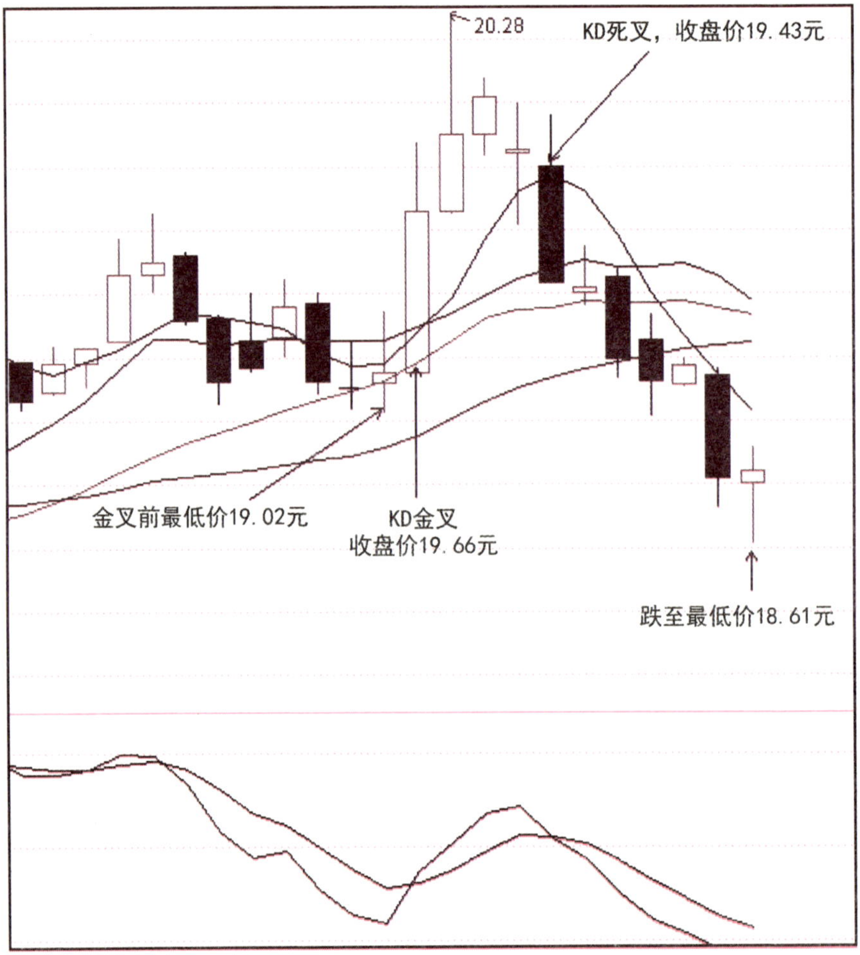

图 6-17 死叉收盘价低于金叉最低价，需及时卖股

这是 000797 中国武夷的 60 分钟线图。图中我们看见，先是出现金叉向上反弹，金叉出现时的收盘价是 19.66 元，而金叉之前的最低价是 19.02 元，换句话说是从 19.02 元起涨的。

出现金叉后，中国武夷的股价最多冲到 20.28 元力竭。股价拐头向下，接着出现死叉的现象，死叉的收盘价是 19.43 元，这价位明显低于金叉的 19.66 元，所以我们在这时已可断定，金叉前低的 19.02 元恐怕会被跌破，果不其然，这次下杀，跌破 19.02 元，股价杀到 18.61 元。

KD 比较法的妙用就在这里，当死叉出现，而且收盘价低于金叉时，一看苗头不对立刻卖股退出，不要傻乎乎地死守持股，结果造成更大的损失。这就是"少输就是赚"的道理。

上面说完死叉与金叉的比较法则，现在我们倒过来说金叉与死叉的比较法。事实上，金叉与死叉的比较法则，道理是一样的，只是把情形颠倒过来就是了。换句话说，**金叉的收盘价如果比前一死叉的收盘价要高，那么代表了金叉上冲的力道比死叉下降的力道强，既然力道较强，那么金叉之后的上涨幅度将会突破死叉背后的最高价。**

好了，说归说，我还是举实例来说明，这样大家比较容易明白。如果后面的例子还不够，大家可以关注封面折页处的公众号，我会在上面与你进行互动。

案例一，600209 罗顿发展日线图

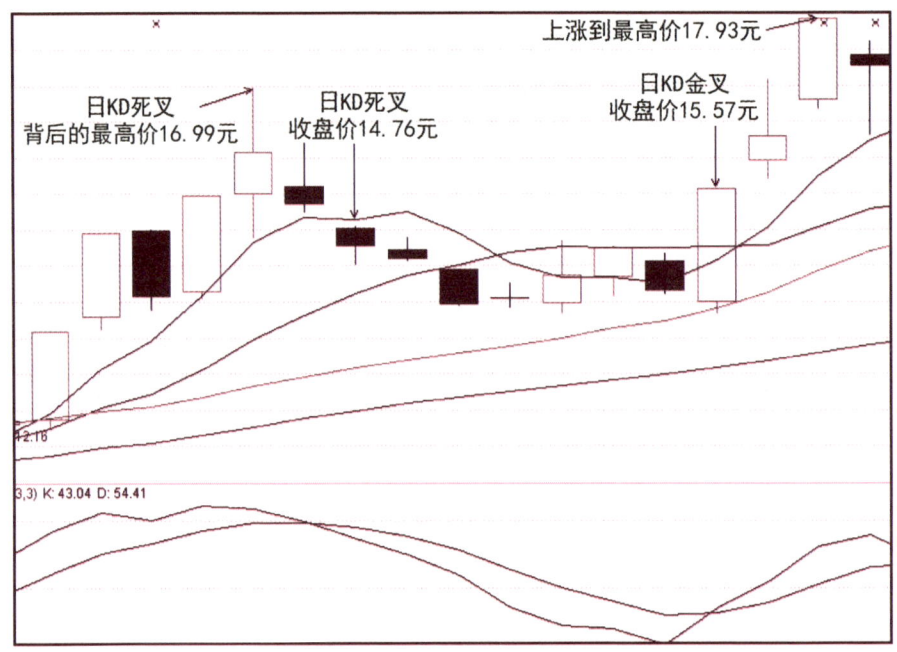

图 6-18　高于死叉收盘价的金叉收盘价

这是 600209 罗顿发展的日线图。在这里我要做个声明：KD 比较法的原理是一样的，所以时间单位即使有所不同，例如，月、周、日、60 分钟、30 分钟等，结果还都是一样。不过，太小的时间单位就会失真，例如 15 分钟、5 分钟、1 分钟。

这张图我们可以看到，日 KD 金叉的收盘价是 15.57 元，而前面的死叉收盘价是 14.76 元，死叉背后的最高价是 16.99 元，由于 15.57 元高于 14.76 元，因此，我们看到了该股接下来继续上涨，而最终力竭的价位到达 17.93 元的高价，这价位远远高于死叉背后的最高价 16.99 元。

换个角度来思考,当你看到该股当日收盘价是 15.57 元时,你一比较,会不会买进这股票呢?因为 KD 比较法已经告诉你,接下来它会涨破 16.99 元。且不管会涨过多少钱,就算 16.99 元—15.57 元 = 1.42 元,差价幅度是 9%左右。这样简单的赚钱法,你觉得好用吗?

案例二,002346 拓中股份 日线图

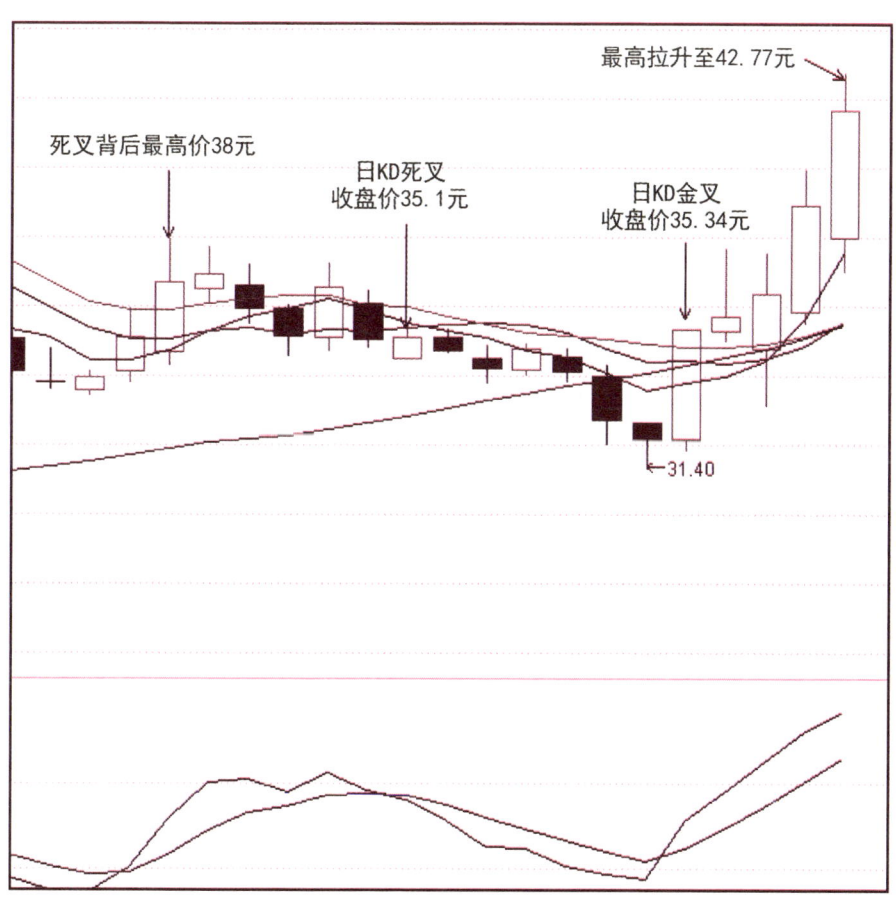

图 6-19 涨破死叉背后最高价

这是002346拓中股份近期的日线图,简简单单的一张K线图,看得懂就是一张赚钱的藏宝图。日KD金叉,收盘价35.34元。高于前死叉的35.1元。据此判断该股将会涨破死叉背后最高价的38元。按照操作的思路,买进35.1元买进,至少有38元—35.1元=2.9元的获利空间,获利率超过8%。

结果是这股彪悍上涨到42.77元才力竭拐头。4个交易日,净赚20%。

案例三,上证指数周线图

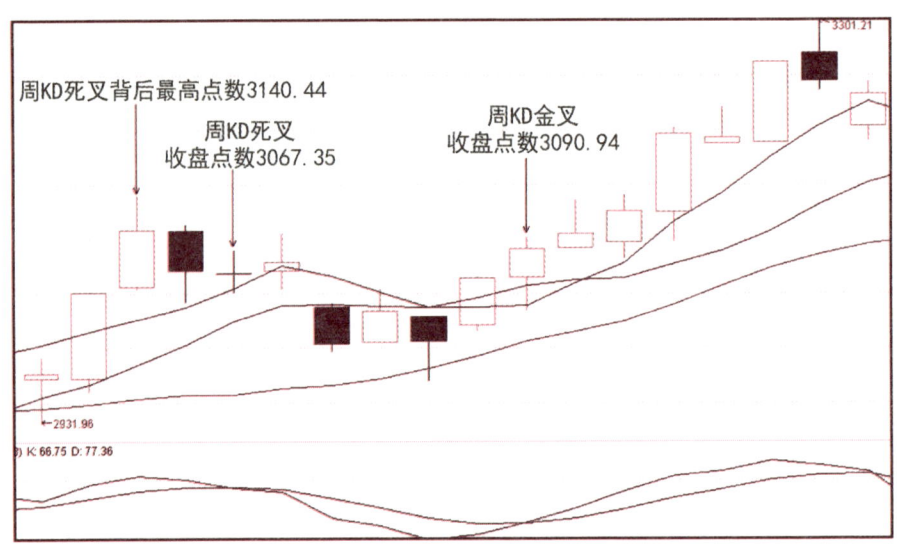

图6-20 上证周线 "金叉" "死叉" 对比应用

这是上证指数周线图,我在这里要再度声明一件事,但凡能用K线形态标示的东西,不管是个股、指数、商品期货(原油、黄金、白银、有色金属、粮油等等)都可利用KD比较法来预判未来的趋势。

为了证明我的说法,我就拿上证指数的周线图来做印证。这是2016年年底的上证指数周线图,大家可以看到,图上的标示,周KD金叉收盘点数是

3090.94，明显高于前面死叉的点数 3067.35。因此，可以得到一个结论：后面的走势将会继续向上，姑且不管会涨多少，起码可以预测到，最少也会突破死叉背后的最高点位 3140.44，换句话说，当我们看到当周的周 KD 出现时，如果我们在次周的周一开盘，据此判断买进股指期货，后面肯定有大赚头的。

我查了一下股指期货的数据。上证指数周 KD 金叉是 2016 年 10 月 21 日，同样的时间，股指期货的点位是 3324，后来上证指数最高涨到 3301，而股指期则涨到 3583—3324＝259，以股指期每点 300 的利差来算，每手单有 77700 元的获利空间。KD 比较法神奇吧！

案例四，600837 海通证券日线图

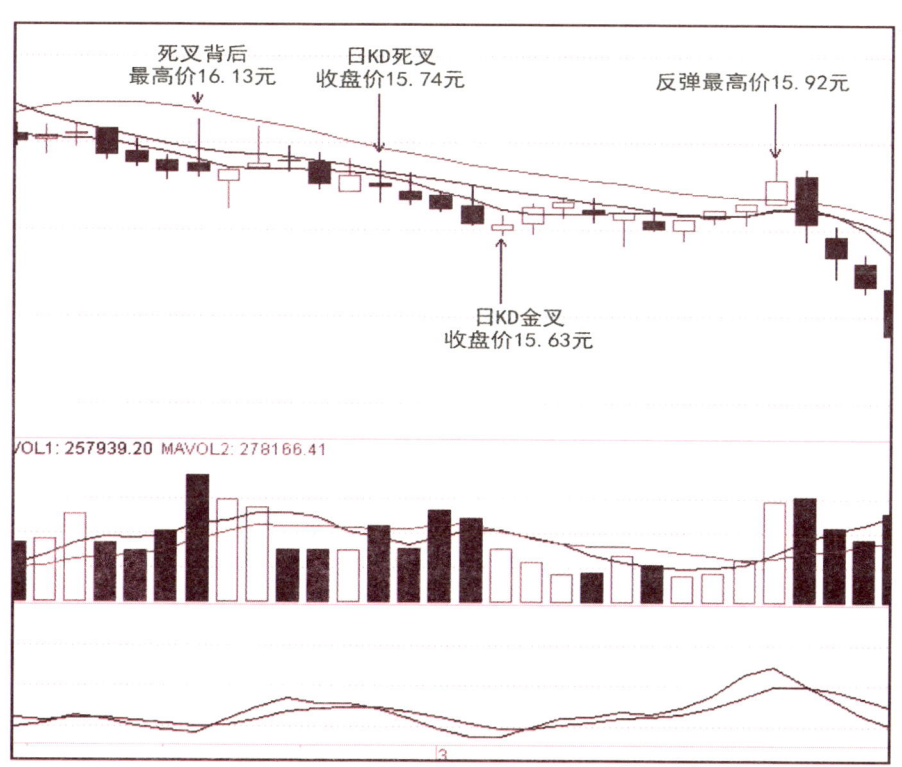

图 6-21　KD 金叉收盘价高于死叉收盘价对后期估计影响

前面几个案例都是日 KD 金叉收盘价高于死叉的收盘价。因此，后续的上涨也都突破死叉背后的最高价。现在我们要举几个反面教材，也就是日 KD 金叉收盘价低于前面死叉的收盘价。遇到这种情形，发生金叉后，当然价位会上涨，可是由于它的上涨力道逊于死叉的支撑力道，因此，上涨的力竭价位不会高于死叉背后的最高价。

图 6-21 是 600837 海通证券日线图，金叉的收盘价是 15.63 元，而全面死叉收盘价是 15.73 元。金叉收盘价低于死叉收盘价，因此，我们从图上看到，这次的反弹的最高价仅止于 15.92 元，这价位低于死叉背后的最高价 16.13 元。

话说回来，现在你知道了 KD 比较法之后，当你看到该股的金叉出现时，相信你不会去选这只股票买进的，因为还没开始，就已经知道拉不上去，这种涨无份跌有份的股票，避之唯恐不及。

案例五，002011 盾安环境日线图

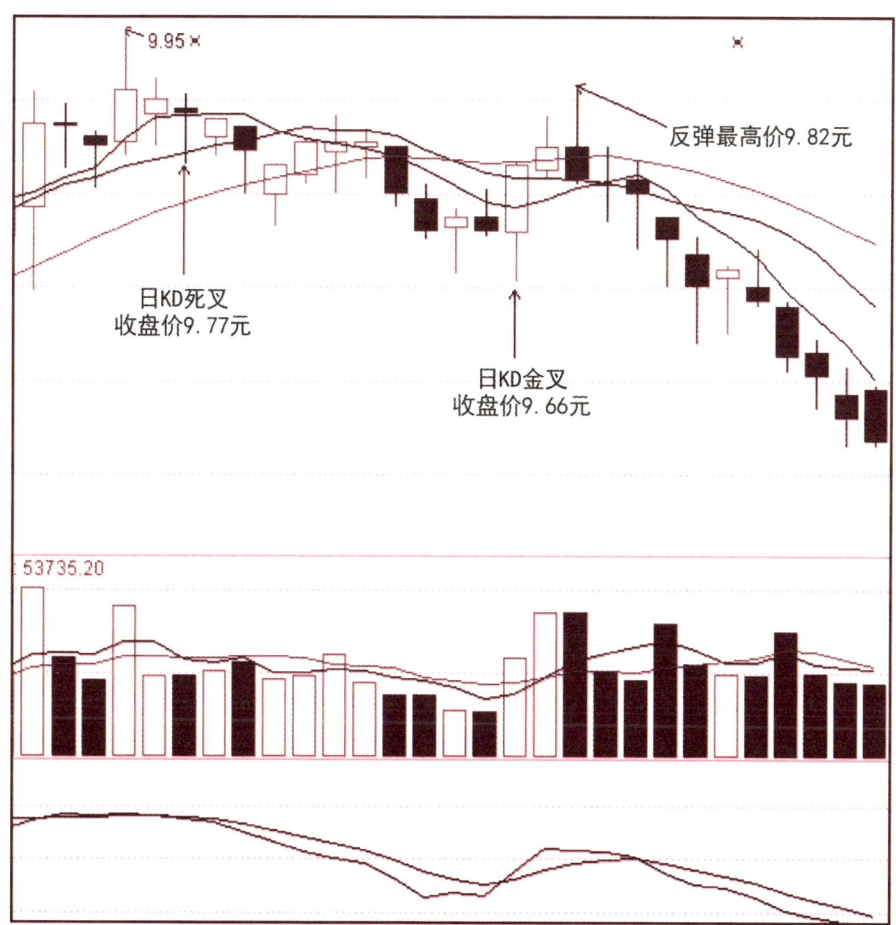

图 6-22　KD 比较法看盾安环境

这是 002011 盾安环境的日线图。图上显示日 KD 金叉的收盘价 9.66 元，低于前面死叉的收盘价 9.77 元，该股后面还是有小幅上涨空间，可是股价到 9.82 元就急转直下。最终，股价连跌了 11 个交易日，最低到了 9.07 元。相信懂得 KD 比较法的股友绝对不会去碰这种股票的。

点睛

★ 炒股人最应该注意的就是这件事。一旦见到跌破日线MA10，二话不说，先保存战果卖出股票退出观望，等股价重新站回日线MA10，届时再买进也不迟。炒股最忌讳的就是死抱着股票不动的人。

★ 做菜如此，炒股也是如此，简单两三项技术指标巧妙地搭配与相互交叉运用，都往往能收到事半功倍的效果。

★ 很多人可不知道，利用金叉与死叉出现时的收盘价来相互比较，竟然可以事先预判出后面的走势到哪里。

★ 死叉的收盘价如果高于前面金叉的收盘价，那么，死叉后的下跌，在下一个金叉出现之前，不会跌破前面金叉的最低价。

★ 死叉的收盘价低于金叉的收盘价，代表了死叉的支撑力道弱于金叉的上冲力道，因此，当股价下杀时，会一口气跌破金叉前期的最低价。

★ 金叉的收盘价如果比前一死叉的收盘价要高，那么代表了金叉上冲的力道比死叉下降的力道强，既然力道较强，那么金叉之后的上涨幅度将会突破死叉背后的最高价。

★ 你知道了KD比较法之后，当你看到该股的金叉出现时，相信你不会去选这只股票买进的，因为还没开始，就已经知道拉不上去，这种涨无伤跌有份的股票，避之唯恐不及。

Chapter 7
第七章

利用30—60分钟线来捕捉期货
短线波段的拐点

利用技术指标作为指路明灯，就是要让我们看清局势，多头趋势时逢低找买点做多，空头趋势时，逢高找卖点沽空。这就是所谓"顺势而为"的道理。顺势而为才能事半功倍，逆势而为只能事倍功半！

第七章　利用 30—60 分钟线来捕捉期货短线波段的拐点

说完了如何预测个股的卖点后，我们回过头来谈谈期货的问题。炒期货与炒股票最大的差异在于炒股的话，你只能先买进不能先卖出，而期货却可以多空两头来。由于游戏规则的不同，因此在实际的操作上会产生以下的差异：

1. 个股有可能会出现庄家控盘，一人独大操纵股价的现象，而期货没有这种可能。之所以会发生这种现象，是因为个股有流通股多少的制约。换句话说，这道理就像打扑克一样，一副扑克牌里面，A 只有 4 张，打死也不可能出现第五张。庄家要炒作个股之前，可以根据个股的市价以及流通股数，事先算计好全部要动用的资金实力，等到筹划妥当之后再进场炒作。这种宛如作弊的行为，赋予了庄家绝对的条件优势，换句话说，在炒股上，庄家是刀俎而散户却成了鱼肉。

一为刀俎一为鱼肉的现象在期货的炒作上是不可能发生的。因为，期货的游戏规则，赋予了每个人随时可多可空的权利，再加上期货的交易数量可以无限大，并没有所谓流通股数的限制。因此，在实战上，个股宛如一个小小的游泳池而期货却如汪洋大海般宽广。

2. 由于上述的原因，操作个股，如果你想短平快地赚大钱，你就得知道庄家的习性，你得懂得庄家操作时的技巧，与庄共舞才能获取利润。可是炒期货的技巧与方法却和炒股大相径庭。**炒期货你得随着大趋势走，当趋势走多，你得够胆买进，当趋势偏空，你得大力地沽空下去。**

综合比较了上述股票与期货在实战炒作本质的差异后，本文就将进入本书的重头戏，如何利用 30—60 分钟线来捕捉期货短线波段的拐点。

在前面的章节，我举了 7 个案例来说明，我们如何利用 "日 KD 的金叉与死叉比较法" 以及 "移动平均线的线形" 两者相互的配合，来判断出

各种不同期货走势的趋势。接下来,那就是进一步地细分出时间段,如30分钟线、60分钟线,以更短的时间来剖析如何捕捉短线波段的拐点所在。

判断趋势是多是空是进场的第一要素,如果你连多空趋势都看不清楚,多头趋势时拼命沽空,空头趋势时一股脑做多,这是逆势而为的行为。我当然不敢说你一定会亏损,因为你可能运气不错,赌运好,能火中取栗也说不定,不过,纯靠运气的话,只能得意一时无法得胜一生,靠运气十次中七次,但是输掉的那三次可能就可以把你扫地出门。

我们前面说过,炒股也好,炒期货也罢,真的不是一翻两瞪眼的赌博,股票期货的走势有其逻辑性与规律性,我们利用技术指标作为指路明灯,就是要让我们看清局势,多头趋势时逢低找买点做多,空头趋势时,逢高找卖点沽空。这就是所谓"顺势而为"的道理。顺势而为才能事半功倍,逆势而为只能事倍功半!

好,既然我们已经有把握看清多空的格局了,接下来我们就进入实战的操演,我们要进一步来剖析走势情形,来找出拐点所在。

【7-1】找出短线拐点所在

案例一，上海金属交易所 CUL8 沪铜主连日线图

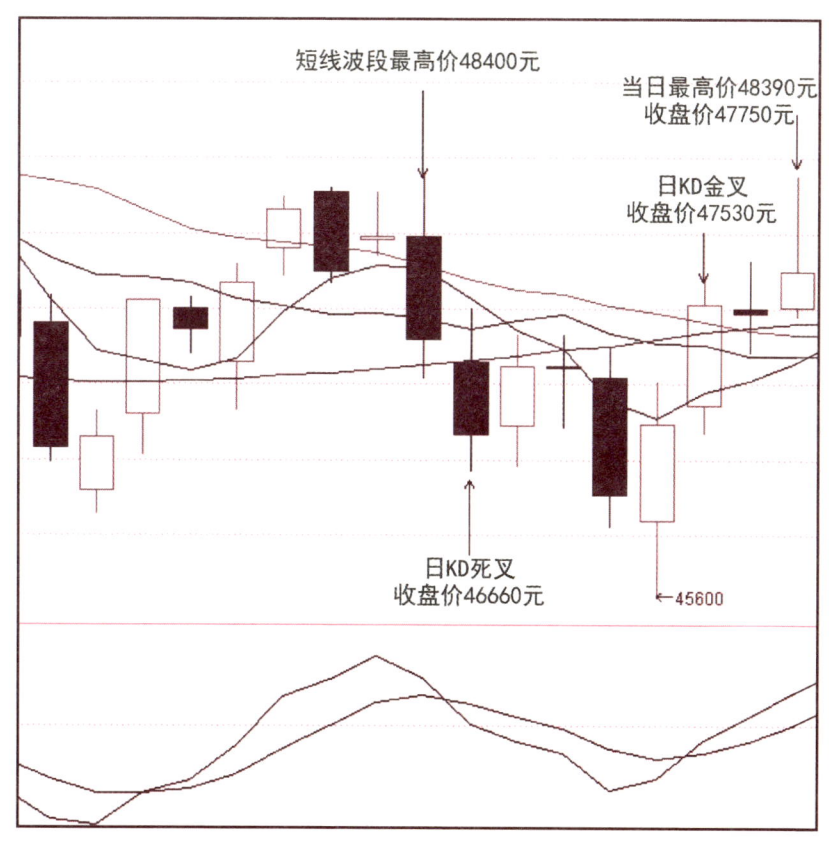

图 7-1　沪铜均线价差缩小

这是上海金属交易所 CUL8 沪铜主连的日线图。看到这张日线图，我们先比较近期金叉与死叉的价位，经过比较，我们得到第一个答案：金叉高于死叉，短线会突破死叉背后的最高价 48400 元。可是，我们看到最后

一个交易日，盘中最高拉到 48390 元多头就力竭，收盘价 47750！仅仅 10 元的差距，却让多头止步于关前，可见空方的力道也不容小觑。

我们接着看移动平均线的排列情形，图上可以清楚地看见，线形是标准的空头排列，MA60>MA20>MA10>MA5，虽是空头排列，但可以明显看到它们彼此间的价差在缩小当中，而且对多方有利的另一个条件是，最后那 3 个交易日，收盘价都站在多空分水岭之上。

综合上述的几个情形来做多空判断的话，个人认为多方稍微占优势，但是空方的抵抗也不是省油的灯。因此，在这种多空激烈对决，情势混沌不明的时刻，实战操作的话，有两个选择：一是采取隔山观虎斗，空手观望的策略，等到多空双方某方胜出后，再迅速跟进追打落水狗！

另一个是，如果真的手痒非玩不可，那么小量的资金进场，也可保持看盘的兴趣。

以下是观察的重点。

第七章　利用 30—60 分钟线来捕捉期货短线波段的拐点

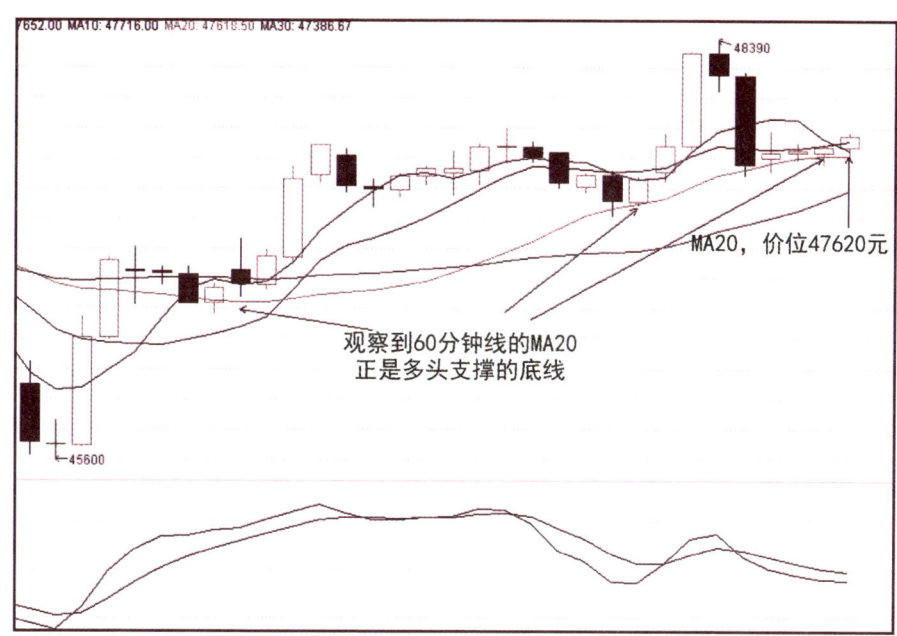

图 7-2　多空双方激战攻防线的的 60 分钟 MA20

图 7-2 是图 7-1 最后 3 个交易日的 60 分钟线图，看这种线图，第一个动作就是要找多空双方的征战点，也就是我们前面说到的拐点。从图形上我们一眼就可看出，60 分钟线的 MA20 是条多空双方激战的攻防线。

从图的左下角我们看到，这条线原本是空方的压力线，被多方突破后，反而变成多方背水一战的支撑线，图中标示了多方 10 次被击穿可是 10 次的收盘价都站稳了。

尤其是当多方冲关试图突破 48400 元的前高时功败垂成，被空方无情地狙击，那根长黑也曾跌破 MA20。所幸的是多方最终还是站稳在 MA20 之上。更令多方可喜的是，那根巨量长黑是个假死叉，后面接连的四根 K 线，收盘价也都能站稳在 MA20 之上。总的来说，自从多方站上 MA20 之后，从图形上我们可以看见，多方抵御住了空方 10 次的狙击。可见多方的力道，的确是稍胜一筹。

既然多方是优于空方,那么我们要炒作的话就应该逢低找买点了!

那么请问买点在哪里?逢低的这个"低",到底有多低呢?答案其实刚才就说过了,那就是 MA20 这条线,因为它是多方力撑的底线,越靠近这条线的价位越好,甚至小跌破更佳,更便宜。说到这,可能有人会问,现在看来这条支撑线是蛮稳的,可是万一跌破的话怎么办?关于这问题,答案只有一个,那就是运气不好,止损退出。

前面说过,在多空相持,没绝对的把握下,要空手观望,等尘埃落定再出手,另一个情况就是手痒的话,小量的资金试试水,一看苗头不对,就止损退出。

案例二,大连商品交易所铁矿石指数日线图

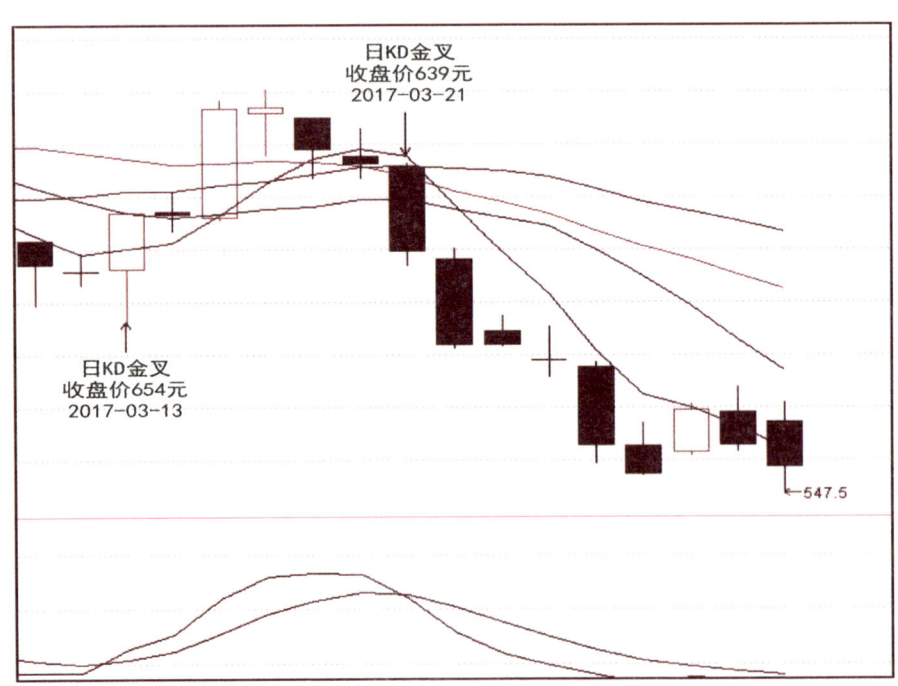

图 7-3　铁矿石空头走势

第七章　利用30—60分钟线来捕捉期货短线波段的拐点

这是2017年大连商品交易所铁矿石指数日线图。这幅图对我们而言实在太简单啦！一秒钟的时间，我们就可判断出整个趋势是偏空的空头走势。其实，我之所以拿它来做案例，是想和前一个案例相比较。

相比之下，这个案例的趋向走势很清楚，炒作策略就是一个字"空"就对啦！不像上一个案例，多空对峙趋向还没明朗。在这里，我要提醒的是一个概念，我想请问大家，你炒期货的目的是什么？是想赚钱还是无聊、好玩、消磨时间？如果是想赚钱，那么，当情势不明朗的时候就空手观望，等到这种一眼就可看清的时候来临，一把就扑上去，狠狠地赚它一把，岂不快哉？讲究的是"稳、狠、准"，稳就是局势不明，观望为上，等到能看清楚局面就是准，既然看清，那还不拿出狠字诀？

所以，试想一下，图上标示的日KD死叉时间是2017年3月21日，次日一早一开盘，你就可以狠狠地打落水狗啦！至于要等到什么时候才回补呢？且看下一幅图。

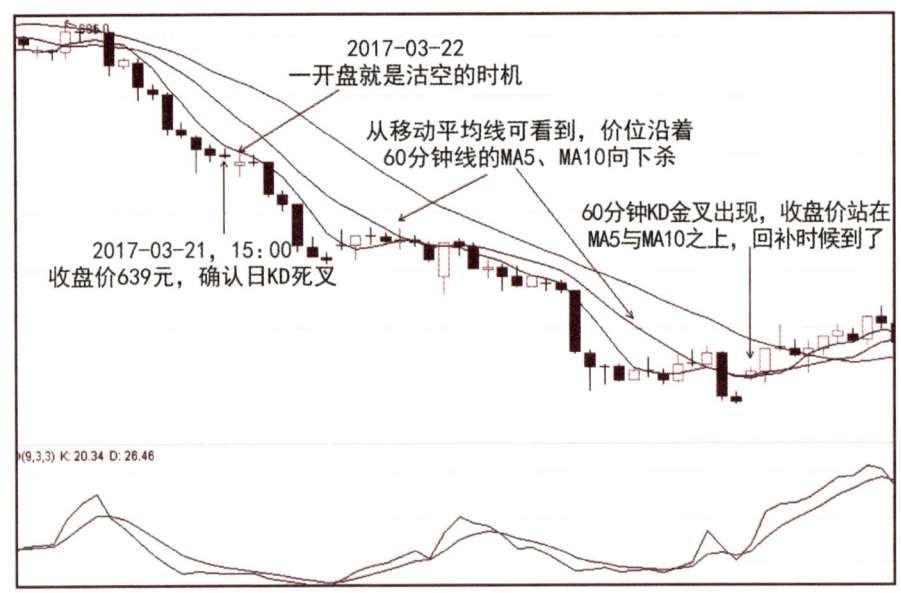

图7-4 铁矿石KD死叉低于金叉带来的沽空机会

这是铁矿石同一时段的60分钟线图。2017年3月21日下午收盘确认了日KD死叉,而且收盘价低于前面的金叉,我们就此判定,势头转空明确了。看到这情形,次日上午一开盘就可沽空啦!

沽空的结果,果然如我们研判的预期,铁矿石的价格一路下跌,而且已经跌了一段时间。我们可以从它的走势看到,"压着"它一路往下打的是两条压力线,也就是MA5与MA10,换句话说,只要价格不站回这两条线之上,就代表着空方肆虐的力道仍然存在!那我们就继续等待更多的获利进账,这就是炒股人、炒期货人所说的:"不预设立场。"这句话的真谛!

案例三，中金所股指期货品种沪深 300 日线图

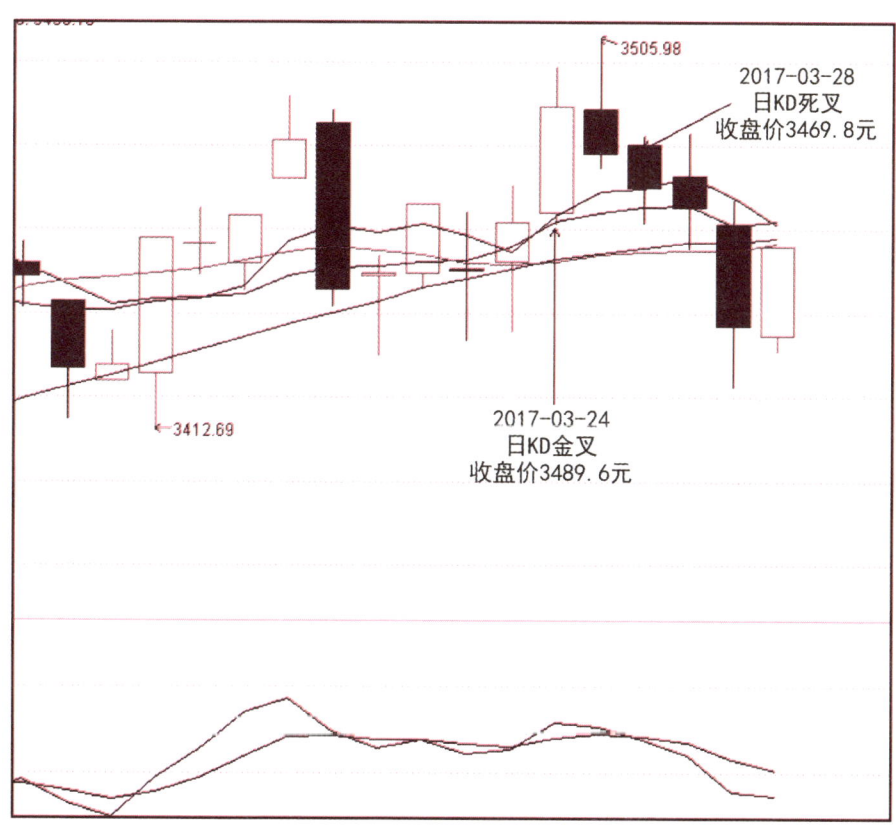

图 7-5　多空激烈的沪深 300

这是中金所股指期货品种沪深 300 近期的日线图，这图一看也很简单，表面上看，趋势是短线看空下杀的格局，但是暗中却隐藏着多方强力反扑的力道。操作时如果遇到这种多空激斗的场面，我们的操盘策略应该如何应对？

图 7-6 是它的 30 分钟线图。

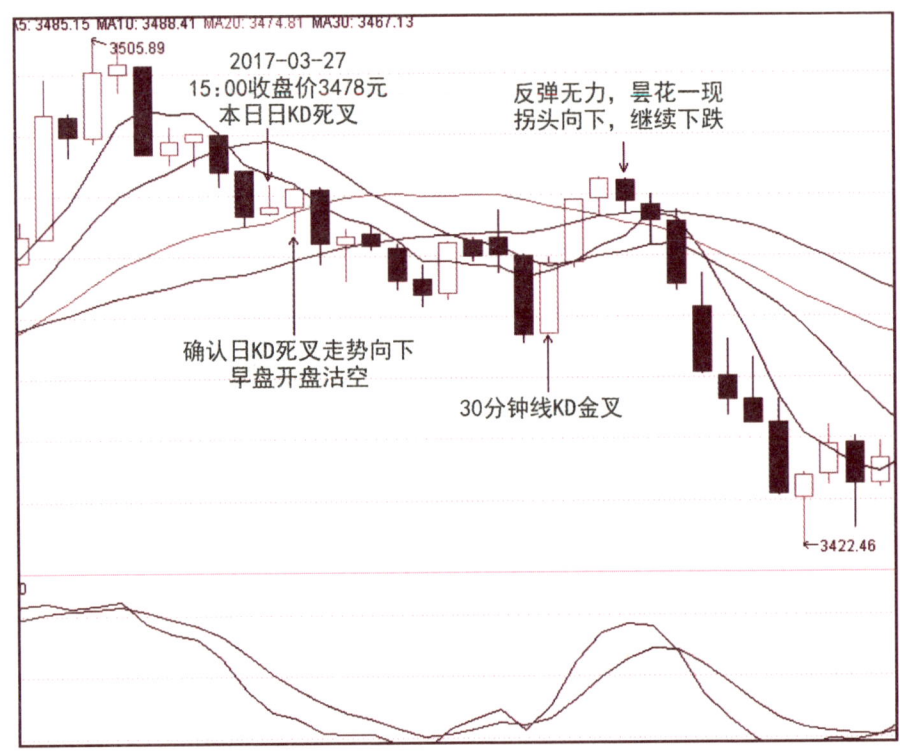

图 7-6 用 30 分钟 KD 比较法沽空沪深 300 实战

这是图 7-5 日线图的 30 分钟线图。实战时，2017 年 3 月 27 日下午收盘，指数出现日线 KD 死叉，况且这死叉收盘价低于前面金叉收盘价，因此，我们决定次日上午沽空。

从这张 30 分钟线图，我们可以看见，沽空后，如预期般，指数开始缓步下跌，可是跌幅不深，当日收盘时，指数收在 3468，与早盘沽空时，也不过 10 点左右的利润，于是决定再等。

次日上午头一个钟头，指数小幅震荡后，于 10：30 出现急杀的现象。没想到急杀后，竟然出现急促强力反弹情形，30 分钟 KD 也出现金叉的现象，遇见这种情形，应该如何应对，是平仓离场还继续跟它耗到底？

第七章 利用30—60分钟线来捕捉期货短线波段的拐点

遇到这种情形,还是一样比较一下 KD,在此提醒各位,运用 KD 比较法,时间段越长越好,例如日线、周线甚至月线准确度都很高,30 分钟线和 60 分钟线的准确度会稍次,不过还可作为判断的参考。至于 15 分钟线或者 5 分钟线的 KD 比较法则不会很准。

比较了 30 分钟 KD 后,我们发现金叉远远低于死叉,因此,即使再弹升,幅度也有限,可以跟它耗下去。果不其然,经过短暂的反弹后,多头力竭,指数价位再度急转直下,一路下杀。这时就等着收割啦!

案例四,大连交易所大豆日线图

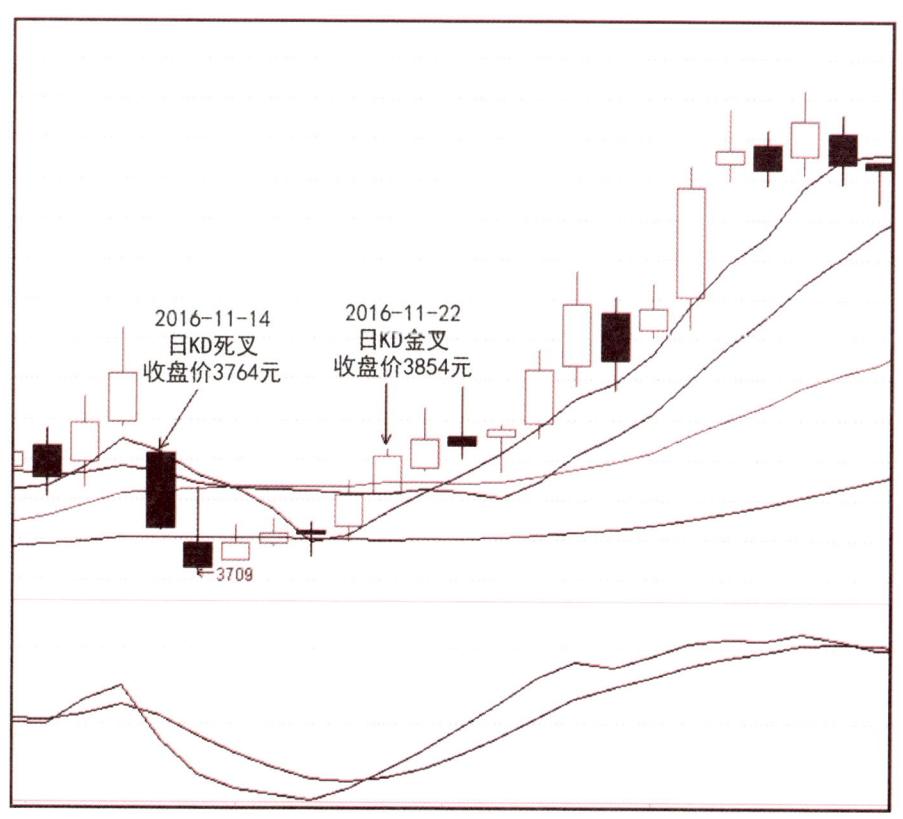

图 7-7 大豆日线 KD 金叉和死叉

这是大豆 2016 年年底时的日线图。整个行情走势是标准的空翻多拐头走势。从日线图很清楚地看出日 KD 金叉后，移动平均线也出现多头排列。价位在日线 MA5 的支撑下，一路向上攻坚。

接下来，我们就把它从 2016 年 11 月 14 日至 2016 年 11 月 22 日这段期间的线图，放大成 60 分钟线图，看看如果时光回溯至当时，我们应该怎么做才是正确的做法。

同时期大豆指数 60 分钟线图

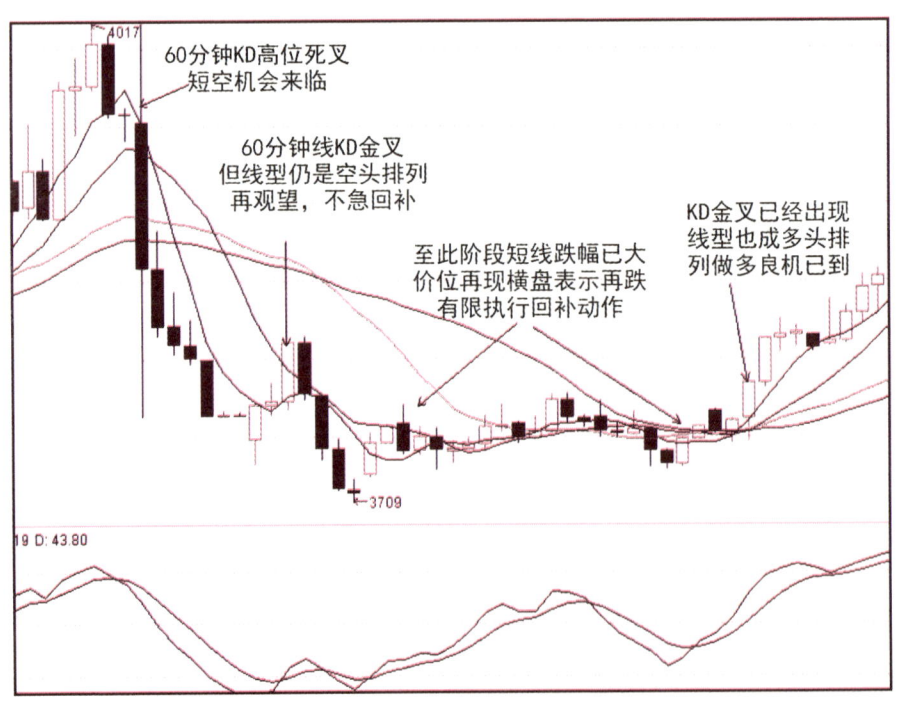

图 7-8　大豆 60 分钟 KD 高位死叉

第七章 利用 30—60 分钟线来捕捉期货短线波段的拐点

这是同时期大豆指数的 60 分钟线图，图案的左上角出现 60 分钟线 KD 高位死叉现象，毫无疑问，沽空便是。

万万没想到的是，这次的下杀幅度似乎大了点，虽然在杀盘过程有个小反弹，出现金叉，可是线型排列还是标准空头格局，可以不急着回补，观望即可。

果然观望还是有代价的，价位继续下杀。

创出新低的 3709 以后，价位小幅回升，并且出现横盘整理现象，经过一段时间观察，由于价位已经跌不下去了，这时正确的做法就是回补，但是还不能立刻做多，继续密切关注。

接下来，经过一段期间的盘整，终于出现 KD 金叉现象，代表多方力道趋强，行情有望转强，果然再等 2 小时后，线型也出现多头排列确认，此时进场做多可也。

案例五，大连交易所棕榈油指数日线图

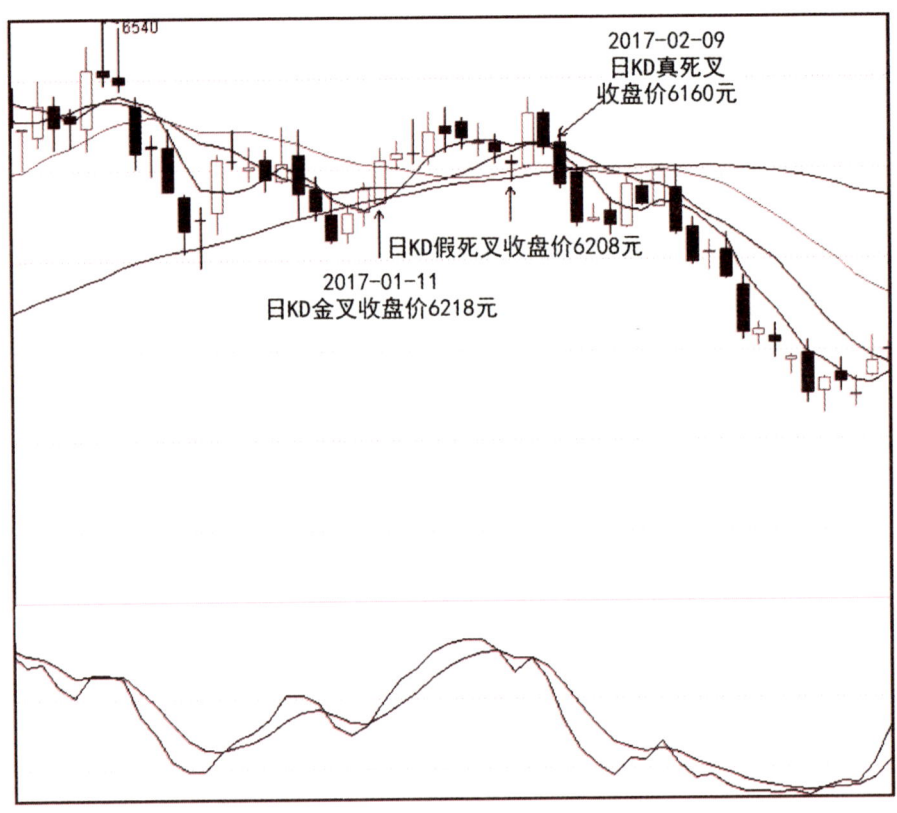

图 7-9 棕榈油日线空方胜出

这是棕榈油指数的日线图。从线型上，我提示几个观察的重点：

1. 日线上下区间来回震荡。

2. 短短十个交易日出现一次金叉、一次死叉，还有一次假死叉。

3. 移动平均线忽高忽低，排列混乱，明显是区间震荡，多空激战的行情。

4. 日线 MA60，贯穿其间，原本是多方的支撑线，最终变成空方的压

力线。

从以上 4 点情形，可以得到一个结论：多空激战后，空方胜出。

棕榈油指数 60 分钟线图

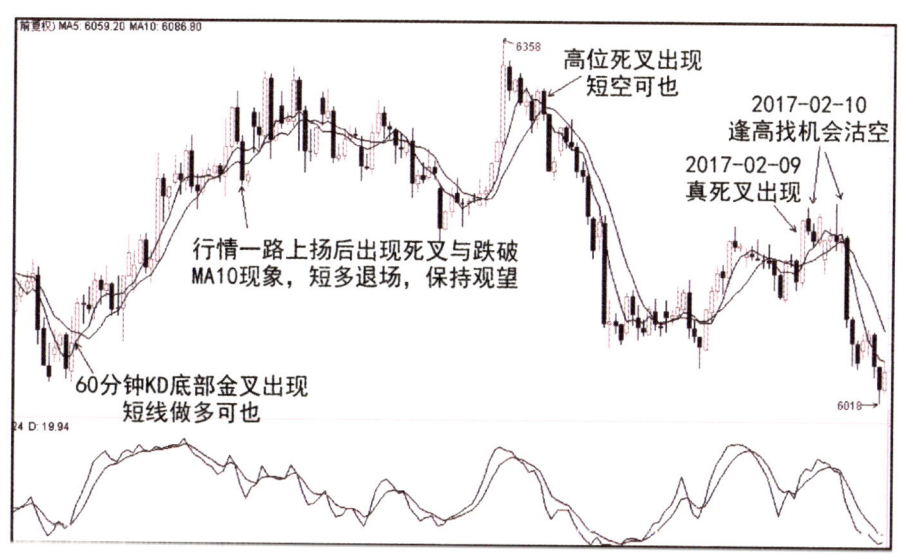

图 7-10　棕榈油 60 分钟多空激战用 KD 比较法观察

其实，要依照我个人的意见，棕榈油指数这段期间的走势图是最好的练习短线操作的教材。从走势图清楚地可以看见，先是出现 60 分钟 KD 底部金叉，买进可也。接下来行情开始攀升向上。做多者享受获利之余，仔细地观察并等待拐头的卖点出现。

上涨一波段后，行情滞涨并出现拐头下滑现象，同时 KD 也出现死叉，这宣告短线波段结束，前面的多单是时候获利退场了。

接下来，可以看见行情剧烈震荡，KD 值忽上忽下，显见多空进入短兵交接的白热化激战时刻。聪明的投资者，遇见这种情况，绝不轻易进场，应该保持坐山观虎斗的状态，静观其变。

接下来的战况是在空方努力的压制下，行情逐步下滑，可是在最后，突然出现多方极地大反攻价位从 6178 暴涨至 6358 的情形。这种现象的走势，在期货交易中，其实并不多见，可是却很容易让人做出错误的判断。

多方这一轮突如其来的急冲后，迎来的却是空方无情的反扑。此刻高位出现 KD 死叉，由于行情还不明朗，短线客此时只可小量沽空即可。接下来，行情继续下跌，并且跌破多方前期疯狗浪似的起拉的起点，前面做空者，此时可以在加码踹落水狗了！

最终，跌势稍止，行情出现横盘震荡走势，空方的沽空单此时也是到了获利回补的时候了。

案例六，大连交易所豆油指数日线图

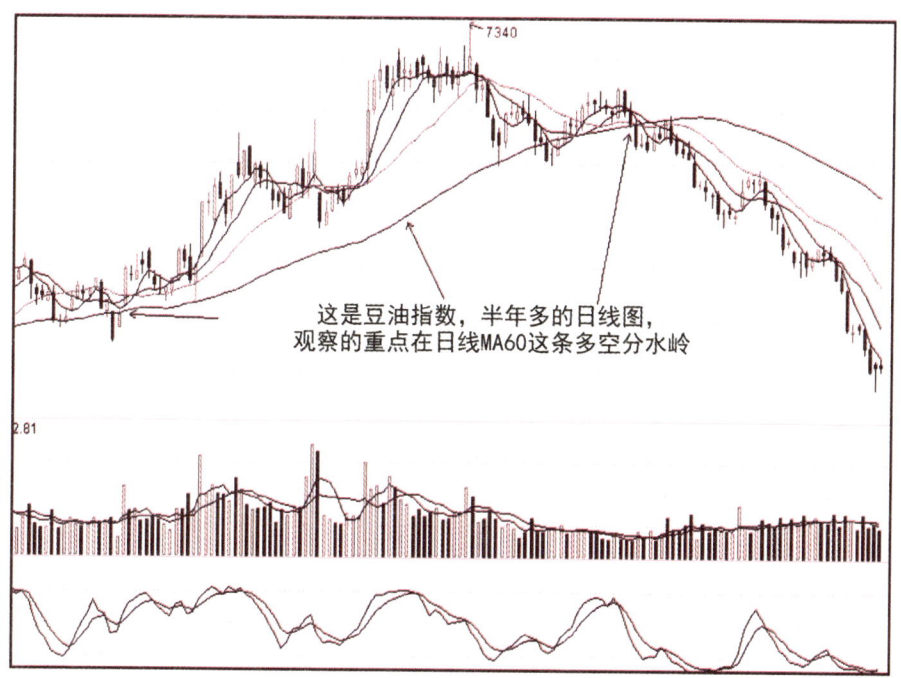

图 7-11　豆油日线多空分水岭

这是豆油从 2016 年 9 月至 2017 年的日线图。整个走势从去年 9 月一直到 12 月中，都是上涨格局的多头趋势，12 月中旬以后，行情出现下跌趋势，价位逐步跌破日线 MA5、MA10、MA20，并且下滑至多空分水岭的 MA60。

一旦价位出现在多空分水岭附近震荡的情形，大多都是行情要发生根本性逆转的现象了。不是长多转为长空，就是长空转为长多，这是根本性的转变。对于这种现象的出现，我们应格外地注意与警惕。

果不其然，经过一个月时间在多空分水岭附近的激战，结果空方正式宣告胜出。在这里我要特别提示，一旦跌破或者涨破多空分水岭这种长多或者长空的情形出现，相对应的操作策略就要出现合乎走势格局的做法。长空出现，就不要抢反弹，只要找沽空点沽空就好。反之，长多出现也是逢低找买点便是。

豆油指数 2016 年 12 月 19 日至 2016 年 12 月 27 日的 60 分钟线图

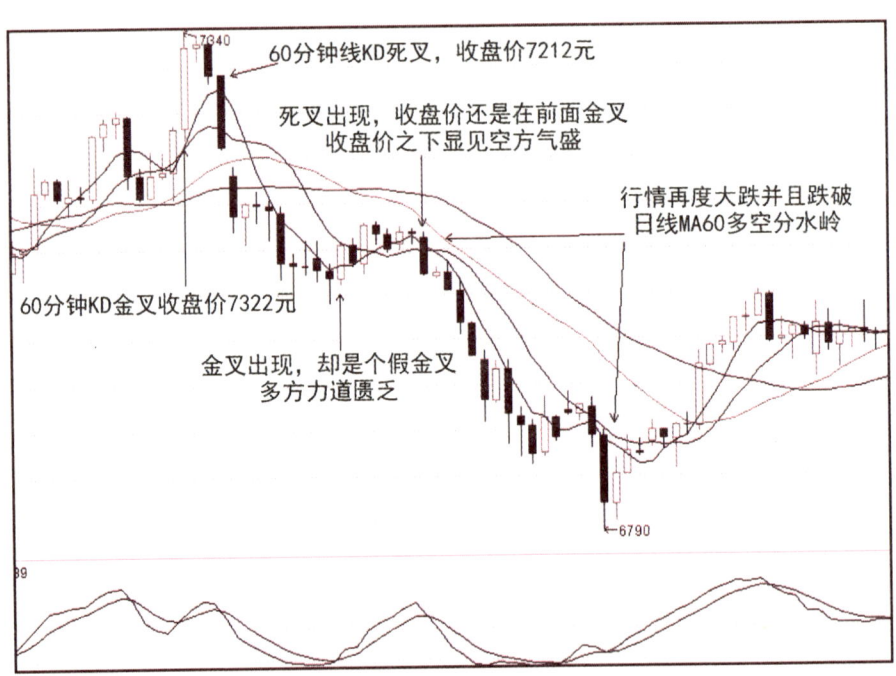

图 7-12　豆油 60 分钟多翻空

　　这是豆油指数 2016 年 12 月 19 日至 2016 年 12 月 27 日的 60 分钟线图。之所以只截取这一段的走势是因为这就是多翻空，空方胜出，行情跌破多空分水岭的时间段。

线图上清楚地看出，多方两度 KD 金叉的收盘价都明显高于其后面 KD 死叉的价位，单从这一点，我们就知道行情走势已经出现下跌的趋势。特别是当我们观察到日线 MA60 这条重要的关键线，发生易手的现象时，基本可以确认行情趋势已经变成"万里长空"的格局了，有这样重要的发现，又岂能轻易地放弃这个沽空赚钱的良机呢？

案例七，铁矿石指数日线图

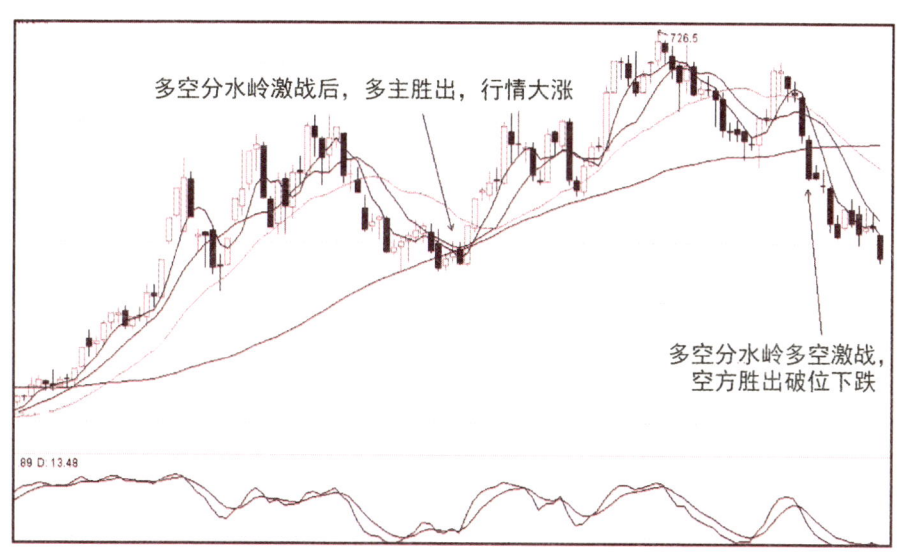

图 7-13　铁矿石价位与移动平均线之间的影响

这是铁矿石 2016 年 9 月至 2017 年铁矿石指数的日线图。选它作为案例不是要看 KD 金叉、死叉的变化，而是看价位与移动平均线相互之间的"牵引"情形。

期货价格的起伏涨跌与多空力道的消长呈正比。也就是说，多方力道强于空方，则涨；反之，空方力道强于多方，则跌。这道理大家都懂。问题是，期货与股票最大的不同在于参与炒作者，人人都可以随时做多，也都可以随时转为沽空。

也因此，在所谓的多空天平上，几乎没有什么"定性"。行情走势也因此产生了波谲云诡的不可知。时至今日，世上所能找到的技术指标，没有一个能在事先就推测出未来走势，全部都是在事情发生后，事态清楚明白了，才有办法推算出大概的变化趋势。

就以 KD 为例，金叉上涨、死叉下跌，这是 KD 指标的基本意义。可是我们也都知道，金叉发生时，前面它是从最低价拐头上来一段时间后才会出现金叉的现象，同样的，死叉也是如此，价格涨到最高价后，力道衰竭拐头向下时，才会出现死叉。换句话说，无论是金叉也罢，死叉也好，其背后都还有比它更高或者更低的价位存在。可以说，所有的技术指标都是起到"听其言观其行"的作用，而无法做到未卜先知的功效。因此，指标也罢，线型也罢，都只是辅助工具。如果能正确地利用这些工具，就能让我们炒作的功效更高。

图 7-13 是要告诉我们，日线 MA60 这条多空分水岭，在多空异位后，所会发生的强大效果。图上，标示了两次多空激战，第一次多方胜出，后市大涨，第二次激战空方胜出，后市大跌。因此，在多空激战的当时，能观察出多空"决定性"的征兆，就能提早做出相对应的买卖，争取更大的炒作绩效。在这关键时刻该如何判断？请往下看便知道。

铁矿石指数第一次多空激战 60 分钟线图

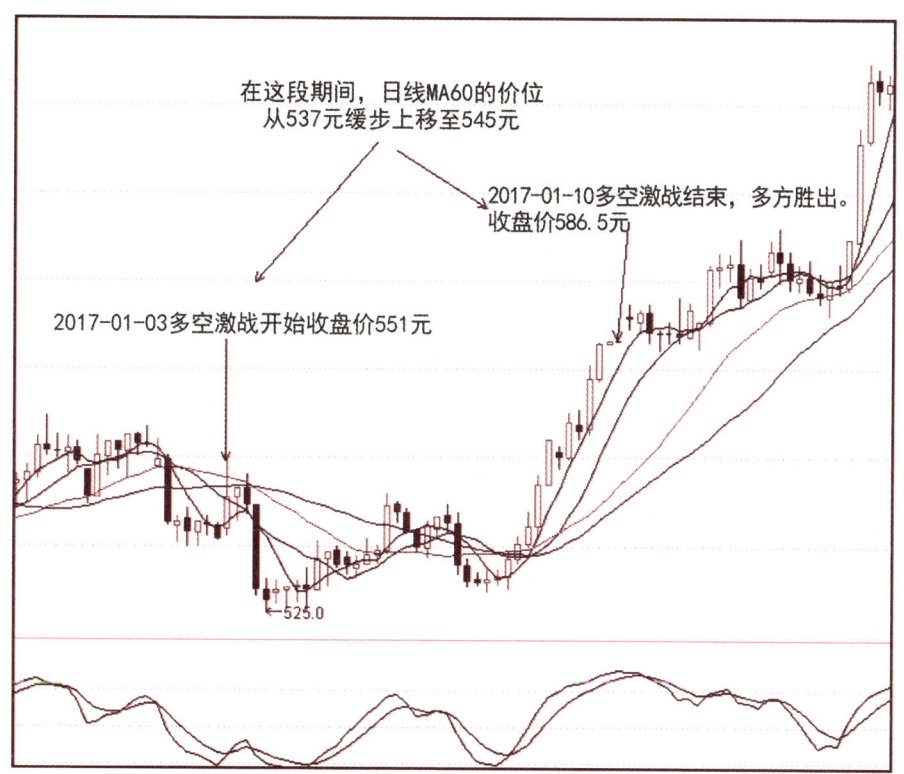

图 7-14　铁矿石指数第一次多空激战 60 分钟线图

在图 7-13 的日线图中，我们看见多空双方围绕着多空分水岭激战的情形出现两次，图 7-14 是第一次激战，时间是 2017 年 1 月 3 日至 1 月 10 日。这幅图上我标示了，在这期间，多空分水岭这条线的价位从 537 元经过几天的位移，上升至 545 元。

图中，可以看见，一开始，空方极力地打压，将起初的价位 551 元打压至最低价的 525 元，而此时，多空分水岭的价位在 537 元，可见此刻是空方先下一城。这时在 KD 指标方面，也出现了 KD 死叉的情形。

虽说空方已拔得头筹，但多方也不示弱，随着接下来的战况演变，我们可以看见价位并没有出现再大幅重挫的情形，而是出现了横盘并且缓步向上推移的情形，这样的走势，已经在默默地暗示着多方的决心。

果不其然，经过两个交易日的努力，多方又缓步地将交易价格拉升回起初双方激战的价位。至此，双方可说是打了个平手。接着是空方二度肆虐的时刻，价位再度被打跌至多空分水岭之下，这时，如果我们身处当时，要注意的观察重点在于前面的最低价 525 元有没有被击破。

事实显示，空方第二次的攻击，并没有得到比第一次攻击更大的战果，价位跌到 529.5 元的时候，就跌不下去了。至此我们已经有 7 成把握可以断言多方将取得这次双方激战的胜果了。

接下来是多方的反扑了，多方将价位从 529 元缓步地拉升至 543 元之时，60 分钟线的 KD 出现金叉，而此时，双方激战的多空分水岭的价位则在 545 元，与此时的实战价位 543 元仅仅只有 2 点之遥，至此已经可以 9 成确认多方即将取得此次激战胜利的果实。

果不其然，价位拉过 545 元以后，空方开始溃不成军，多方积极扩大战果，将价位一口气拉上 586.5 元，多方大胜，奠定了后市大涨至 726.5 元的基础。

从上述的战况中，我们注意到了几个重点：

1. 空方第一次施力的最低价跌到 525 元之后，并没有二度被击穿。而是在 529.5 元就被多方阻挡住。

2. 多方从 529.5 元开始反扑时，一口气将价位拉升回多空分水岭附近，并且出现 KD 金叉的现象。

3. 等到多方将价位拉回在多空分水岭之上时，已经确认多方胜出，后市将会展开一段波澜壮阔的上涨行情。积极做多是参与炒作者该有的正确心态。

【7-2】关于多空分水岭 MA60 的巧妙运用法则

很多人对于日线 MA60 这条股市俗称的多空分水岭并不陌生。不过许多人都还只是将它"界定"在日线上而已，换句话说，当大家在操作时，仅仅只是看日线的 MA60 罢了。

殊不知，MA60 这是个有着极为重要指标性的数字。这个意思也就是说，如果我们将时间段细分为 60 分钟线的时候，60 分钟线的 MA60 也是它的多空分水岭。即便我们再细分至 15 分钟线，15 分钟线的 MA60 仍是这时间段的多空分水岭。这个概念非常的重要，请大家一定要牢记！

接下来，关于 MA60 的作用，我要做一个整体性的详细提示，这提示包括了日线的 MA60，10 分钟线的 MA60 以及 15 分钟线的 MA60。

首先，先从日线图的 MA60 说起。我请大家先看下面这张日线图。

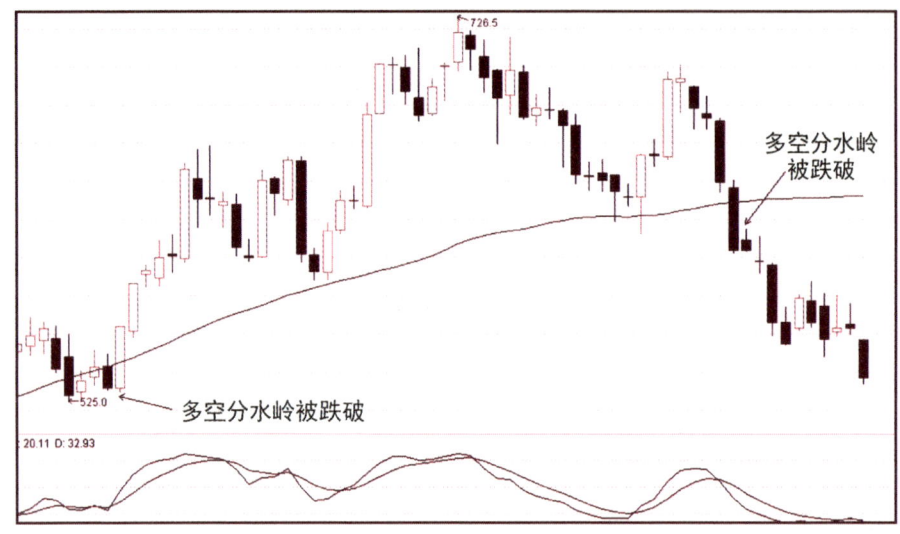

图 7-15　日线是否击穿多空分水岭

这还是刚才那幅日线图，只是为了让大家看得更清楚，我把其他移动平均线都删除，只留下 MA60 这条多空分水岭。

我现在要说的提示就是：多空分水岭是个极其重要的指标型线路，代表了中长期的多空趋势。当然啦，价位在它之上，代表中长期多头，价位一旦下移在它之下，代表了中长期空头。

因此当价位接近它的时候，也是我们要提高警惕的时候：到底此次是虚惊一场，还是真的变天了呢？

提示重点：当这条多空分水岭，如果是被从上而下地"击穿"，并且，价位在此条线之下，保持 3 个交易日还没被拉回的话，那就代表了确认中长期空头行情来临。

反之，如果价位从底部上冲，"突破"多空分水岭后，在线上保持 3 个交易日，而没被打回去的话，代表了中长期的多头趋势来临。

第七章 利用30—60分钟线来捕捉期货短线波段的拐点

从这张实例我们可以看见，当空头肆虐时，价位在多空分水岭的线下"待了"2个交易日，可是第三个交易日价位最终在收盘时，站回多空分水岭之上。虽然接下来再被打了一天下去，可是次日多方再将价位拉回去。至此大事已定。

至于图上显示的第二次，则是空方胜出，这次双方激战则毫无悬念，多空分水岭一被击穿后，价位毫无反攻的机会，接连的下挫，中长期空头格局形成。

当多空分水岭被击穿后，接下来接连2个交易日，也就是全部3个交易日的收盘价，都在多空分水岭之下时，代表了正式确认趋势由多翻空。反之，多空分水岭被从底部向上突破，连着3个交易日，收盘价都站在分水岭之上时，趋势由空转多正式确认。这个检测方式，全部期货品种皆适合，甚至包括股票个股也适用。

案例一，大连商品交易所大豆日线图

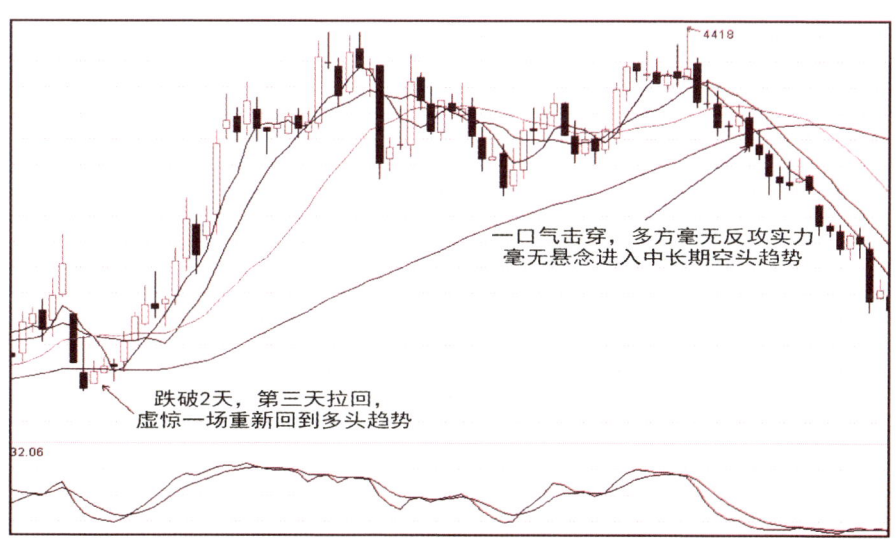

图7-16 多空分水岭确认被击穿需三日

这是大豆日线图。第一次是被击穿后，在第三个交易日收盘时拉回，多头只是虚惊一场。

第二次被击穿后，接连3天拉不回MA60之上，破线已被确认，后市正式转为空头趋势，走势继续下跌，就毫无悬念了。

大连交易所大豆同时期60分钟线图

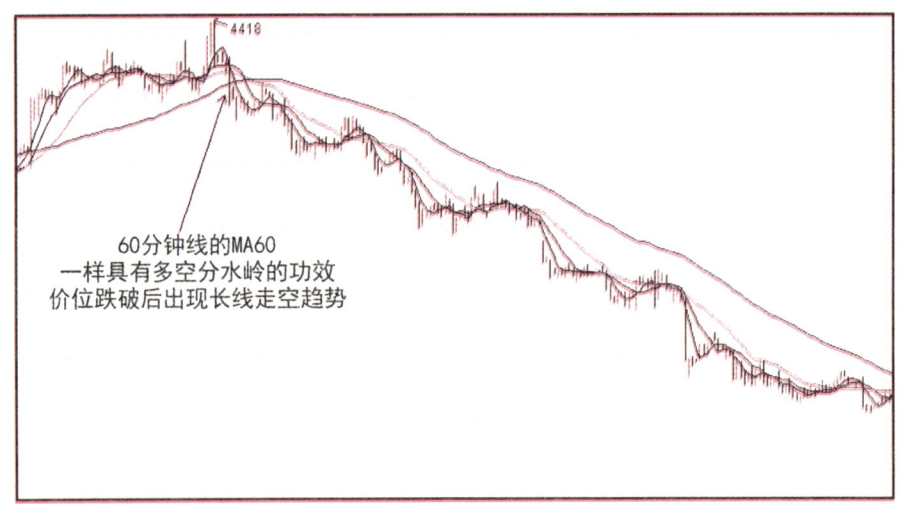

图7-17　MA60的多空重要提示作用

这是大连交易所商品期货品种大豆的60分钟线图，这幅线图标示的时间与图7-16日线图大致相同。我在图7-16所要表达的意思是MA60在日线图时，具有多空分水岭的功效与作用。

可是我们将时间段细分成每一K棒为60分钟以后，发现MA60一样具有与日线图的同样效果。从图7-17，我们不难发现，价位正式确认站上

MA60之后，走了一波段的多头行情，反之，价位一旦跌破确认后，也走出一段相当长的空头走势。

炒期货最主要的不是像股票一样，一定要做多才有钱赚，炒期货只要看准多空的方向与趋势，就会有钱赚。而MA60在这里就像一盏明灯，能帮我们照亮趋势。善加利用，可为我们赚大钱！

案例二，上海金属交易所沪铝日线图

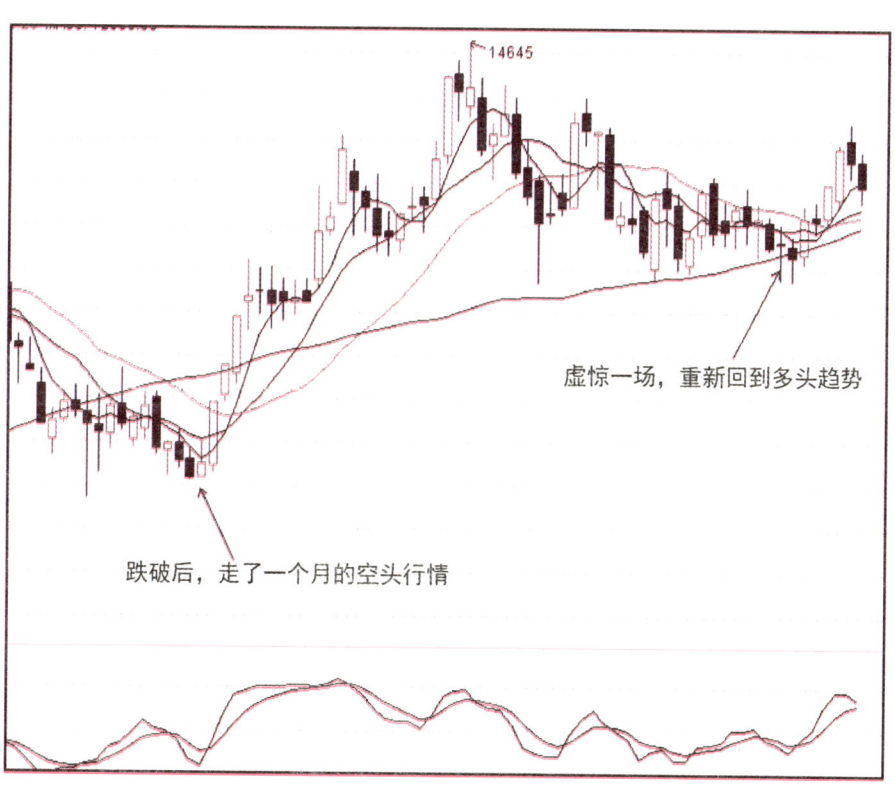

图7-18　沪铝两次触及多空分水岭后的不同表现

两次发生时间都在2017年，第一次是年初。第一次跌破后，整整走了一个月期间的空头行情。

第二次，第一天盘中跌破，收盘就拉回去。第二个交易日收盘价在多空分水岭之下，第三个交易日就以开低走高的方式强力上涨。整个情况只是虚惊一场罢了。

 **上海金属交易所沪铝商品期货 15 分钟线图**

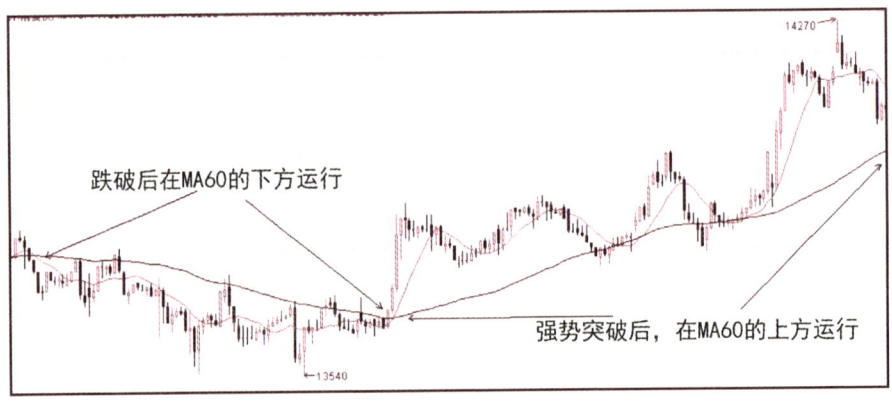

图 7-19　15 分钟线里依然有效的 MA60

这次我将图 7-18 的日线图再进一步地细分成 15 分钟线图。我相信，大家还会惊喜地发现，在这 15 分钟线的区间，15 分钟的 MA60 依然发挥着多空分水岭的功效。

相信 MA60 这条线的功效会帮助大家在短线操作时，很快、很明确地树立多空趋势，并且让你实战时，立刻做出正确的判断。

案例三，郑州商品交易所商品期货品种白糖日线图

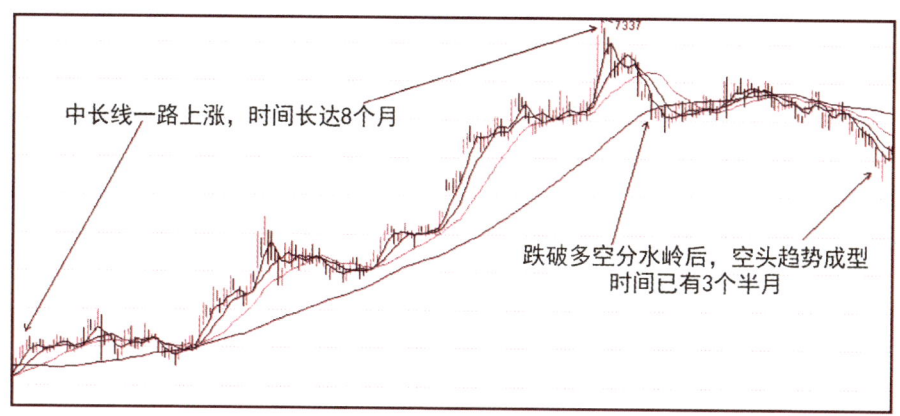

图 7-20　MA60 提示长达一年的多头趋势

这是去年至今时间跨度长达一年的郑州商品交易所期货品种白糖的日线图。

线图上，很清楚地标示着，日线 MA60 给多空趋势画出了明确的区隔，也给我们在操作时的一个重要的提示。

（老话重提：多头趋势找低点买进，空头趋势找高点沽空）

郑州商品交易所期货品种白糖15分钟线图

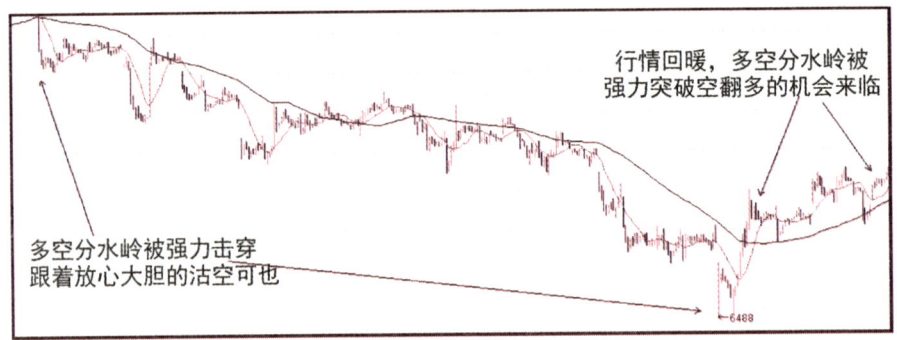

图 7-21　白糖 15 分钟线中发挥作用的 MA60

这张图是白糖指数，从 2017 年 3 月 16 日至 4 月 8 日的 15 分钟线图。我之所以刊载这幅图，就是要告诉大家，即使将时间段区隔至 15 分钟线，它的 MA60 依旧发挥着多空分水岭的功效。

线图上，明显地看到，从左上角的时间开始，白糖一路走空，百分之百就是在以上的时间里，走势都是在多空分水岭下运行着，趋势向下相当明确。这时间段长达 20 天。直到后期，多空分水岭被强力突破，后期的行情才发生根本性的转变。

说完期货品种，我们换个话题来谈个股。

案例一，300104乐视网日线图

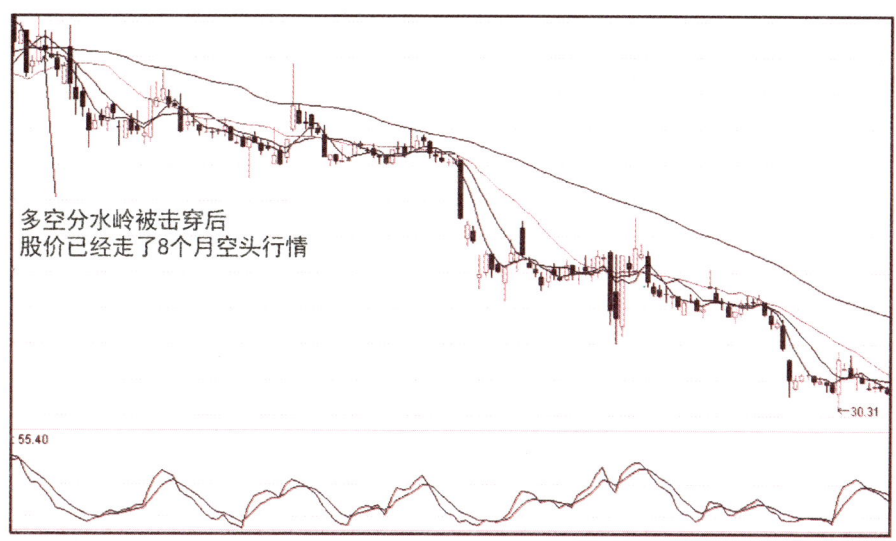

图7-22　乐视网的多空分水岭被击穿

刚才说了，多空分水岭的定律适用于期货与股票，这就是个股标准的案例。

300104乐视网的股价，在前两年向来以强悍飙涨的形态著称。贾老板自己都公开承认，股价拉高后，其在股市高价减持套现了一百多亿元。前面我也特别将它作为案例，这就是标准的庄股。

以善涨著称的股票，一旦跌破多空分水岭，一样敌不过股市那只无形的魔手，顶不住股市的自然法则。跌破多空分水岭后，乐视网足足走了8个月的空头行情，至今仍未摆脱空方肆虐的阴影。

案例二，泰山石油 000554 日线图

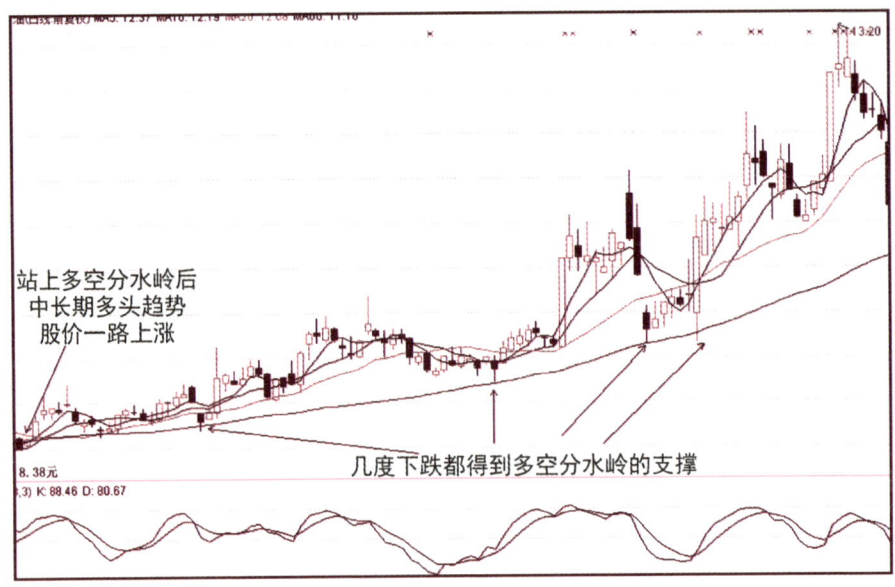

图 7-23　泰山石油日线图

这是 000554 泰山石油 2016 年 8 月 12 日至 2017 年 1 月 16 日的日线图。个股站上多空分水岭后，足足涨了 5 个月的上涨行情。

举了两个个股股票图例，我们换成金融期货指数来看看。

案例一，香港恒生指数日线图

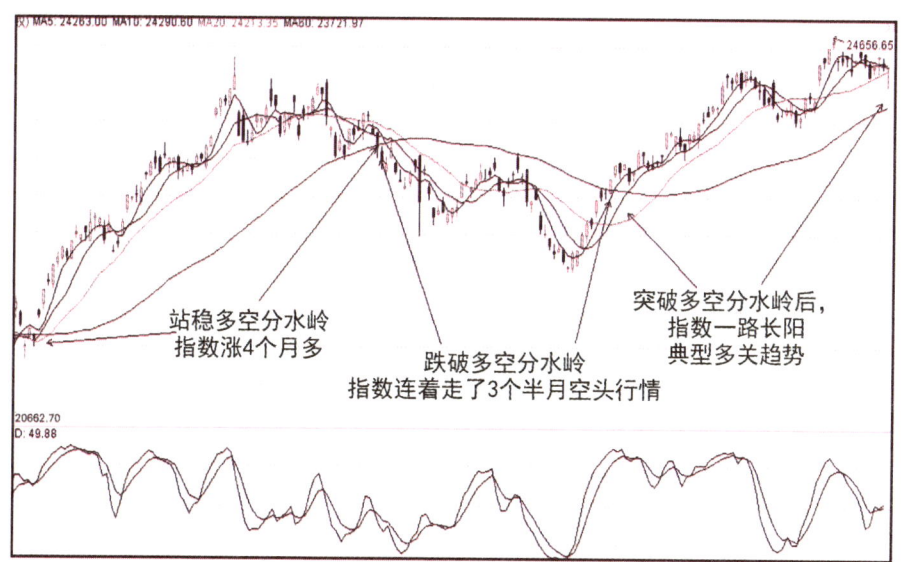

图 7-24　恒生指数与多空分水岭

多空分水岭的威力不但在商品期货、股票适用，即使在国际著名的股票指数，效果也都一样。香港股市是世界上著名的资本市场之一，每年在这里上市的 IPO 的公司不下数百家。香港股市的恒生指数已是世界股市重要参考的一环，其走势相当具有权威性。

这是恒生指数从 2016 年 7 月至 2017 年 3 月的日线图，时间段跨距达 8 个多月。从图 7-24，我们可以清楚地看见，围绕着多空分水岭，这条"中轴线"多空双方展开了殊死搏斗。

香港恒生指数 60 分钟线图

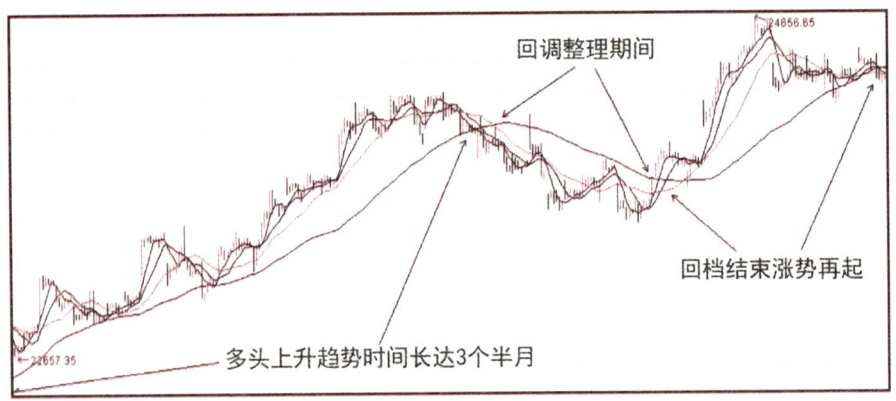

图 7-25　恒生指数 60 分钟线的 MA60

这是图 7-24 香港恒生指数的 60 分钟线图。

自 2016 年 2 月以来，香港股市已经足足走了一年多的大多头行情，香港恒生指数从底部的 18278 点，涨至 2017 年的最高点 24656 点，指数足足涨了 6388 点。

这幅图标识了三个多空波段，港股第一波段的上涨，是去年受到美股上涨的带动。而第二波段的回档是合理的回档整理，至于第三波段的强势突破，趋势由空翻多，是得力于深港通开通的影响，国内资金"南下牧马"所致。

同样的，60 分钟线 MA60 提供了这时间段多空趋势的明确指引。

案例二，美国道琼指数日线图

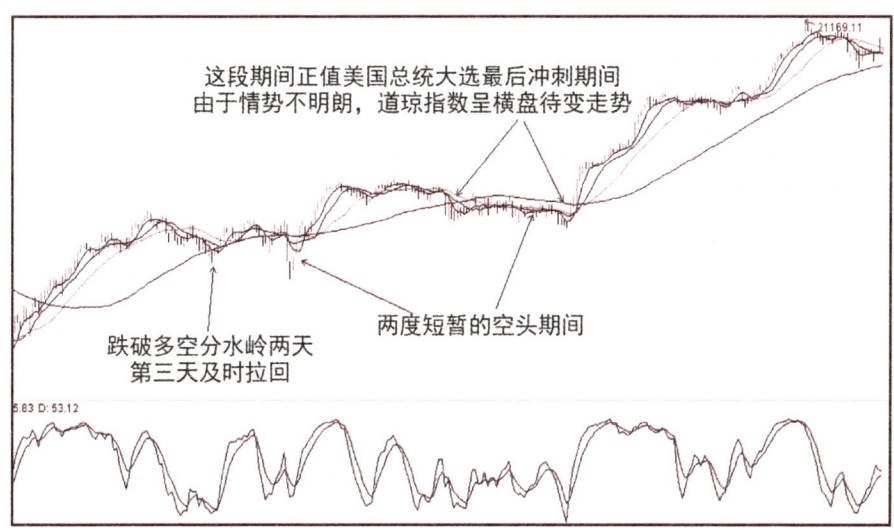

图 7-26　道琼斯指数的多空分水岭法则

美国道琼斯指数是全球股票走势的领头羊，它的影响力无远弗届。它一涨，全球股市跟着起哄，它打个喷嚏，全球股市就得重感冒。不过不管它威力如何，走势线型一样脱离不了股市多空分水岭的自然法则。

这幅图是 2016 年 3 月至 2017 年 3 月，整整一年的日线图。轻轻地一瞄就知道整个大格局是大多头格局，指数从 16000 点左右起涨，至今已涨了 5000 多点，却仍无力道衰竭的现象。

案例三，东京日经 225 指数日线图

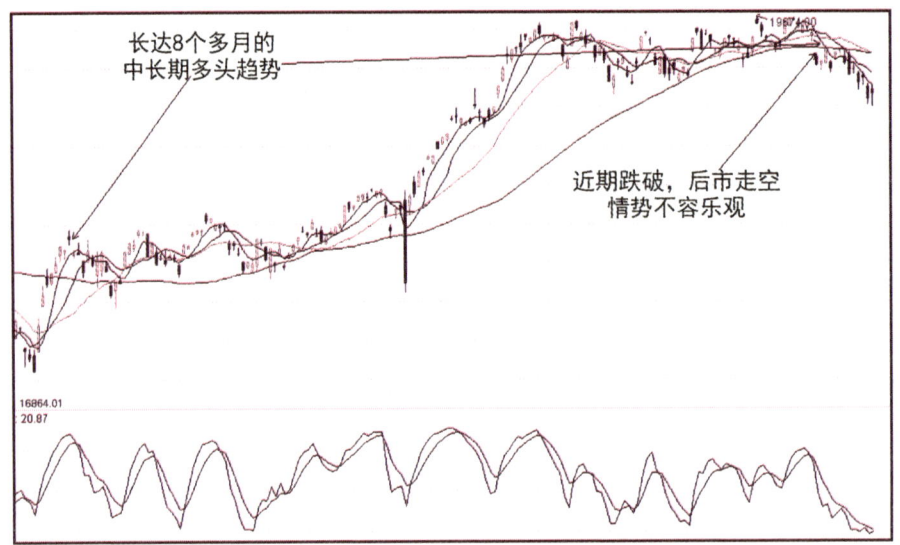

图 7-27　日经指数的多空分水岭法则

这是亚洲股市中具有代表性之一的日本东京日经 225 指数日线图。从 2016 年 8 月以来，日线突破多空分水岭后，展开长达 8 个月的多头走势，表现也算可圈可点。可惜的是，2017 年 3 月 22 日正式跌破多空分水岭后，明显可以看到已经陷入空头格局的漩涡，走势一路下滑，后市堪忧。

MA60 的妙用的确很大，前面提到商品期货、个股、股市指数皆都适用，那么，被金融界最看重的货币汇价又是如何呢？MA60 是否仍能发挥它的多空分水岭的效果？

且看下面这个案例。

欧元兑美元

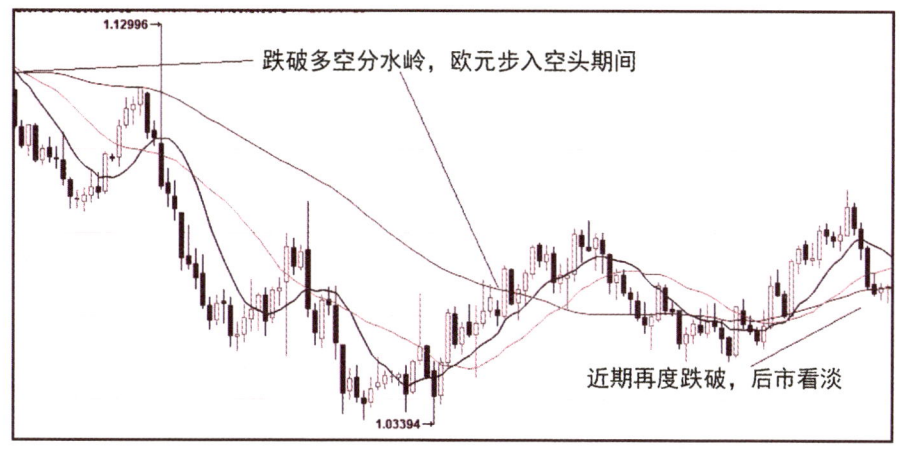

图 7-28　欧元兑美元的多空分水岭法则

欧元区是世界第三大的经济体，经济实力仅次于美国与中国。自有欧元以来，欧元兑美元的币值就维持在 1∶1.2 的强势价值。

近年来，欧洲经济不稳，希腊、意大利、西班牙等国的经济一蹶不振，尤其是希腊，负债累累，负债总额高达 4000 多亿美元，国家财政等于是已经破产，社会动荡，拖累了欧元区的整体表现。

自 2016 年来，美国经济向好，引发美联储开始加息，美元加息后，使得美元指数开始走强，强势美元兑欧元也出现大幅上涨的格局，欧元进一步的疲软，使得欧元的表现步入中长期的空头走势。欧元兑美元从最高的 1∶1.119 跌到了 1∶1.033 左右。

2017 年 1 月中，欧元虽有短暂的小反弹，但是在美联储会议决议，2017 年内将会再有 3 次加息的消息刺激下，欧元兑美元已经再度出现下滑的走势了，或许以后会见到欧元与美元币值 1∶1 汇价的局面也说不定。

点睛

★ MA60 这是个有着极为重要指标性的数字。这个意思也就是说，如果我们将时间段细分为 60 分钟线的时候，60 分钟线的 MA60 也是它的多空分水岭。即便我们再细分至 15 分钟线，15 分钟线的 MA60 仍是这时间段的多空分水岭。这个概念非常的重要，请大家一定要牢记！

★ 当多空分水岭被击穿后，接下来接连 2 个交易日，也就是全部 3 个交易日的收盘价，都在多空分水岭之下时，代表了正式确认趋势由多翻空。反之，多空分水岭被从底部向上突破，连着 3 个交易日，收盘价都站在分水岭之上时，趋势由空转多正式确认。这个检测方式，全部期货品种皆适合，甚至包括股票个股也适用。

Chapter 8

第八章

炒股心态篇

窥探投资市场真谛，寻觅茫茫股海明灯

最适合炒股的人,是受过哲学与数学专业训练的人。这是因为炒股既然是人为的行为,当然要以逻辑理性的思维来面对它。受过这两种专业训练的人,较常人更容易有这方面的判断与思维。

【8-1】 建立正确的炒股观念

有句俗话说:"不得其门而入。"这是说方法错误,即使非常努力,却是得到事倍功半的反效果。炒股也是如此,方法错了,就容易形成失之毫厘,差之千里的大错误。大家要知道,股票走势有所谓的盘口语言,换句话说就是股票走势的演变,内中蕴含着未来的趋势,"读懂"盘口语言就能知道未来的走势是涨是跌。因此,**短线投机炒股(特别强调,我说的是短线)要想得其门而入,不是到处打听有啥内线消息,也不是分析公司的基本面(分析公司基本面是专业会计师的事,不是一般小散户能力所及),而是想办法学会知道走势到底在说什么。**

有人看到这里,会质疑说:如果有内线消息,不就能轻易赚到暴利?姑且不论利用内线炒作在全球股市都是违法的行为,就以事实而言,到底所谓的内线消息,真是绝秘而有价值的真消息,还是有心人故意放出的假消息?事实上在股市里,消息是满天飞,真真假假,令人难以判断,特别是假消息占绝大多数。因此,套句老话:尽信书不如无书。

至于短线投机要不要分析公司基本面,这点争议更大。我上面说过,分析公司基本面是专业会计师的事。由于许多上市公司,或多或少都存在财务做账的问题。轻微的是为了粉饰太平,美化账面;至于恶劣者,则是弄虚作假,甚至更与失职的注册会计师沆瀣一气,狼狈为奸。像这种刻意伪造的账册,绝非一般散户有能力洞悉其中真相的。因此我说,花费大把时间与精力在这上面也不是正路。

炒股的正路,就是看懂走势,听懂盘口语言在说什么。这就是所谓的听其言观其行。股票既然是人类行为下的产物,走势依照人为的指示而行，当然我们可以将它当做是个"人"来看待。一般而言，当我们认识一位新朋友，绝对是先试探地往来，一段时间交往观察后，才有所谓深交的可能。炒股当然也是如此，不经过详细分析与观察，就贸然将大笔资金投入，本就是不智的行为，偏偏许多人为人处世虽是小心谨慎，但每当一进入股市，就全然判若两人，将平日谨慎小心的行为抛诸脑后，脑壳一热啥也不管，大把血汗钱就砸下去。结果当然可想而知。

炒股是种脑力激荡的行为，靠的是正确的观念与判断，不需要繁重的体力劳动来完成。炒股需要的是技巧与方法。涨跌在一线之间，而输赢在一念之间。方法与观念正确，看起盘势是一目了然，观念与方法不对，看到盘势是模棱两可，似雾似花，不知该涨该跌。因此，你目前的方法或观念是否正确，很简单，测试一下即可。拿实际盘势来模拟考试一下，胜率低于七成者，都是方法或观念有误。所以说，找到一个正确而有效的方法，就是炒股人最重要的第一课。

我过去曾经在我的小说中说过这么一句话：最适合炒股的人，是受过哲学与数学专业训练的人。这是因为炒股既然是人为的行为，当然要以逻辑理性的思维来面对它。受过这两种专业训练的人，较常人更容易有这方面的判断与思维。就由于这是正确的观念，因此，每当走势出现巨大变化，股友要以事出有因的心态来思考，要以合理的推理来解读，直到找出正确的答案。绝不要一相情愿自以为是，自己骗自己。

在这里我引述一段某位台湾股友在2013年发给我的来函（内容部份经过删略），他写到他的一次惨痛教训，他的遭遇确实值得参考。

"吴老师，这次要跟您分享的经验是我一次大量融资的经验，标的是"游戏橘子"这只股票。

话说某次在新竹的麻将牌局中，一位同学就说最近他布局了游戏橘子这只股票，他买的原因如下：一是游戏橘子这只股票跌很深了，从 200 元一路腰斩再腰斩来到 30 初头，盘整很久了，二是那时候公司放出好消息，拿到天堂 2 的代理权，所以他就进场买进将近 50 张准备赌一把。当时听到，我吓了一跳，怎么工作没几年就存了这么多钱，后来才知道那时候很多台湾的银行都有推出信用贷款，只要在电子业 500 大的公司里上班就职，可以不用保人就可信用贷款，不但利息低，而且分七年偿还。在那样的环境下，我同学决定冲了。那场牌局后，我也把游戏橘子列入追踪标的，评估进场的可能性。

时间就这样经过了一个多月，来到五月多，那时候有报章杂志提到暑假比较有题材的股票，电玩类就是属于其中的一类。想想也蛮有道理的，加上天堂 2 公司放出风声，等测试完毕后，就要开始收费了，所以我就决定重押游戏橘子，心态上是想抢短，所以投入比较多资金，想说等暑假到利多发布后就来闪人，目标设定赚 10% 就好。因为自有资金不足所以考虑使用融资（第一次使用），那时还记得用融资 25 元买了 30 张，然后就是等待获利。那时候心态是我的成本已经比我同学低了，等他回本价我早就停利了，这种心态相信很多跟单买股票的都有这种心情过。

结果游戏橘子每天都在盘，就在 24—26 左右盘整，就在快放暑假前突然有一天游戏橘子股价突然重挫，跌幅高达 8% 左右。我当时查了一下也没有什么重大利空啊，这时候心理的预设立场是主力故意压低洗盘以备暑假拉抬，当时也有想停损，但是算算因为买了 30 张，出场可能要亏七八万，所以一直下不了手，加上考虑停损后本金剩下不多，日后要翻盘的机会就更小了，也因此就继续跟。

结果暑假都快过完了，游戏橘子没什么利多发布，股价一直盘跌到 19 元附近。因为融资的利息也不低，权衡之下只好忍痛出场了，算算这次赔了快 20 万台币，几乎把积蓄都赔光了，当初断手断脚不愿出场，后来几乎

只剩下头跟心脏还在,事后检讨了一下问题所在,跟老师分享一下:

1. 买股票已经先预设立场了,所以会帮下跌找理由,最后越赔越多。

2. 有跌很多的迷思,想说200元的股票跌到25元已经很便宜了,却不知要注意公司的实际获利情况。

3. 原本是要抢短线的心态,因为无法做到停损,导致一摆就是几个月,已经偏离原先的规划了。

4. 一次投入太多资金,因为金额大所以获利亏损也会放大,导致很难平心静气做一些判断。

5. 最后就是使用融资操作,高杠杆的结果就是不易停损,因为停损的金额过大会造成砍不下去的后果,我觉得对我来说是最难克服的心理障碍,现在仍在学习中。"

我之所以引用这段来函,是因为这位股友的例子是古今中外(记住,我说的是古今中外)股市天天在发生的事。他的例子其实也没太稀奇,相信许多人也都有耳闻,甚至自己还发生过。但是,这种事却偏偏一再地重复上演着。

像这位股友,事后犹能痛定思痛地检讨原因,找出错误。证明他还是有逻辑性的思维。正所谓:亡羊补牢,犹未晚也!分析他这整件事的始末,可以发现他犯了两个错误:

一是一开始他就心存自以为是、想当然的错误观念,也就是以媒体报道的所谓公司情况来作为自我评估与判断的依据。

我认为媒体对上市公司的报道有故意误导之处,某些媒体刻意美化上市公司的情形也是无法否定的事实。以难免失之偏颇的报导作为研究判断的唯一依据,再以自我臆测与想象作为分析的准绳,这样的做法,当然要犯了失之毫厘，差之千里的错误后果。

另外，他犯的第二个错误是没有考虑自身的经济实力，过度过大地扩张信用程度，换句话说他把股市当作赌场——一个一把定乾坤、孤注一掷的赌场。

一直以来我讲课、写书都在强调，炒股不是赌博，不是一翻，两瞪眼听天由命的游戏，股票、期货的涨跌都有其逻辑性，要用研究学问的思考来面对它，要经过仔细的分析才能下判断与决定。自我感觉良好，率性地随意搏杀，只能在股市这战场增加一名炮灰。更何况是在水平与功力都不足的情况下，随意地融资操作，那更是加速自我的覆灭。

大家都知道，股神巴菲特是以基本面来作为买进股票的依据，但是你知不知道巴菲特目前旗下的研究人员有多少呢？巴菲特的研究团队人员，各个都是学有专精的专业人员，他们不单只是研究个别公司的现状，他们还针对全世界的政治局势、经济发展、人文景观，甚至气候变化等进行研究，并且做出尽可能准确的判断。他的研究团队水平之高，我可以说个小故事来验证。

2002年，巴菲特突然出手，在香港股市购买中石化的股票，当时中石化的股价每股是1.6元港币左右，巴菲特旗下的波克夏公司宣布，购买的总金额达到5亿美元。

这消息一经披露，引起当时中国股民一阵哗然，因为当时中国股市正处于低迷状况之中，还记得2002年的下半年，上证指数从1650点一路滑落至1300点左右。那一年的日平均成交量也不过是二三十亿元人民币左右，巴老这样的大手笔，的确对低迷股市中的股民的心理产生极大的冲击与刺激。

那段期间，我常住广东番禺，几乎天天上网，浏览于各大股票论坛，在当时，所有的大陆股票网站论坛所看到的，是一面倒怀疑与讥讽的言论，许多人幸灾乐祸地预测着，世界著名股神将要葬身在浩瀚的中国股海中。

结果是四年后的 2006 年 10 月，波克夏公司宣布他们卖了手中所有的中石化股票，每股平均售价高达 14.5 元港币，扣除成本的 5 亿美元，还净赚了 40 亿美元。

巴菲特这种"人弃我取，人取我弃"的炒股观念，相信大家都应该知道，问题是天下事知易行难，试问有多少人能做到呢？

最后，我在这里，对这段文章做个总结性的结论：**炒股的模式有两种，一是短线，一是长线。**

短线以投机为本质，看线型做分析，以趋势为依据，以技术指标作为分析的工具，采取快进快出的原则。

长线则是在垃圾里面挖掘黄金，以公司的本质和远景为依归，以龟兔赛跑的毅力，长期持有。这就是正确的炒股观念！

【8-2】 何以需要借助技术指标来照路

人尽皆知，成功的因素很多：努力、运气、机遇等等，都各占部分的比例。努力固然很重要，但仅仅是所有必要条件之一而已，要想成功，单靠努力是不够的。在炒股的过程中特别是如此，许多人在炒股时最大的致命伤，不是不努力，而是太努力。

说到这里，我且先举个实例告诉大家。

"2002 年的圣诞夜，那段时期我一个人住在广州番禺，不知为什么，当天的兴致特别阑珊，哪里也不想去，就想一个人乖乖地待在家。那些平日就喜欢呼朋引伴的酒友，遇见这绝佳时机，岂有不立邀外出狂欢一醉的道理？我是极力地推脱，单是那个下午就谢绝了五通电话。

当晚八点半，我吃完自己烹制的圣诞大餐，决定坐在沙发看电视过一个平淡的平安夜。谁知那个选台遥控器被我按到快冒烟，我还找不到一台心仪的频道。失望之余，转个念头坐到计算机屏幕前，换个阵地消磨时间。

一上网我就打开当时大陆最大的股票网站。在那时间之前，我已经待在番禺接近4个多月，也常常在这网站发表股评，因此对这网站倒是很熟的。当我一进股票论坛，立刻就被一则贴文吸引，一看这贴文的时间不过两个钟头左右，却有接近九千多次的点击数。至于它的标题则是相当地耸动："炒股失败，接近山穷水尽，想要自杀，请大家给点建议！"

我迫不及待地打开内容一窥究竟。这人自称住在黑龙江省哈尔滨市，前两年靠着两千人民币起家，炒邮票，炒兰花，一年多的时间赚到一百多万。后来养兰及集邮的热潮消退，他就带着资金进股市。

初进股市就如一般常人，确实尝到一些甜头，赚了几十万元。谁知就如同股市永远的翻版，接下来就是亏损的局面发生。越是亏损，人就越不服气，这一来不但将之前所赚的全部吐回去，而且还将本金也逐渐亏进去。半年时间后，辛苦一年多炒邮、炒兰赚到的一百多万全部泡汤不说，还将亲友寄托的四十几万元也全部亏损殆尽。

文章最后他说，由于接近过年，大家都需要现金过年，他的亲友已经三番五次催促他还钱，他不知如何是好，心里只想到一个"死"字。临死之前，想到是否还有一丝希望，因此特别写了这篇文章，拜托大家给他出出主意……

我接着往下看其他人的回文,这些回文的数量可谓琳琅满目,内容也令人叹为观止。有的是质疑这是个恶作剧的文章,如同愚人节的谎言一样,不值一顾。有的则是同情地规劝他得珍惜生命,留得青山在,不怕没柴烧。总之,各式各样的'意见'都有,却全是不切实际的建议。

我看完整个文章后,一个直觉是:这人不是在开玩笑,他应该是遇见大麻烦了!也不知是基于什么心态,我几乎是没经过思考就发个短信给他,我简单地写道:"跟我联络,我们电话中谈谈,或许我能帮你。"

短信过去后,不到五分钟,我就接到他的来电。电话中他的语调与口气,让我确认他不是胡说八道,那种山穷水尽、前途渺茫的景况,说真的我也曾经有过。或许是同情,也或许是感同身受吧!我在电话中告诉他,我愿意无条件教他炒股的技术,如果他愿意,可以住到我家来,食宿皆由我招待。

两天后的早上七点多钟,这位来自四千公里外,姓赵的大陆朋友,拖着一个大行李来我家报到。之后在我家住了三个多月。他一来,我就问他炒股的技术如何学来,因为我要找出他错误的症结点,以便对症下药。

等我听完他的详述后,我简直是啼笑皆非,因为他全然不管技术指标,纯是靠报纸杂志得来的消息炒股。他甚至告诉我,他非常努力地看各大媒体的分析师的报道。他说他每天一早几乎是第一个到证券公司的客户,因为证券公司免费提供贵宾室报纸杂志,他每天看的报纸大约在十七八份左右,由于他非常努力,下午五点证券公司关门,他还把部分没看完的报纸带回家研读,晚上在家遇见电视的股评节目,那可是一点也不放过。听完他"努力学习"的历程,我除了瞠目结舌表示"佩服"外,竟然不知该怎么说。"

小赵的努力并没有带给他自认该有的回报,而是误导他至倾家荡产、濒临自杀的地步。上一篇文章说到"尽信书不如无书"，初入股市的股民，由于事事无知，没有判断的能力，因此对于媒体报道的消息无能力过滤筛选；另外对所谓股评家的实力也无从判断，因此就采取盲目相信的态度，而这就犯了我讲股以来一直强调的散户身处**股市三大原则"怀疑、模拟、超脱"**的第一条原则——怀疑。

相信大家都知道，股评家的水平是参差不齐、有高有低。偏偏初入股市的散户就宛如小学生一般，试问小学生对高中生、大学生，甚至大学教授的水平又如何能判断出？在小散户的眼中，每个股评家都像是参天的巨人那般高，没有任何的区别。偏偏好的老师带你上天堂，坏的老师带你下地狱。散户依照一些江湖术士型股评家的提示炒股，简直就是请鬼拿药单——找死。

正是由于散户先天不足，加上太努力学习了一大堆无用的理论，以至于就像笑傲江湖的令狐冲一样，身体内五股不同的真气相互冲突，不但没帮他疗伤，反而互相排斥，还差点要了他的小命！

总结上述的弊端，散户在股市最需要的就是一套简单、清晰、实用的技术指标来帮自己照路，照清楚未来的趋势与走向。偏偏目前市面上为人熟知的技术指标却多如牛毛，不下几十种之多，这情形就宛如武侠小说所说（对不起，吴某是金庸的粉丝，因此没事喜欢引用他老人家著作的内容），门派多如天上繁星，到底该学哪派才好？

其实目前市面上所有的技术指标，都不能说没效（如果没效也不会存在至今，让你看到），但也不能说哪一种有奇效（真有奇效而所有人都用，就像每个人都会降龙十八掌，那降龙十八掌也就不稀奇啦！）。技术指标的妙用在于看用在什么地方，什么时候。

许多看过我的教学光盘的人都知道，我在光盘中将技术指针比喻为厨房里的调味料。KD、MACD、RSI，甚至费氏时间理论、艾略特波浪理论等等，都是所谓调料的一种。天底下没有一种调料可以大小通吃一体适用的。大家都知道，调料得看用在什么菜肴，那是不能乱来的，例如川菜如果没辣椒，那就不是川菜；而江浙菜如果用了一大堆辣椒，那就全然走味。上述的道理相信大家都明白，偏偏许多人却不知炒股的技术指标也如同调料一样，用错地方，不但没功效反而会发生反效果。

其实如果以我的观点而言，我是尊重所有的技术指标，不过我唯独比较排斥费氏时间理论以及艾略特波浪理论的，因为这两项技术理论，最大的致命伤就是太"自大"。自大到认为股票走势早就被规划好了，什么时间一到就得变盘，什么走势就得按着ABCDE五浪来运作。许多自诩是这方面的专家，开口闭口就是下一步走势该如何，下一步在哪一天会发生时间转折。这样的自以为是铁口直断，最容易产生一步错就满盘皆输的后果。

我当然不是全盘否定费氏理论与波浪理论，我的意思是与股同舞，不预设立场，亦步亦趋，根据实际走势来做客观的决定与应对。股市有句名言："市场永远是对的，和市场对抗只有失败的命运。"

要想在股市获利，用正确的技术指标帮你照路，看清趋势后才操作，尊重股票，这样才有成功的一天！

【8-3】与庄共舞

2000年，大陆非文学类书籍销售的榜首，是一本名为《炒股就这几招》的股票类书，我之所以提到这本书不是为了帮它打知名度，毕竟它也不需要我帮忙打知名度，因为单是那年这本书在大陆地区就卖了两百万本，而我知道这本书，纯粹是因为它与我的书是同一家策划公司出版。

《炒股就这几招》这本书的内容我没看过，在此我也不去评论它的内容，我仅仅是借这本书的书名来作为我这篇文章的开场白。因为顾名思义，这书名和我一直以来提倡的大道至简的道理相当吻合。

说到大道至简，如果要简单而精髓地说出其中的道理，我认为应该就是：如何以简单而正确的技术方法来事先解读出每一波段转折点所蕴藏的意义与秘密。换句话说，就是借着了解其中的奥妙，而做出事先卡位买进或者卖出的动作，以求取最大的获利。

犹记得我年青时初履股市，那时没有所谓的电动屏幕，也没有计算机技术图形或指针可供判断参考，那时炒股的散户不必有千里眼的眼力，但是却得有顺风耳的能耐，四处打探消息，看能否得到主力大户进出的信息就是炒作获利的唯一准绳。

当然啦，那些宛如云中龙雾里花的庄家的动向，哪里那么容易就被你小散户轻易知道？再说吧，即便是费尽心思打探到消息，也并非一定准确，有时候还会打探到假消息而套牢。我这人一生做事向来喜欢另辟蹊径，总是想发掘一些别人没想到的方法。由于当时那种要想获利就得跟着庄家脚步前进的环境，为了不想被假消息欺骗，也为了真正地掌握主力的动向，我苦思之后，想到了去当时位于台湾台北市中山堂附近的交易所，我去的目的是去抄写各个证券公司的盘后个股事务数据。

当时台湾的证券经纪公司是受限制设立的行业，民营与公营银行从事证券经纪业务的公司，总数还不到二十家。我去抄取的是各个证券公司大成交量的个股资料。每日下午抄写完毕后，我就利用晚上时间做统计的工作。就由于这些统计数据，我可以较为清晰地发现主力进出的动向，以及八九不离十地与庄起舞。

我用这种方法，在开始的头一年期间确实让我赚到不少钱。因为当时几乎没什么人去注意交易所的这种日常公告。大家总认为这种贴在公告栏而且免费的数据，无聊至极，无参考价值。谁知后来渐渐地也有人注意到这些资料了，也跟着我来抄写，甚至到最后，在《经济日报》的证券版也刊载这些资料以后，它的功效不但衰退，而且还产生了副作用。

这情形套句戏词就是："你有张良计，我有过墙梯。"散户认为能借此掌握主力的动向，没想到主力也趁此将计就计地以独家券商大量买进，分散众家券商小量出货的方式，反而取得顺利出货的良机。许多妄想揩庄家油的散户，常常因此惨遭高档套牢之苦。后来这种数据又流于无用之境了！

我之所以反反复复地说了半天，无非是想表达一个意念：股市是千变万化的，方法是自己想的，脑筋是来用的，能创新才有好果子吃。而简单的事情背后，往往隐藏着高深的道理。几年后，当我第一次掌舵炒股，盘中休息时间，我都会到证券公司的散户大厅，默默无声地听别人在谈论什么。我最喜欢听的就是散户对大势的看法，如果市场接连多日弥漫一片乐观气氛，那么我就知道高点已经不远了。因为庄家永远与散户对立的立场是股市不变的铁则。

要说到我的炒股生涯其实也算蛮波荡的，我曾几度掌大旗也几度由天空直线下坠。等到前些年认命以散户自居后，我就开始恢复以散户的观点，来看庄股涨跌的异动。当然在我的散户眼里，还是掺杂着如果我是庄家的话，我会如何如何，这样的思考，这也是我一直在讲课里面说过的"模拟"庄家心态来看股票！

就由于用这样的角度来看股票，因此我常常会出现和别人不同的观点与见解。众所周知，股市多年来一直有所谓的波浪理论。这理论的基础就是希望借着一波波走势的起伏转折，所谓的 ABCDE 的波浪，来预测出未来的涨跌与趋势。关于这样的理论，我个人是极度地不予认同，因为它并没有规范出波浪的"力道"。而殊不知每一波浪力道的强弱，却是影响后续浪的高低转折。而这种高低转折才是决定股价起伏的唯一因素！

要说到股价的波动，凡是参与过股票交易的股民都知道，股票走势是由一波接着一波的多空行情连接起来的。既然是波段，就代表每一段区间就有所谓最高价与最低价。而当股价来到最高价反转向下，或者最低价转头向上，这就意味着一波段的结束，也是代表另一波段的开始；每一段多头波段后就接着一段空头波段，空头波段走完后，立刻就是多头波段的开始，如此循环互换，周而复始，永不竭尽。

由于股票交易是所谓预先卡位的动作，能预期到走势将要转涨则先买进，预期要转跌则先卖出，做到这点就能成为股市的赢家，这道理说来似乎很简单，然而做起来却是有着相当大的难度。千千万万的股民所期盼追求的，就是能事先看懂即将转折的征兆，最好在出现转折之时，能有个简单而实用的方法，一眼就看出到底下一浪的高低点会落在什么地方，这样也就能立刻做出买进或者卖出的决定性判断。

我前面说过，波浪理论最大的缺陷，就是没有提出一个简单的方法来规范波段的力道，就由于如此，所以学习波浪理论的股友，大多仅能知道会有几浪转折，但是到底是转上还是转下，却往往像丢铜板般的瞎猜！其实大家多多观察每个波段的最高价那根K棒，就会发现几乎都是创新高后的走低并且出现上影线，而波段最低价那根K棒也往往是创出波段新低后缩脚出现下影线。其实股票的征兆就是如此，你只要仔细观察，仔细比较，再加上一点用心，就能看出蛛丝马迹，而这蛛丝马迹就是赚赔的所在。

最后，希望这篇短文能给你一点蛛丝马迹，对你的看盘思路与观念有所帮助，我写这篇文章的目的也就达到了！

【8-4】炒股的迷思、疑惑与对策

股海浮沉多年，写书、出版、演讲、上课是我日常的工作重点，当然也就认识了许多的股友，某些股友也就因此和我有所联系，平常也时不时地发些他们的炒股心得和看法给我。为了出这本书，我就整理许多以前的往来邮件，发现到一篇似乎很有意思的文章，由于通篇文章猛然一看似乎很有道理，况且内中的推断还把黄金切割率也用上去，简直就像篇"权威"式的文章。现在我把原文贴于后，供大家"欣赏"。

"当一只股票经过一段跌势之后，如果有主力想要介入炒作会先评估公司的营运状况之外，最重要的就是本身的资金能掌握住多少筹码才能有效地拉抬股价并顺利出货。

浮额＝近期波段之最大量—近期波段之最小量

所谓浮额就是指流通在外的筹码。浮额越少表示市场之筹码越集中，亦即股票之筹码较安定。浮额越多表示市场之筹码分散，股票之筹码不安定，主力不容易控制。

基本筹码＝浮额×0.382

基本筹码系主力作手欲操作一只股票时所需之基本持股张数。

有效筹码＝基本筹码×0.382

有效筹码是指作手的手中实际固定持有之股数或张数，同时也是其介入波段操作的实际收入来源。

操作筹码=有效筹码×0.382

操作筹码指主力作手每日操作股票控盘时，所需之股数或张数。换句话说操作筹码也是主力作手价差收入之来源。

安全量=有效筹码—操作筹码

所谓安全量指的是成交量减少至某一水平以下，其浮额就被洗尽。

危险量=基本筹码×2

所谓危险量是指股价上涨一大段后，成交量急速扩增，当成交扩增到某一水平以上，表示主力已开始出脱股票或者已经控盘不稳，也就是筹码松动的现象。

正常量之最大量=基本筹码+有效筹码

正常量之最小量=有效筹码+操作筹码

所谓正常量就是一般交易时的成交量，还在主力有效操控范围内介于安全量与危险量的成交量水平。以上是看股票筹码的基本概念，有时候我们会发现有些股票的成交量出现异常，超出危险量，但是股价却又涨一大段。那就是原先的主力下车之后股票被别的主力接手又做一波，在这个换手的过程，表现在股价的走势就是整理，如果没有人接手，主力出完货之后股价自然就回跌。"

看完这篇如同义和团高喊扶清灭洋口号似的文章，特别是这段："有时候我们会发现有些股票的成交量出现异常，超出危险量，但是股价却又涨一大段。那就是原先的主力下车之后股票被别的主力接手又做一波，在这个换手的过程，表现在股价的走势就是整理，如果没有人接手，主力出

完货之后股价自然就回跌。"

我第一个感觉仅能用"啼笑皆非"四个字来形容。因为这篇以计算筹码方式的文章，其目的无非是想要借着这方法找出庄家的足迹。问题是，这是外行人想当然、自以为是的臆测。事实上根本毫无意义。如果照着这思路去做，轻则浪费时间，重则赔上钞票。

首先，这第一个算式就有问题："浮额＝近期波段之最大量—近期波段之最小量。"我真不知写这的根据是什么，它的理论基础又在哪里？我除了说写这东西的人当时不是脑筋发高烧，就是无知到了极点。

大家随便找只股票的线图来看就知道。当庄家在吸筹时，走势上仅有两种形态：其一，水波不兴，量缩难涨形态——这是我在光盘1里面说过的所谓股价在山脚下的形态。在这段期间，最大量与最小量之间相差不大，波段走势线型如同一条线。这是庄家刻意压制股价的手法，是让那些在前期高点套牢的散户，心生失望、认赔杀出的杀手锏。既然是量缩横盘形态，那么所谓的"浮额＝近期波段之最大量—近期波段之最小量"就根本毫无意义了！

其二，如果浮额要有量。还有一种可能就是拉抬过一阵子后，股价从高档下滑，庄家低点回接部分在高档出脱的股票，然后展开二度蜜月行情（上一篇文章我们说过，走势至此有两种可能，一是二度蜜月，一是拉高逃命，出脱手中余额）。好，如果是二度蜜月的展开，K线图上一定会出现一根带长下影线而且爆巨量的K线，我个人将这根K线称之为"点火线"。一旦出现点火线后，股价会产生向上缓步推升，接着向下回落的走势。这时候成交量会出现萎缩的情形，而出现这缓步推升，接着向下回落的走势，是有两个意义包含在里面。

1. 股价推升过不了前高再度下杀，可以吓出已经如同惊弓之鸟般散户手上的浮额。

2. 下杀后会出现第二只脚，再度上拉就可出现标准的底部完整形态——W底。这样有助于再次展开下一波拉抬时，跟进散户的意愿。

我上面针对所谓的浮额，做这番解说，目的就是指出这通篇文章的立论基础，一开始的立足点就错了。以"山脚下"情况而言，文章说的浮额根本不存在；以"半山腰"而言，庄家的着眼点在收回高档出脱的部分股票，这是作手在整体操作的行进间，赚取小价差，贴补贴补操作成本的手段罢了！作手的目的达到，就会展开二度蜜月，而不是计算总成交量如何如何。至于庄家何时收回高档出脱的数量，这本账仅有庄家心中有数，旁人根本无法知道。要想从数量上计算，来测度出庄家的意图，我仅能用拿弹珠想弹中奔窜中的老鼠一样困难来比拟。

基本立论基础既然错误，后面就会出现失之毫厘，差之千里的大错误。什么"基本筹码＝浮额×0.382，有效筹码＝基本筹码×0.382"这种胡乱瞎猜所度测出来的数目，也就不足采信了！

上面用了近两千字说明一件事：股市里确实有许多似是而非的论点，股市里自封的大师、权威确实也多如牛毛；电视上、坊间书籍、网络论坛等等，研究讨论股票的声音与言论也不绝于耳。而散户就像个病人，管他是治疗什么病的药，病急乱投医之下，全部胡乱塞进嘴巴，认为就此药到病除，谁知却是药到命除。

写到这里的时候，我忽然想到2007年的一段往事，当时有位股友打电话给我，电话中他问到台股个股"蓝天"的未来走势，我根据我的分析告诉他，这只股票还将下挫，而且将会跌破前低的48元价位。他当场表示异常惊讶，因为蓝天是那段时间表现相当强劲的股票。蓝天公司在大陆投资百脑汇电子通路，是所谓的中概电子题材。特别是那段期间，台股受美股

带动的影响一片大好，加权指数已经攻抵9000大关关前，大盘好，这种飙涨的股票似乎没道理独弱才是！

我提醒他说，依照技术分析，蓝天在前一周冲前高功败垂成后，接连下挫，逃命线型出现，走势令人担忧。除非接下来的三天内能力挽狂澜式地大举拉抬，而且要突破前高，否则一场逃命下杀必不可免，先杀破48元再朝着42元迈进。

其实以我的观点，操作这只股票的作手相当高明，堪称高手中的高手。但凡一个高明的作手，就要有洞烛机先的本事，当大盘还在蛰伏之时，个股已经预先启动，这样才会吸引市场的目光。当大盘启动后，这只股票自然就成为领头羊的一族。而当大盘在最后冲刺阶段之时，由于个股早已提早到位，因此趁着大势向好之际，庄家出货是轻松愉快，四两就可拨千斤。所以我说这只股票的作手是高手中的高手。换句话说，散户要想在股市获利，就得盯住这种高手操作的个股！

最后重复一句老话：实践是检验真理的唯一标准。初入股市要多看多听少做，所学的技术指标与理论不要贪多，不要什么乱七八糟东西都当作瑰宝，不要轻易相信报纸媒体的话，要将别人自吹自擂的大话仔细地过滤，能确认是真道理、硬功夫才纳为己用。

★ 炒股的正路，就是看懂走势，听懂盘口语言在说什么。这就是所谓的听其言观其行。

★ 最适合炒股的人，是受过哲学与数学专业训练的人。

★ 买股票不可先预设立场。

★ 炒股不可不顾自身经济实力，过度扩张信用程度。

★ 短线以投机为本质，看线型做分析，以趋势为依据，以技术指标作为分析的工具，采取快进快出的原则。

★ 长线则是在垃圾里面挖掘黄金，以公司的本质和远景为依归，以龟兔赛跑的毅力，长期持有。

★ 股市三大原则"怀疑、模拟、超脱"

★ 实践是检验真理的唯一标准。初入股市要多看多听少做，所学的技术指标与理论不要贪多

Chapter 9
第九章

个股实战案例精解

窥探投资市场真谛，寻觅茫茫股海明灯

古语有云:"师父领进门,修行在个人。"这其中最大的差异,就是领悟力的不同。为了尽量消弭教学上的缺点,我个人认为,唯一的方法就是多增加实战的案例讲解。

第九章 个股实战案例精解

一口气看到这里，相信大家都累了吧。前面讲了几个看盘、判断趋势、如何选股以及何时卖股票的方法，再加上举了几十个案例，又是图形又是说明的，不知大家对于我所说的内容是否有透彻的理解呢？

说实在的，古语有云："师父领进门，修行在个人。"在学校上课，一样的老师一样的教学，可是一考试，成绩出来了，有第一名的，也有最后一名。这其中最大的差异，就是领悟力的不同。为了尽量消弭教学上的缺点，我个人认为，唯一的方法就是多增加实战的案例讲解。

因此，接下来，我将举一些实战的案例，从上到下，从里到外地做详细的解说，务必让大家能更透彻地理解。在这里要先说明的一点是：以下所举的案例图，都是截止至 2017 年 4 月 8 日写稿时的线图。换句话说，以下的解说，除了解说该股过去涨跌的原因外，还将利用前面我所说过的炒作技巧与理论，来阐述该股经过研判后，其未来的可能趋势。由于各位看到这本书时，已经是写稿时以后的一段时间了，因此也可以据此来印证，我所说的准确与否。说的准的话，就请为本书点个赞吧！

接下来就是我举的案例·，000002 万科 A 周线图。

案例一，000002 万科 A 周线图

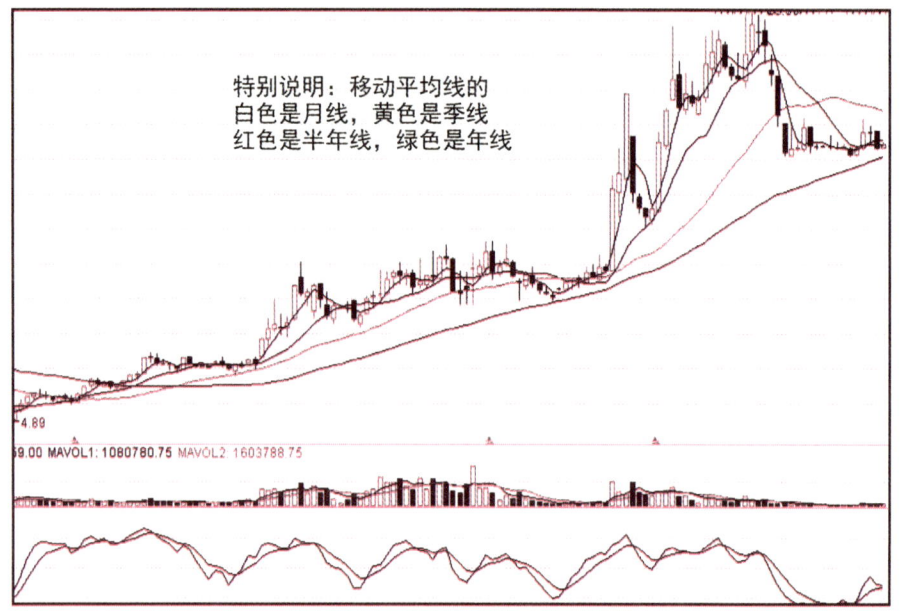

图 9-1　万科 A 触及年线

这是 000002 万科 A 的周线图，图上的起始时间是 2014 年 3 月 1 日至今日 2017 年 4 月 8 日整体时间跨距长达 3 年有余。

观察重点 1，过去 3 年的多空趋势以及支撑或者压力所在。

（如果是多头趋势，就观察支撑线在哪里；如果是空头趋势，就看压力线在哪里。）

结论：从这张周线图可以清楚地看见，000002 万科 A 在过去 3 年，是走的多头趋势，而多头趋势的支撑底线，就在于 MA54，也就是俗称的"年线"。截至今日，这条年线的价位在 20.13 元，而该股本周的收盘价是 20.8 元。两个价位相差不过 0.67 元，换句话说差价不到 4% 而已。彼此相

当的接近。

观察重点2，既然时价与支撑价相差不到4%，也就是说随时有可能在一个交易日内跌破。特别是，这条线是该股3年来的底线，一旦正式跌破确认的话，那就等于是多空格局换位，走势将会从多头趋势转为空头趋势。果真如此，那问题就严重啦！

结论：为了解答这个严重的问题，我们将该股放在"显微镜"底下，仔细地解剖其近期未来的走势，看看，支撑了3年多的年线能否顶住空方的压力，而不被摜破！

为了求得这个答案，我们就来看该股的日线图。

000002 万科A 的日线图

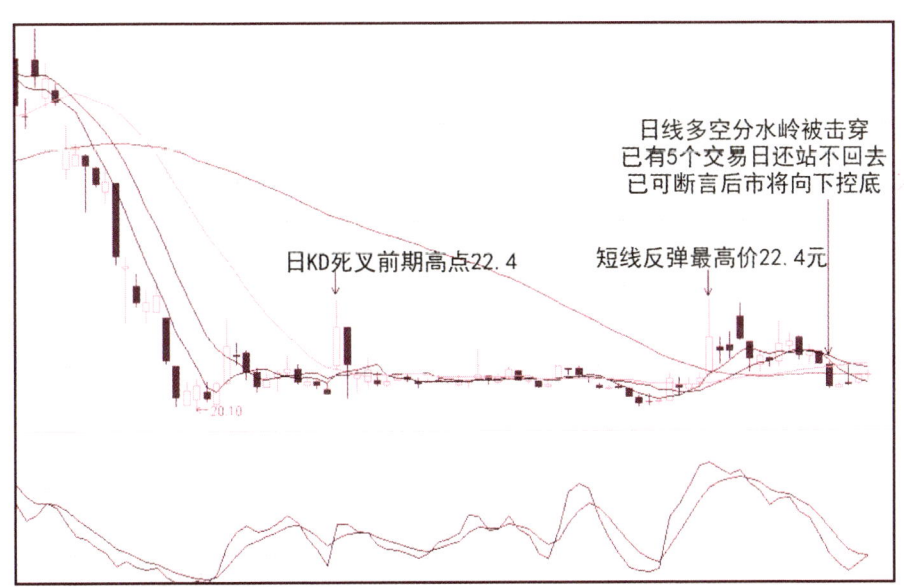

图9-1 万科A 触及年线

这是万科A自2016年12月以来的日线图。可以清楚看见,从去年12月中旬以来,大部分的时间,万科A的股价都处于多空分水岭之下,虽说其股价在前一段期间一直维持在20—21元之间来回横盘震荡,后来还有一点小幅反弹,冲破多空分水岭,可是观察其反弹幅度,实在有限,形同鸡肋。

麻烦的是,这次冲破多空分水岭后,只在线上站了3周的时间,股价又被掼压回多空分水岭之下,而且,截至今日,股价被压在分水岭之下已经5个交易日,换句话说,多头已经处于九死一生的境地了。

观察重点:以日线的走势来看,未来如能继续维持在20元价位区间小幅震荡横盘的话,多头已经算是抽到上上签了,而九成以上的可能是走势将继续向下探底,至于,如果真的向下探底,那么底部在哪里呢?

关于这问题,我想答案就在下面这张周线图里面。

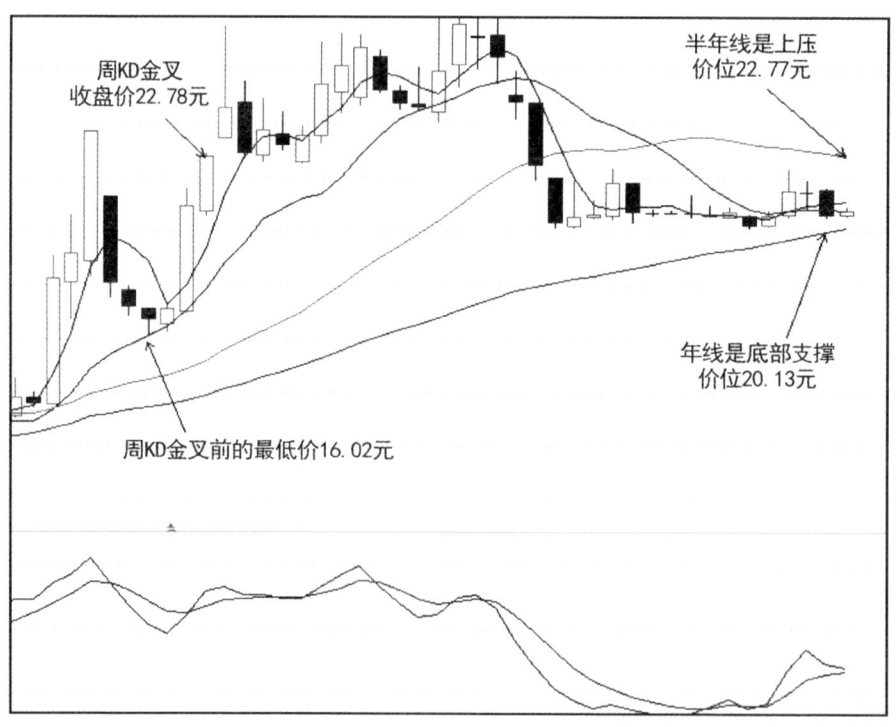

图9-3 万科A周线依然等待方向

从这张万科 A 的周线图，我们可以看见万科 A 的股价，截止目前为止，已经横盘了 16 周，这在股市的说法，是标准的横盘待变形态，也就是说股价在等待中长期的方向出现。

众所周知，万科 A 这只股票从去年以来之所以会出现大涨的走势，纯属人为介入炒作，由于万科的业绩良好，可是公司董事会均属所谓的职业经理人，整体董事会的持股偏低，加上第一大股东华润集团并不干预公司行政事务，于是引起前海人寿姚老板的觊觎。

前海人寿以保险资金大举买进万科 A，并且数度的举牌，如此这般野蛮人的动作，引起证监会与保监会的高度重视与不满。由于前海人寿大举买入，也引发了恒大人寿进来搅和，两个险资入驻的消息曝光后，更是引发股市的狼群效应，市场的投机客更是群聚而至。

如此混乱的场面，由于参与的各方各自心怀鬼胎，私底下有各自的小算盘，再加上市场贪婪投机客的推波助澜，万科 A 的股价焉能不如过山车般的忽上忽下呢？

股市有句老话：怎么上去就怎么下来。换句话说，当前面无理性的大涨，后面就会报复性的大跌。市场永远是公正的。因为，它有它自己的一套规律在。

从周线图的技术线型看，截止至本周的收盘价是 20.88 元，而 3 年来的大支撑线的价位在 20.13 元，至于上压的半年线则是 22.77 元，万科 A 的股价就是标准的上有锅盖下有铁板的模式。

当然啦，股价不可能永远在这种不上不下尴尬的场面里持续下去，股价早晚要给出一个答案、一个方向，依照目前的情形来看，多空这样的僵持时间，大概不会再超过 2 个月。

以周线图的 KD 来看,本周的 KD 已经出现 K 值与 D 值非常接近的时刻了,换句话说,下周或者下下周,即将出现要么是死叉,要么是"拐头金叉"的答案。而这答案,很可能是出现死叉,因为以 KD 而言,之前出现的是个金叉。

结论:1. 一旦周 KD 出现真死叉,以万科 A 目前的股价 20.8 元左右,在这里出现 KD 死叉,那么 KD 死叉的价位将会低于前期 2016 年 8 月 12 日那周的收盘价 22.78 元,以 KD 比较法来评断,万科 A 长期的股价将会跌破金叉前面底部的最低价,也就是线图上显示的 16.02 元。话说回来,这种可能性最大,因为此次万科这场闹剧,经过主管机关的干预后,基本已经尘埃落定了,正所谓螳螂捕蝉,黄雀在后,万科的第一大股东由深圳地铁胜出,姚老板也罢,许老板也罢,都只能恨恨地躲在角落,暗自泣泪。两人都是羊肉没吃着,却惹来一身骚。姚老板更是连前海人寿的董事长宝座都不保。

万科 A 这场戏炒作的题材消失了,上涨的动力没啦!请问接下来,万科 A 这个市值超过 2000 亿元的大型股,还有谁敢进来拉抬?我想答案是零。

至于那些投机客,此时如果不趁着大盘向好之际,还有逃命的机会赶快退出,远离这是非之地的话,早晚股价会在 16 元之下见的!

当然啦,股市永远没有固定的模式,股价瞬息万变,不是涨就是跌,难道万科 A 就没有再次暴涨的机会吗?答案不是没有,不过这可能性只能说只有万分之一的机会。

如果今天是你手中持有万科 A 股票的话,你如何决定呢?

案例二，600050 中国联通周线图

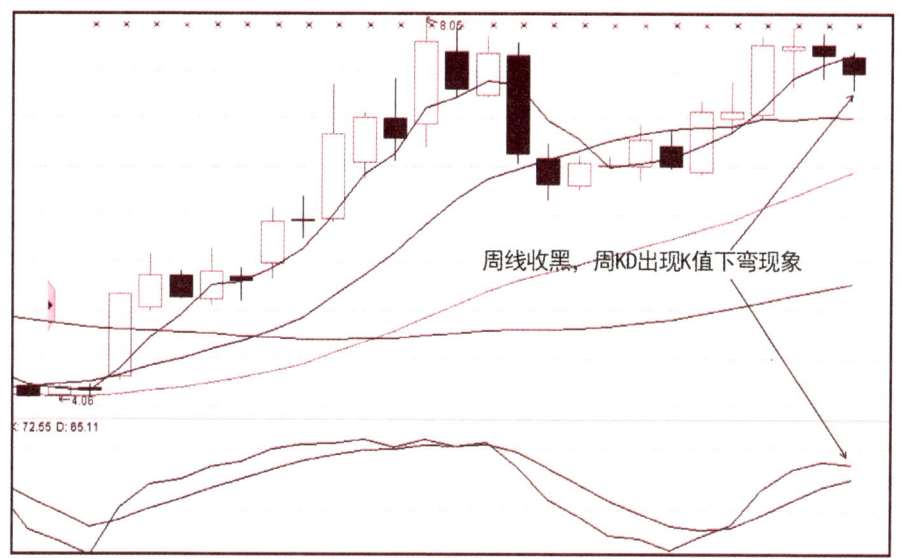

图 9-4　中国联通周线 KD 白线下弯

这是 600050 中国联通的周线图。写稿的木周 2017 年 4 月 9 日，中国联通的收盘价是 7.47 元。这价位与前期最高价 8.05 元来比，股价还算是处于高档区的价位。从线型上看，由于本周收黑，因此周 KD 的 K 值有下弯的现象。

接下来我们就要判断，中国联通未来的走势将会如何？

要谈到未来一段期间它将会如何，我们就得从近期的日线图看起。正如老话一句：千里之行始于足下，未来要走多远，先看脚下的这第一步。

◎ >>> **600050 中国联通日线图**

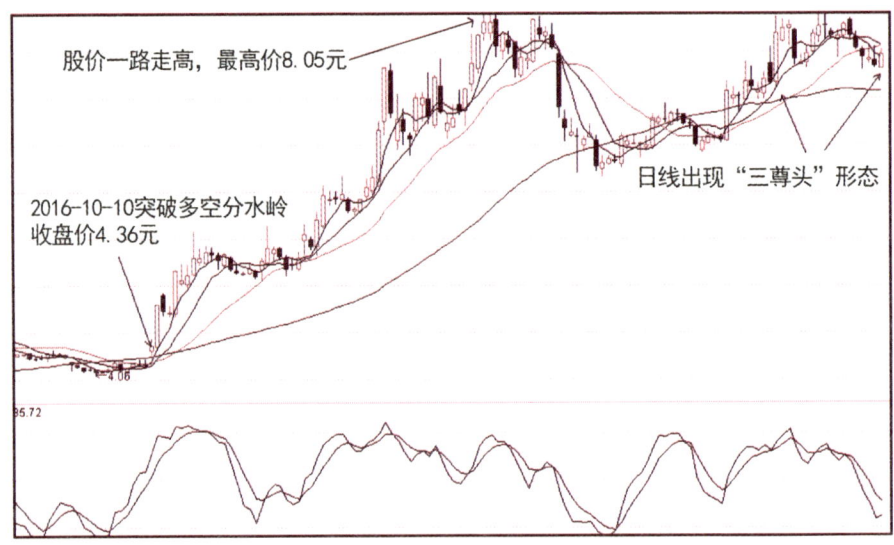

图 9-5　中国联通日线现"三尊头"

从这张日线图看，近期中国联通的走势可以用四个字来形容——"好坏参半"。

先从好的方面来说：日线图上，我们可以清楚看到，中国联通股价从 2016 年 10 月 10 日的 4.36 元起涨，最高涨至 8.05 元，涨幅 80%以上。中国联通这种股本高达 212 亿元，市值千亿元级别的大型股，两个多月时间，股价有如此涨幅，可谓是超级强悍的表现了。

时至 2017 年初，股价虽有回落，但这也属于合理的涨多回档范围。果不其然，股价在多空分水岭附近经过了约一个月的整理后，再度地抬头向上攻坚。这样的表现，合理的话，给个 80 分是绝对不为过的。

至于坏的部分，则是两条：

1. 股价整理结束，并且站上多空分水岭后，股价开始向上，却3次都突破不了前高的8.05元！这是非常要命的缺陷。

2. 由于3次出现无法突破前高的现象，日线图上出现了不利的"三尊头"现象。在股票的技术分析角度来看，大家都知道M头代表了未来走势向下的讯号，而三尊头是比M头更麻烦的技术线型，毕竟M头是2次冲关不成，而三尊头是3度冲关不成。

综合上述的现象，我们可以得到一个结论，那就是好坏参半情势有点混沌不明。为了解开这个谜底，为了知道其未来的趋势如何，我们再往下解剖它的60分钟线图。

600050 中国联通60分钟线图

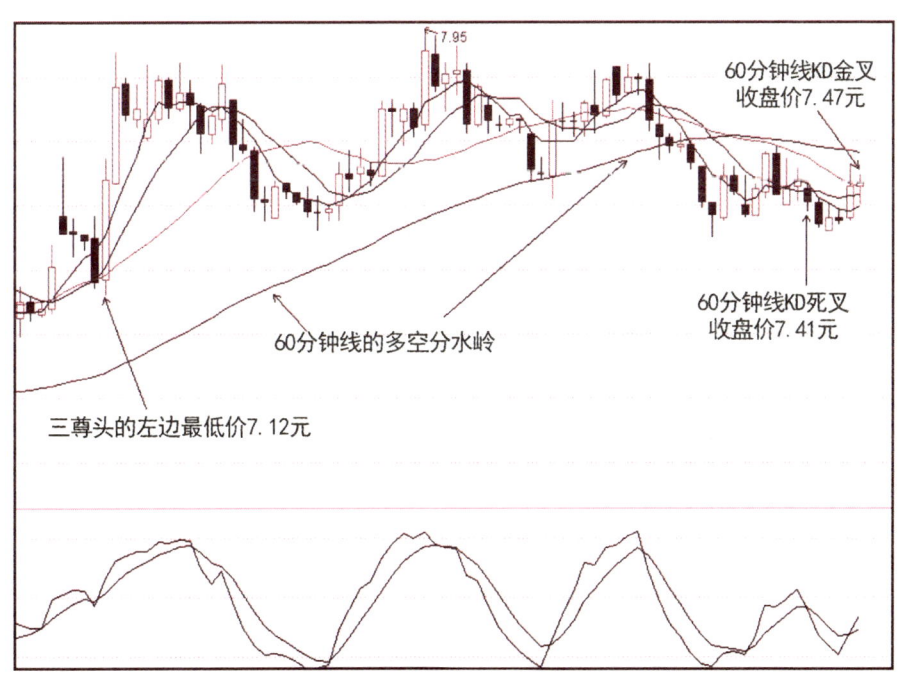

图9-6　中国联通60分钟与MA60争夺

这是 600050 中国联通的 60 分钟线图。从这幅图我们看见短线上，多空双方围绕着 60 分钟线的 MA60 上下争执着。

前面我说过，从日线上可以看出出现"三尊头"的现象，但是，这现象还没到最终的确认。为什么呢？因为三尊头的左边底部也就是它的最低价 7.12 元尚未被跌破，如果现价跌破 7.12 元那就正式确认三尊头成立，一旦成立，不言而喻，股价将会继续向下探底。反之，如果股价在此开始上升，拉回至 8 元附近，那么三尊头不成立，线型会出现在 7—8 元之间来回震荡。

综合上述的情形，中国联通接下来几日的走势就相当重要了。

截至今日 2017 年 4 月 9 日我写稿时，中国联通 A 股是在停牌期间，因为公司目前处于混改阶段。联通公司并且于 4 月 5 日公告，公司即将发布重大的混改方案，因此停牌 5 个交易日。

表面来看，此次中国联通公告混改方案后，照一般常理推测，未来股价似乎应该看好才是。不过，持这种看法的人也不应太过乐观，因为，就在 4 月 6 日，中国联通在香港上市的 H 股，受这个消息影响，股价高开后却走低，收盘时跌幅接近 4%。

不过，我现在撇开消息面的考虑，单纯以技术面来做分析的话，以上面这张 60 分钟线图来看，A 股最后的收盘价是 7.47 元，而且出现 KD 金叉的情形，这个金叉，收盘价是高于前死叉的收盘价 7.41 元的，按照 KD 比较法的推算，短线内，联通的股价将会突破死叉背后的最高价 7.58 元，如果如此，这股价也同时突破了 60 分钟线的多空分水岭的 7.56 元。也就是说，短线中国联通将会涨回多空分水岭上。这样的结果，将会使得三尊头的空头形态得到化解，一旦三尊头的疑虑化解掉，股价就有可能突破

2016 年来的最高价 8.05 元。

所以，我的结论是：600050 中国联通的股价未来是审慎而乐观的。

案例三，600547 山东黄金 2015 年 12 月迄今的周线图

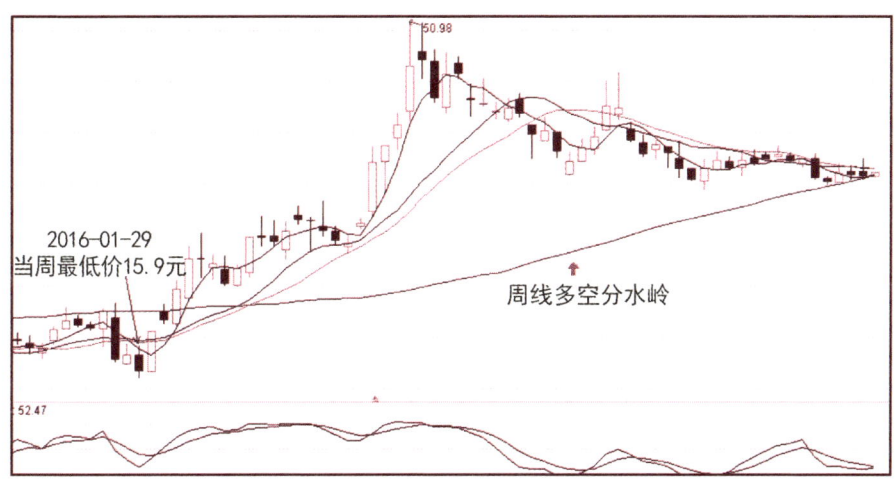

图 9-7　山东黄金周线与多空线的交织

这次的案例是 600547 山东黄金。上图是山东黄金从 2015 年 12 月迄今的周线图。

这次之所以举它为例，是因为它的股价走势与世界黄金价格的走势相当接近。

线图上，我们可以看见，2016 年的 1 月底当周，个股股价创出最低价 15.9 元。其后，随着黄金价格的上涨，它的股价也随着水涨船高，经过 7 个月的多头行情，股价涨了 3 倍有余，最高价达到 50.98 元。

以下是同时期世界黄金价格的走势图，大家对照一下，便可明白了。

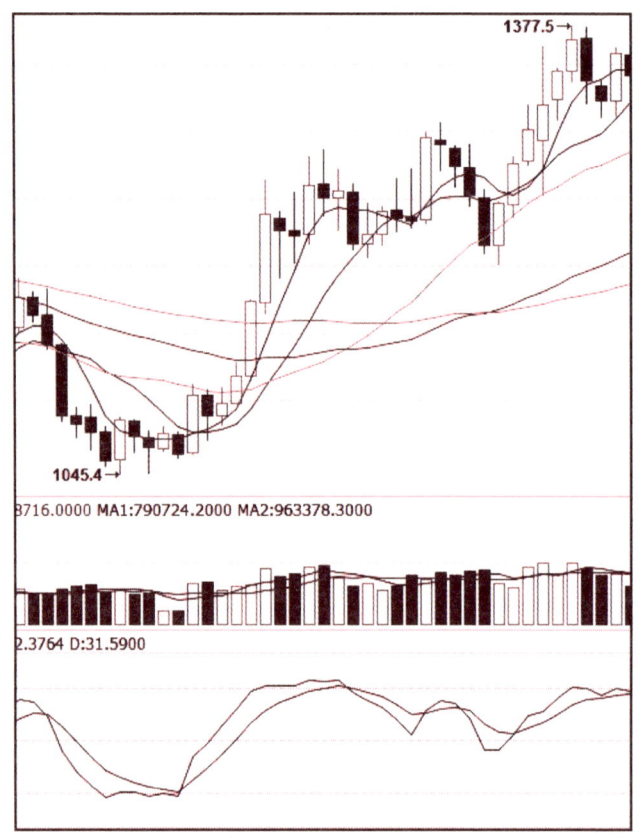

图 9-8　相互影响的金价周线

看完这张金价的周线图，并且拿它与山东黄金的股价重复做个比较的话，相信你会发现，随着金价的大幅上涨，山东黄金的股价也是涨势惊人。黄金线图上，当金价涨到每盎司 1377.5 美元的时候，山东黄金的股价到达 50.98 元的新高。

随后，国际金价开始下滑，黄金公司的股票也随之下跌，这样的事情，似乎合情合理。

以下是金价创出每盎司 1377.5 美元之后，迄今的周线走势图。

第九章 个股实战案例精解

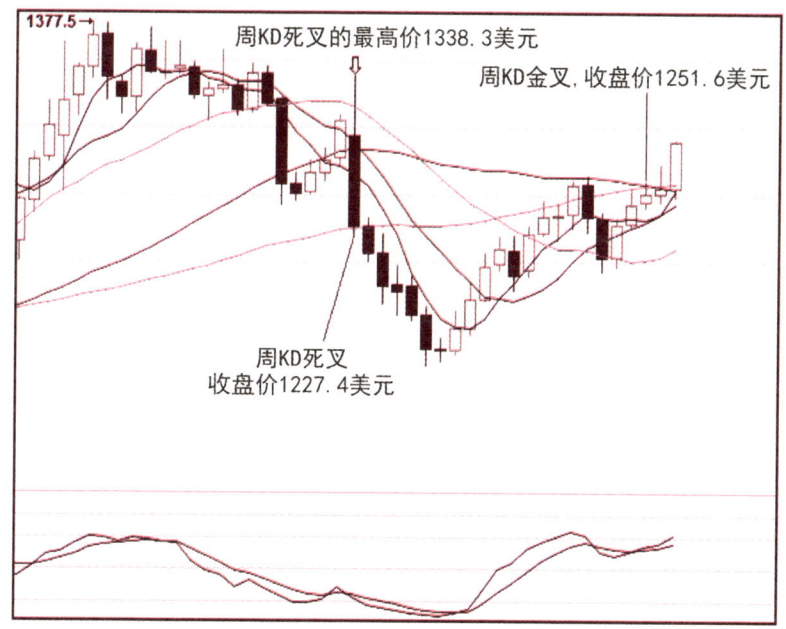

图 9-9 国际金价的 KD 比较实战

从这张图，大家应该看见，国际金价从 1377.5 美元一路下跌至 2016 年 12 月中旬的 1124 美元之后，开始大幅反弹，截止目前为止，金价已经涨至 1290 美元，接近 1300 美元只有咫尺之遥了。

根据我个人用周线的 KD 比较法来加以测试，发现短期内绝对会突破每盎司 1300 美元的整数关卡。另外，以月 KD 来比较的话，金价未来中长期的价位，突破每盎司 1400 美元也不是梦。

可是，反观山东黄金的股价走势却是以下情形。

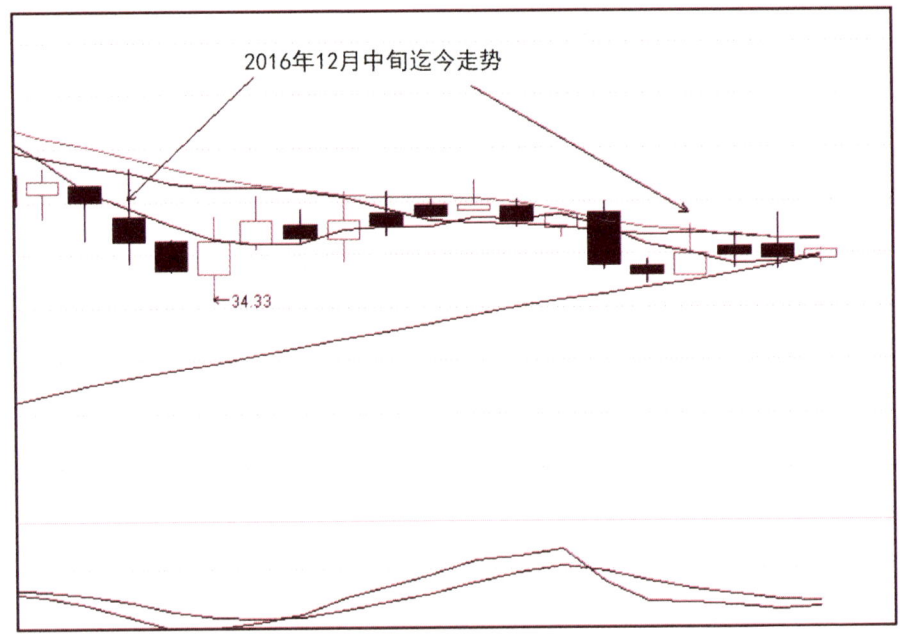

图 9-10　被低估的山东黄金

金价反弹了每盎司 200 美元,山东黄金的股价不涨反跌。换句话说,山东黄金的股价已经是被严重低估了。对此,你有何看法呢?

炒股有句老话:垃圾里面捡黄金。意思是说,某些被忽略、被低估的股票,如果你能慧眼识英雄地发现到,这就是你发财的机会来了。

黄金是个国际间公认的投资保值工具,古今中外,人们对黄金都有一种莫名的喜爱。其实黄金是所有金属中,最没有实用价值的金属,它不像铜、铁、铝等等金属有工业上的实用价值,黄金除了装饰外,其他的一点功能也不具备,偏偏人们就是喜爱它。

世界各国的股市,黄金公司的股价基本与金价同步,山东黄金的股价目前被低估,相信这期间不会太长,况且,以技术分析的角度,从上面这张周线图看，它的股价已经来到了跌无可跌的地步，而周线的多空分水岭这条支撑线，也已经"托住"它 5 个星期了，既然跌不下去的话，接下来也只有向上突破的一条路啦！

案例五，002013 中航机电月线图

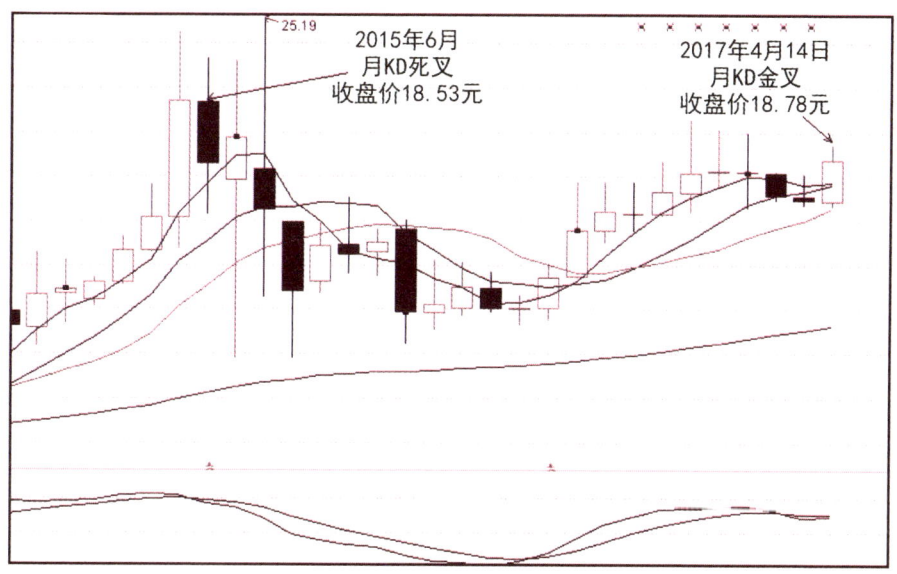

图 9-11　中航机电金叉收盘价比死叉收盘价高

这是 002013 中航机电的月线图，线图从 2014 年 12 月迄今，时间跨距达 30 个月。

从线形图上，我们可以看见，图中创出最高价 25.19 元的时间是 2015 年的 8 月份（25.19 元是前复权的价位，如果是后复权的话，股价是 305 元。公司股本从上市时的 3000 万元，目前已经扩张到 16 亿元）。

之所以举它作为案例，是因为最近股市，军工版块的股票挺火的。军

工版块的走势也相当强势，而它是这类股票中比较具有代表性的个股。

月线图上，可以看见就在4月份，月KD出现了久违的金叉。而这金叉距离2月份的死叉仅仅只有一个多月的时间差距而已。单从这点就可以想象的到，该股近期的走势势必很强劲！

从这张月线图看出，此次的月KD金叉收盘价是18.78元，而2015年6月的那次月KD死叉的收盘价是18.53元。**金叉收盘价比死叉收盘价高，代表未来将会突破死叉背后的最高价**。换句话说，以中长线的角度来看，该股未来将再创出历史新高。

以目前18.78元的市价来说，如能突破25.19元的话，意味着有35%的涨幅空间。

有这样幅度的上涨可能，那么接下来它的走势将会如何呢？如果要介入的话，目前的价位是合适的买点吗？还是有更低的空间，让我们捡便宜货呢？

002013 中航机电周线图

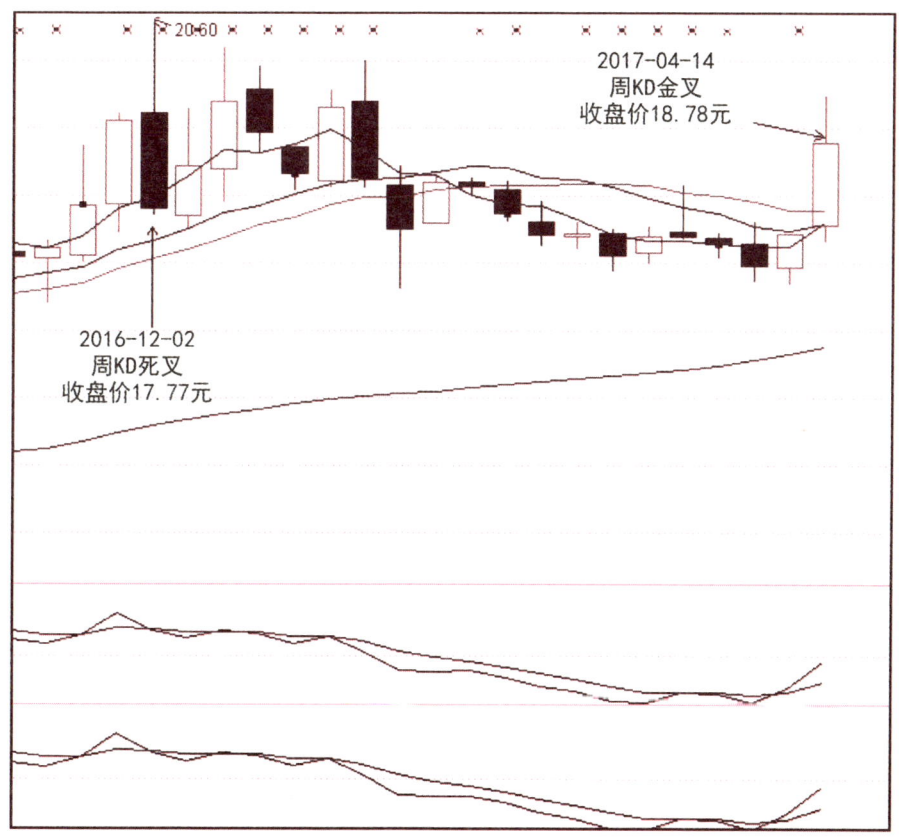

图 9-12　中航机电周 KD 金叉

这是该股本周的周线图，正好就在本周出现周 KD 金叉，收盘价是 18.78 元，而以这个金叉与前面 2016 年 12 月 2 日当周的死叉相比，一比之下就知道，以周线的角度而言，这一口气跃过死叉的前高 20.5 元是轻松愉快的事。

既然结论是短期内会过 20.5 元的话，那么如何找买点，而且这买点的

价位是越低越好。

请看下面这幅60分钟线图。

002013 中航机电 60 分钟线图

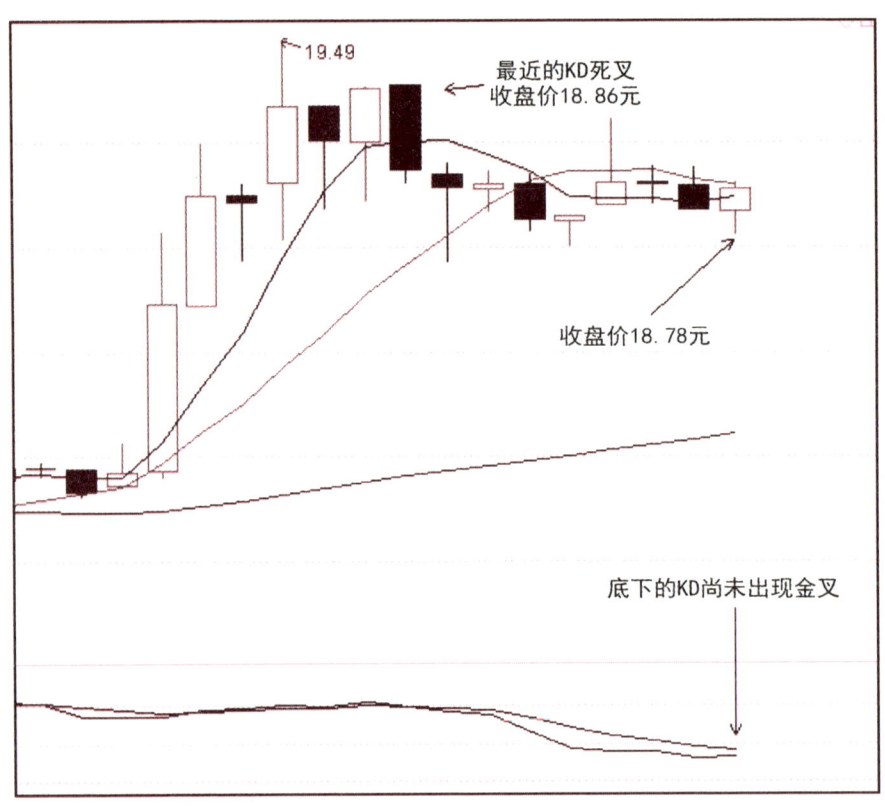

图 9-13　中航机电抬高

这是 002013 中航机电最新的 60 分钟线图，图上清楚看见，股价在近期最高到达 19.49 元后拐头向下调整，并且在 18.86 元这里出现 KD 死叉。

线图上也看见，死叉后，股价曾经跌破 18.5 元，可是接下来的走势，却是底部一次比一次收高，这种现象代表了已经跌不下去，股价将会转而向上攻坚。

大家也可看见，最后这一根 K 棒的 KD 值还是处于 K 值低于 D 值的情形，换句话说，金叉还没出现。好，既然如此，那么接下来金叉出现的话，收盘价应该是多少才能一举过关，突破我们刚才说的 20.5 元前高呢？

答案就在下面这幅图。

002013 中航机电前期的 60 分钟线图

图 9-14　中航机电三次死叉

在这幅前段时间的 60 分钟线图上，我标识了 3 次 KD 死叉。时间与收盘价分别是 2016 年 11 月 29 日的死叉，收盘价 19.25 元，2016 年 12 月 15 日的 19.68 元，以及 2017 年 1 月 10 日 KD 死叉的 19.36 元。

换句话说，取这 3 次死叉的最高价，也就是 19.68 元来比较的话，此次中航机电接下来的拐头金叉，收盘价势必得收高在 19.68 元之上，才能顺利过关拉上 20.5 元之上。是否如此？就让我们拭目以待吧！

案例六，美国上市公司亚马逊月线图

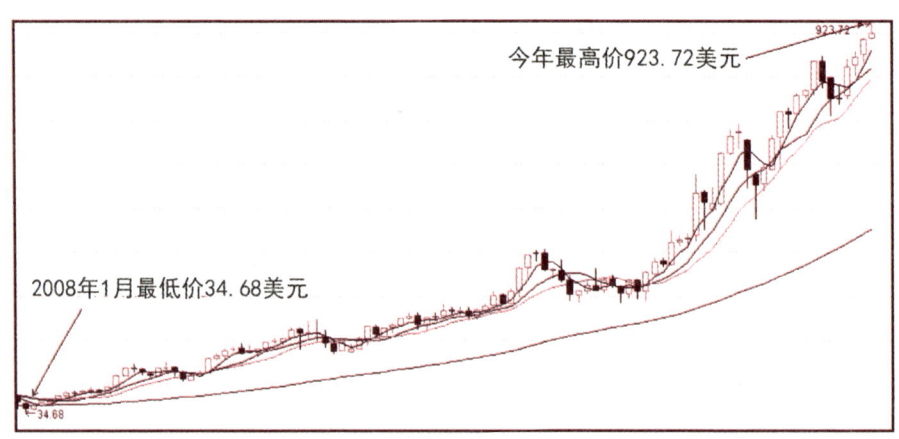

图 9-15　股王亚马逊

看到这幅美国上市公司亚马逊的月线走势图，不知大家有什么想法？我个人是除了赞叹还是赞叹。图上清楚地标示，亚马逊的股价从 2008 年的 1 月底最低价 34.68 美元起涨，历经 10 年的上涨，到了 2017 年的最高价 923.72 美元。这张月线图，一看就不知道如何分析，因为它这 10 年来的走势，除了涨，还是涨。换句话说，你买到这种股票，没有什么技术可言，持有就对啦！34 元涨到 923 元，10 年时间股价足足涨了 27 倍。这样的涨幅，就是号称中国股王的贵州茅台也无法望其项背。

贵州茅台今日的收盘价是 420 元，而 2008 年 1 月的价位是 130 元。两相比较，贵州茅台的股王地位就显得相当苍白了！

而今日之所以拿它来作为股票类最后一个案例，原因有以下几个：

第九章 个股实战案例精解

1. 这是"巴菲特"式的长线持有的股票典型。其实,个股这样的走势,在中国股市也有,那就是我在前面提过的案例 600340 华夏幸福。华夏幸福借壳 ST 国祥后,经过改名,并且注入优质资产,在公司当权派的护盘下,股价出现长线缓涨的格局,与亚马逊的股价表现相比,华夏幸福有过之而无不及。下面请看华夏幸福的月线图。

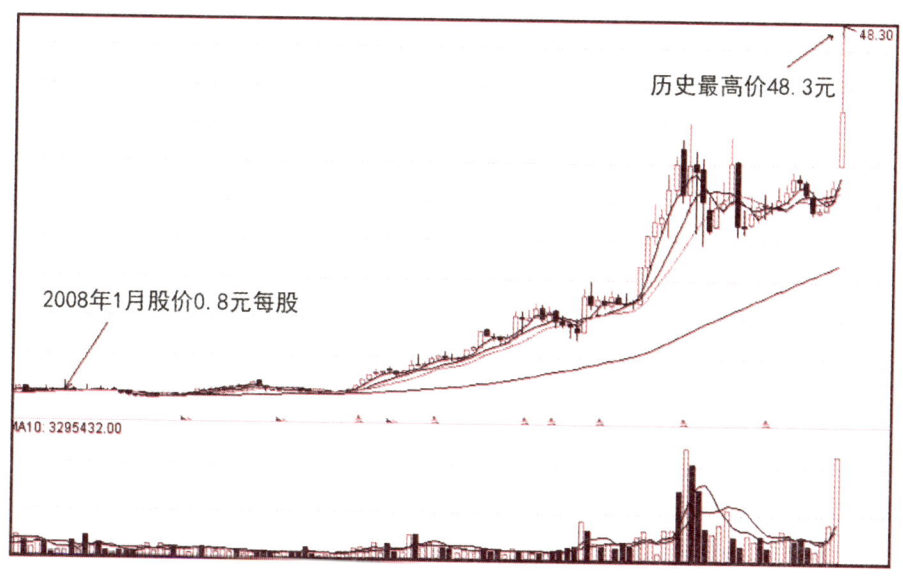

图 9-16　华夏幸福月线图

从这张华夏幸福的月线图,我们可以看见 2008 年华夏幸福的股价 0.8 元(前复权),近期由于雄安新区的缘故,股价创出历史新高的 48.3 元。同样的时间(2008 年 1 月至今)华夏幸福的股价涨了 60 倍,这样的倍数,把亚马逊的 27 倍远远抛在身后。因此,中国的股民不必心灰也不必气馁,套牢了也不必骂街!毕竟,中国股市还是有这种令人刮目相看的"钻石股",问题是,你得有慧眼识英雄的本事!

对亚马逊的股价与华夏幸福的股价比较后,我来谈谈亚马逊的经营形态。

亚马逊是美国最知名的网购公司，其地位就如同阿里巴巴在中国一样。网购这种新型的消费形态，随着派送技术的进步与发展，未来将还有更长足的发展。老式的实体大卖场、大百货、大超市将会受到更大的冲击，而传统的大卖场代表性公司就是全球知名度最高的沃尔玛了。

要说起来，沃尔玛也是老牌的挂牌上市公司，并且属于道琼斯指数的成分股，沃尔玛过去十多年来，一直是全球所有个别公司营业额居冠的公司，每年的营业额高达7000亿—8000亿美元。全球营业额第一的沃尔玛它的股价表现如何呢？请看下面这幅沃尔玛的月线图。

沃尔玛月线图

图9-17 亚马逊的"老前辈"沃尔玛

这是沃尔玛从2008年1月迄今的月线图，说句良心话，沃尔玛的股价表现，还算是中规中矩，这十年来的走势大部分时间都处于月线多空分水岭之上，属于长多形态。

可是如果以长线投资人的角度来看，它与亚马逊相比那简直就是一个在天，一个在地了！2008年1月的股价50.74元，这10年内，最高至90.97元，不到一倍的涨幅。今日是74美元，也仅仅比10年前高了50%而已。沃尔玛的股价表现相比起亚马逊，那就是东施与西施的差别。

一个是纵横江湖几十年的老前辈沃尔玛，一个是初出茅庐的后生晚辈亚马逊，两相比较之下，沃尔玛真是让人感觉美人迟暮。其实，实体店与虚拟网购未来竞争的结果如何？我想，从这两家公司的股价表现就可得到答案。实体店受限于房租、水电、人工等许多不利的经营条件的限制，未来的营运还将越来越艰辛。

最后，我想告诉大家，在个股实战案例精解这个部分，我之所以要拿亚马逊和华夏幸福相比，以亚马逊和沃尔玛相比，就是要在股票这部分，告诉诸位炒股人一个重要的信息：那就是，凡事都有其前瞻性，炒股也不例外。你要能拥有前瞻性的眼光，选股时才能掌握先机。

你在选股时，是挑选有远景性、技术含量高、发展前景好的公司，还是挑选那种传统式作风行之多年不思进取的公司？我想这答案是不言而喻的吧！

好，个股实战案例精解的部分就说到这里，如果你意犹未尽，你可以关注封面折页处的公众号，我还会在上面发布最新的案例和文章，接下来请看期货品种实战技巧演绎。

★ 金叉收盘价比死叉收盘价高，代表未来将会突破死叉背后的最高价。

★ 炒股有句老话：垃圾里面捡黄金。意思是说，某些被忽略、被低估的股票，如果你能慧眼识英雄地发现到，这就是你发财的机会来了。

★ 常言道：怎么上去就怎么下来。换句话说，当前面无理性的大涨，后面就会报复性的大跌。市场永远是公正的。因为，它有它自己的一套规律在。

Chapter 10
第十章

期货品种实战技巧演绎

当我们在实战时,如何系统地运用手中的这些工具,来帮我们指明道路,来提示我们到底该做多还是该沽空?一旦我们做对了,我们该在何时获利平仓下车?还有,在炒作的过程中,如果遇见突发状况时,我们应该如何应对?

之前说了好些期货的炒作技巧,既有线图线型的判断,也有移动平均线的多空排列,以及 KD 的比较法等。可是前面所举的案例大多是典型的,有突出针对性。接着下来,我将用已经阐明过的技巧及指标,综合运用起来,通过几个不同的案例来详细说明,当我们在实战时,如何系统地运用手中的这些工具,来帮助我们指明道路,来提示我们到底该做多还是该沽空?一旦我们做对了,我们该在何时获利平仓?还有,在炒作的过程中,如果遇见突发状况时,我们应该如何应对?

好,闲话少说,现在就开始我们的期货品种实战技巧解说。

案例一,沪铜指数 CUL9

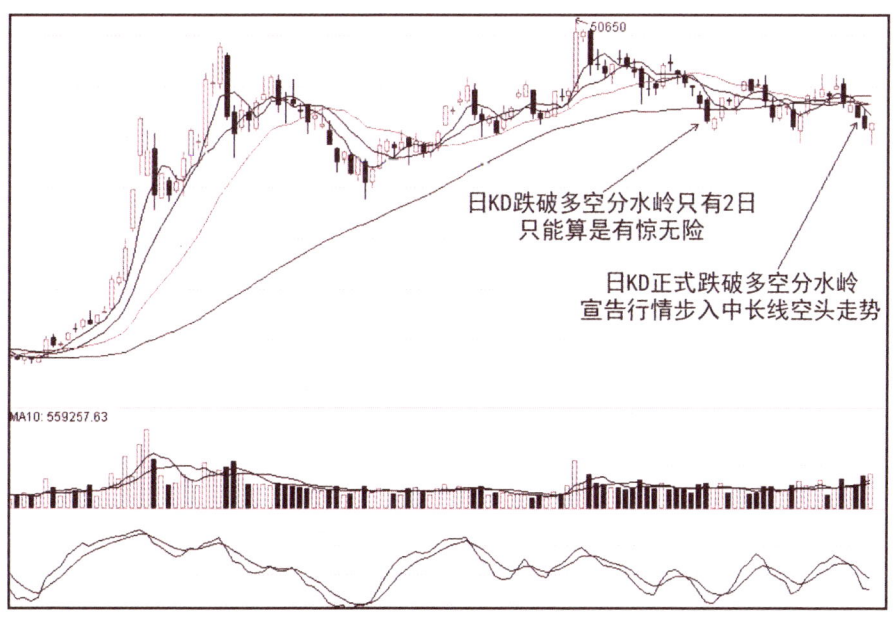

图 10-1　沪铜指数多空研判

首先第一个粉墨登场的案例是沪铜指数 CUL9。前面说过，要做期货交易，首先第一件事就是研判多空趋势。

（再度提醒：**多头趋势不做空，空头趋势不做多**。）

要研判期货品种的趋势是多是空，基本上用日线线形图就足够了，不像股票，有的时候还需动用到周线图。这是因为炒期货，以快进快出，短线炒作为主，目的是积小胜为大胜。

从这张 2016 年 10 月至 2017 年 3 月前后时间跨距达 6 个月的日线图，我们可以清楚看到，从 2016 年 10 月至 2017 年 3 月上旬的时间，价位都维持在 MA60 的多空分水岭之上，也就是说基本上 2017 年 3 月上旬趋势走强。可是这样的趋势到了 3 月中旬之后，就受到挑战了。线图上标示的很清楚，2017 年 3 月 9 日和 10 日这两天，沪铜的多空分水岭已经出现两天被击穿的危机，幸好在第三个交易日，多头勉力将价位拉回分水岭之上，勉强地守住城池。多头如此捉襟见肘的表现，已经透露出后力不继的窘态了。

果不其然，真是一叶落而知秋霜至。时间再过一个月后，多头正式弃守多空分水岭，趋势走空，价位向下探底，已经是未来一段长时期内，理所当然的趋势。

既然，多方失守多空分水岭了，那前面说过的日 KD 的表现如何？且看下面这张日线与 KD 线图。

沪铜指数日线图

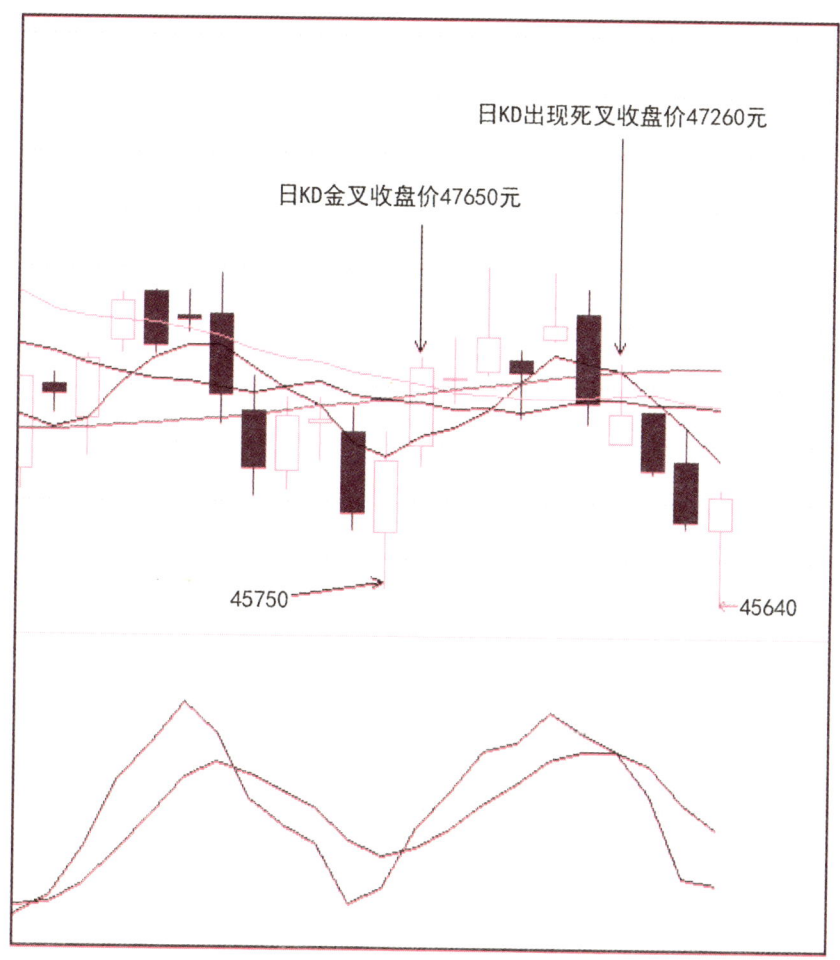

图 10-2 沪铜死叉的价位低于前金叉的收盘价

这张图给了我们进一步的讯息，那就是日 KD 于 2017 年 4 月 10 日出现死叉，收盘价 47260 元，而这收盘价低于 3 月 29 日前金叉的收盘价 47650 元。

从 KD 比较法，我们得知死叉的价位低于前金叉的收盘价时，价位将会继续下跌至金叉前低的价位之下。

线图上我们看到金叉的前最低价是 45750 元，KD 比较法在此时发挥了它预测涨跌的功效，死叉出现两天后，也就是我正写稿的今天（2017 年 4 月 13 日）上午盘，沪铜指数果然跌破了金叉的前低 45750 元，最低来到 45640 元。

接下来问题来了，如果你正处于我今天 2017 年 4 月 13 日，16：00 的时候，你想炒作沪铜指数，那么，下一步，你该怎么做？是做多还是沽空？

为了解答这个问题，我们先摊开沪铜指数 60 分钟线图来看一看。

沪铜月指数 60 分钟线图

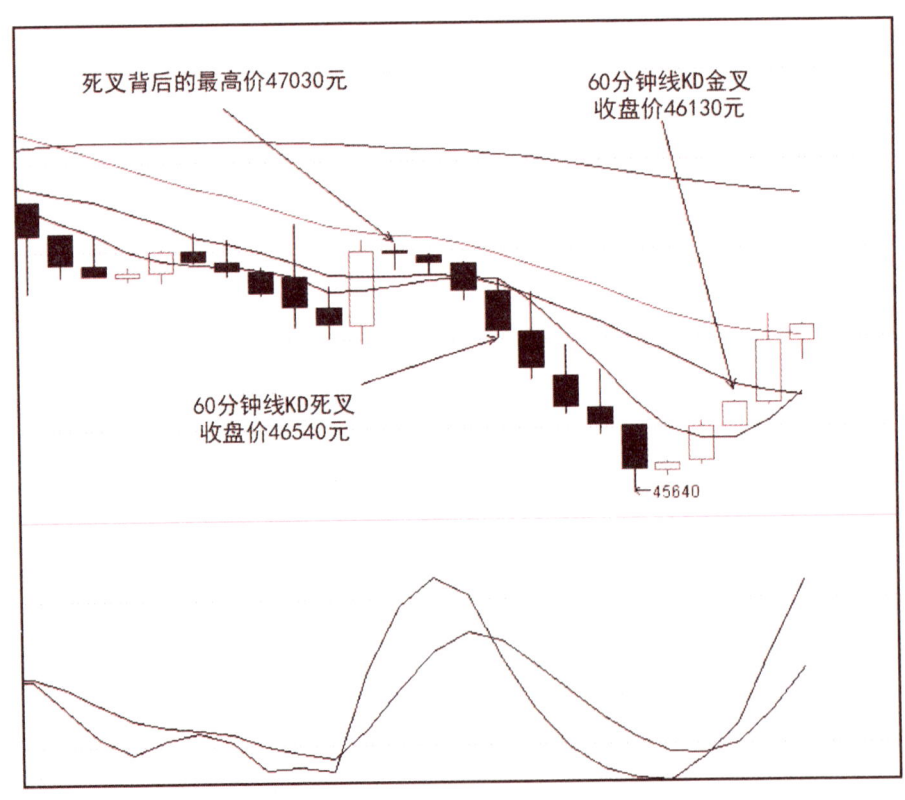

图 10-3　沪铜反弹不过死叉后的最高价

这张最近的 60 分钟线图，一目了然地告诉了我们，当铜价一路走空，在今天盘中跌破日 KD 死叉的前低 45750 元后，果然有一小波段的反弹，而在今日的上午盘，60 分钟线 KD 出现金叉，价位从最低价的 45640 元止跌反弹。

问题来了，日线图上，我们看见金叉的收盘价 46130 元还是低于前死叉的收盘价 46540 元，根据 KD 比较法：金叉价位低于死叉价位时，这次的波段反弹不会一口气突破死叉背后的最高价。

换句话说，此波反弹是过不了 47030 元这价位的。而截止目前为止，沪铜的行情价是 46560 元，以这价位和 47030 元相比，最多只有 470 元以内的差价。

（特别提醒：所谓的不会过前高的意思，是指在前高价位之下的任何价位都有可能，绝对不是价位会涨到非常接近才会下跌。）

换句话说，如果做多的话，每手单的获利空间是低于 470 元。

好，问题又来了，如果你说，短线来个短打，一手单赚个 400 来块也不错，你的想法还是执意要做多买进的话，那我可以告诉你，据我的估计与预测，以目前行情价 46560 元做多单，获利空间不是 400 多元而是只有 200 元左右，你还做多吗？

为什么我敢断言，在此价位做多，获利空间只有 200 左右呢？你想知道我是怎么判断的吗？

请看下面这张 30 分钟线图。

沪铜指数 30 分钟线图

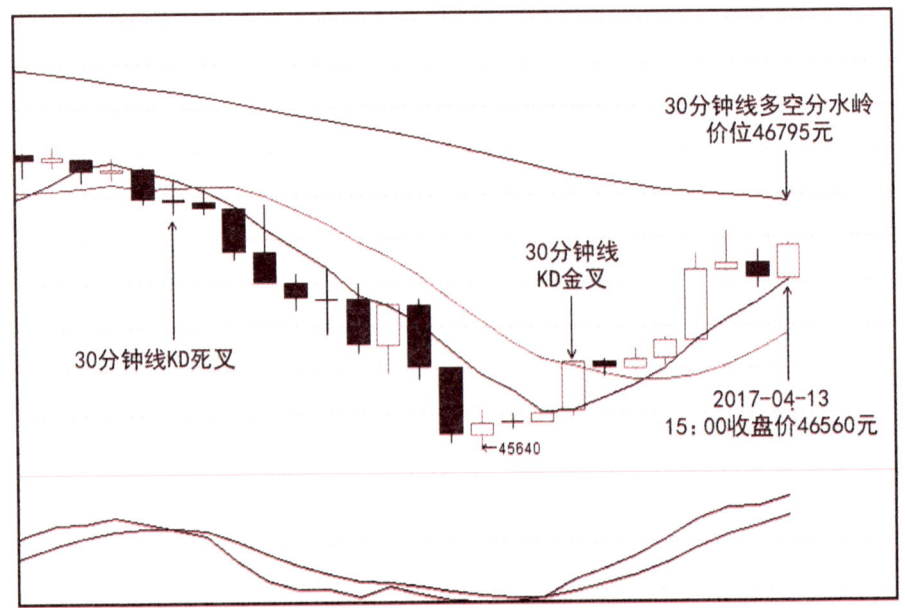

图 10-4　30 分钟线金叉收盘低于前死叉收盘价

这张图是前一张图再放大的 30 分钟线图。（30 分钟线已经是 KD 比较法的最短时间的期限了，再低的话，如 15 分钟线、5 分钟线…的 KD 拿来比较的话，准确度就很低，容易失真，这点请切记！）

这张线图可以一眼看出，反弹后的金叉收盘价远远低于前死叉的收盘价，因此，过不了前高的 47030 元那是板上钉钉的事。问题是，图上，这条 30 分钟线的多空分水岭目前价位已经下压至 46795 元。

我在前面说过，多空分水岭在多头趋势时是发挥支撑的功效，可是在空头趋势时，它却是压力的所在。换句话说，我的个人评估，沪铜指数目前是 46560 元，再涨 200 元左右，就到了 46760 元，这价位是最大压力点多空分水岭 46795 元的所在。要想过去，难如上青天呀！

分析至此，你接下来的决定是做多，还是沽空呢？

案例二，BR1710 螺纹钢日线图

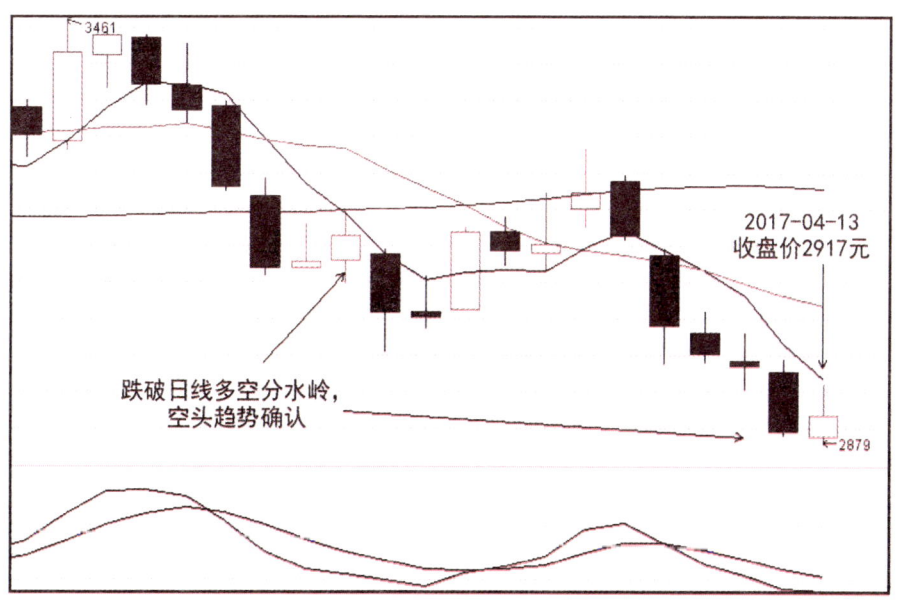

图 10-5　螺纹钢多空线后确认空头行情

依照老套，先看多空趋势。

日线图跌破 3 月 24 日收盘时，正式确认，接连 3 个交易日的收盘价都在多空分水岭之下，行情确认是空头趋势。操作上，理应找沽空点。

螺纹钢的 60 分钟线图

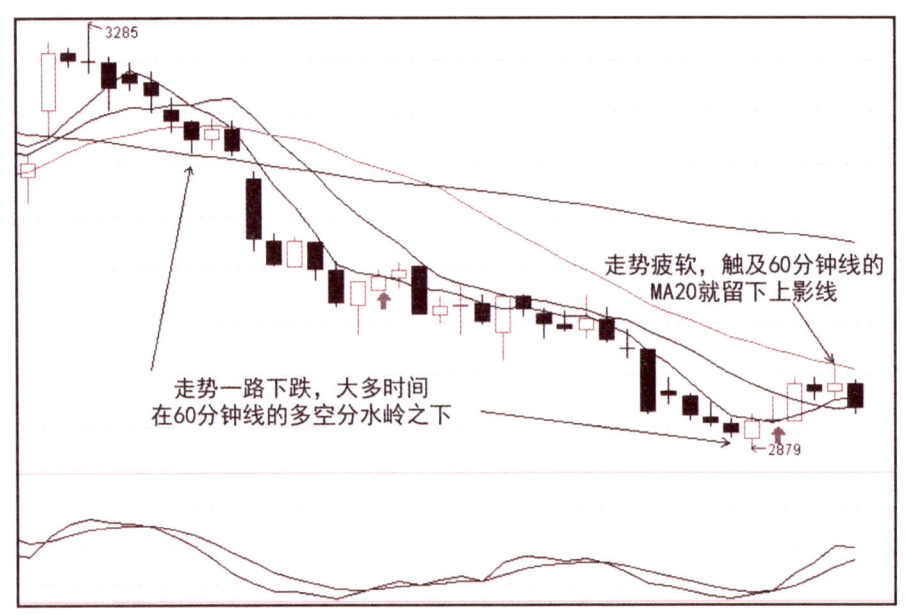

图 10-6　60 钟螺纹钢被压制的多头

这是螺纹钢 4 月 5 日至今的 60 分钟线图，图上可以清楚看见，大部分的时间，价位都在 60 分钟线的多空分水岭之下，显见多头抵抗无力，空头占尽优势。

昨夜价格经过连番重挫后，出现难得一见的小反弹，60 分钟线的 KD 也在低位金叉，可惜的是，金叉的收盘价太低，以至于接下来的反弹显得非常的软弱无力。行情反弹触及 60 分钟线 MA20，多头就丢盔弃甲、溃不成军了！

接下来的操作，毫无悬念地只有找最佳的沽空点沽空啦！那么，何时是沽空点，如果沽空的话，预计会有多少利润可期呢？

这个问题的答案，就在下一张图中。

图 10-7　螺纹钢日线死叉的下跌波段空间

这是螺纹钢的日线图，我们可以看见，2017 年 4 月 7 日的那根日 KD 死叉的收盘价是 3038 元，由于近 3 个月来，所有金叉的收盘价都在 4 月 7 日死叉的收盘价之上。因此，我们可以往前找以前更早的资料来比较，结果发现到，2017 年 1 月 4 日这天的金叉收盘价是 2881 元，这个价位低于 3038 元，因此，我们得知此次日 KD 死叉的波段下跌并不会跌破 2017 年 1 月 4 日这天的金叉的前低 2795 元。

KD 比较法的妙用就在于它甚至可以找几年前的记录资料来做比较，效果并不会打折扣。

以今日 2017 年 4 月 13 日的收盘价 2917 元而言，和 2795 元相比，还有 120 点左右的差价。这价差虽然不是非常大，但是比起前一案例的沪铜而言，价差还算较为有利可图。

好，既然要沽空，那么应该在什么价位沽空呢？为了解开这个谜团，我们来看下面这张图形。

图 10-8　螺纹钢沽空价位的选择

这是螺纹钢 60 分钟线图，由于时间跨距长达 3 个月，又加上要把全部的图形浓缩在一张图内，因此，每根 K 线都显得很渺小。可能大家看得很辛苦。

我之所以要这样的图形，是因为，我要让大家知道一件非常重要的事，那就是由于炒作的需要，我要拿上图的右手边的那个死叉（2014 年 4 月 11 日，14：15）收盘价 2981 元，来和图上左下角的金叉（2017 年 1 月 9 日，10：00）收盘价 2914 相比较。

为了让大家看得更清楚，我将这两个交叉的线图放大在下面。

附图 A

死叉（2014年4月11日，14：15）收盘价2981。

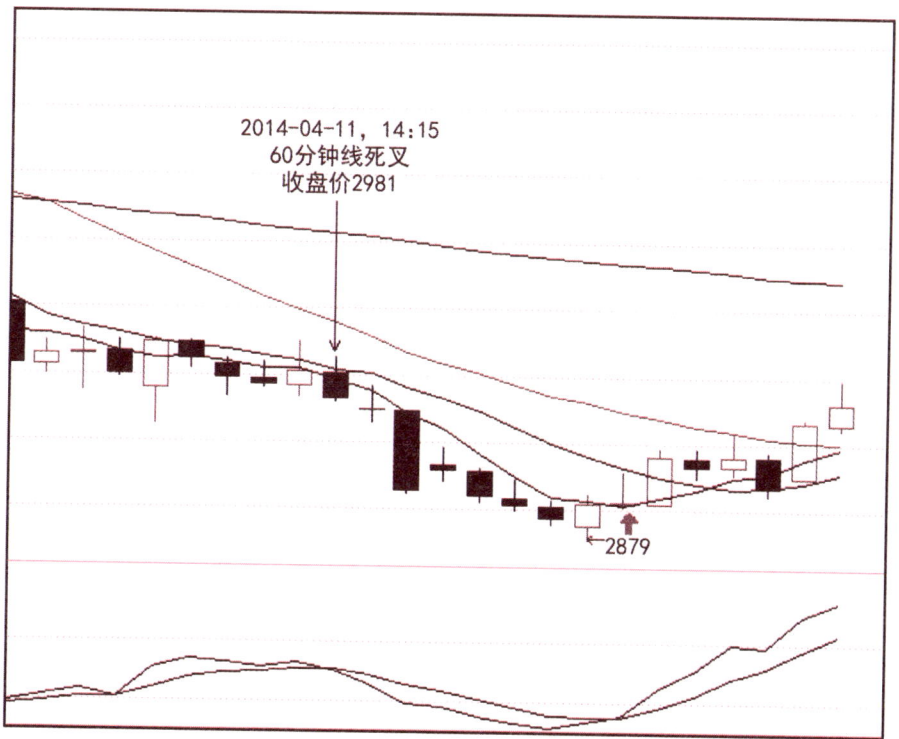

图 10-9　螺纹钢沽空选择死叉详图

附图 B

金叉（2017年1月9日，10：00）收盘价2914。

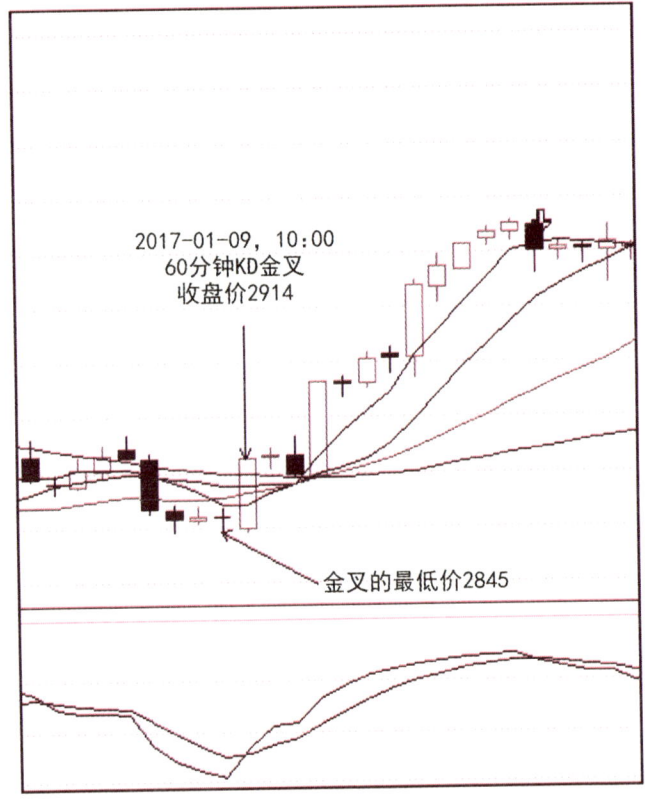

图 10-10　螺纹钢沽空选择金叉详图

从这两张线图的金叉与死叉对比，我们可以得到一个结论：那就是此次死叉的最低价不会低于2845。

得到这个结论，相信大家都会非常惊讶，因为根据KD比较法得到的结论：此番下跌，最低价不会低于2845这个数字。而实战时，这次的下跌就来到比 2845 稍高的 2879 就开始拐头反弹。

看到实际的走势，实在不得不赞叹 KD 比较法的神奇所在了！实在精准的不得了！

最后，回到我们这个案例的结论：

1. 整体趋势走空，如果要炒作绝对是逢高沽空的战法。
2. 沽空点的决定，应该在此次 60 分钟线接下来发生死叉时再行沽空为宜。依照测算，此次沽空点在 2990—3010 之间最宜。是否如此，那就有待事实来证明啦！

案例三，SRL9 白糖指数周线图

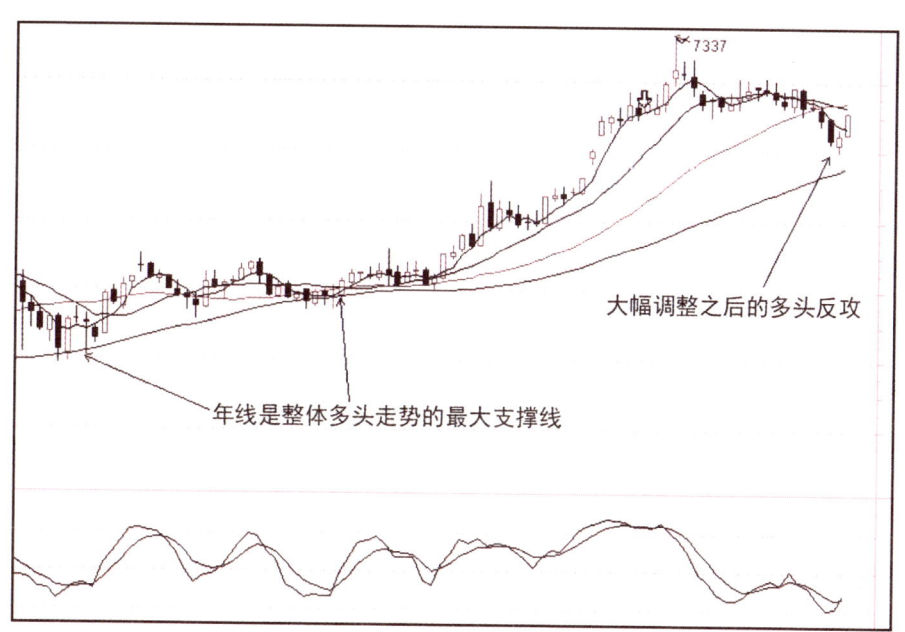

图 10-11　白糖 20 个月周线全图

这是白糖指数的周线图。整幅图跨距时间从2015年的8月至今，时间长达20个月。以宏观的角度来看，白糖指数的走势一直在图中年线支撑下，走多头趋势的模式。

根据实际线型的走势，2017年1月以来，趋向有所调整，调整的幅度还算中等，不过，近两周来，多头已经展开反攻。到底这次的反弹能达到什么价位呢？我们看看下面这幅日线图。

SRL9 白糖指数日线图

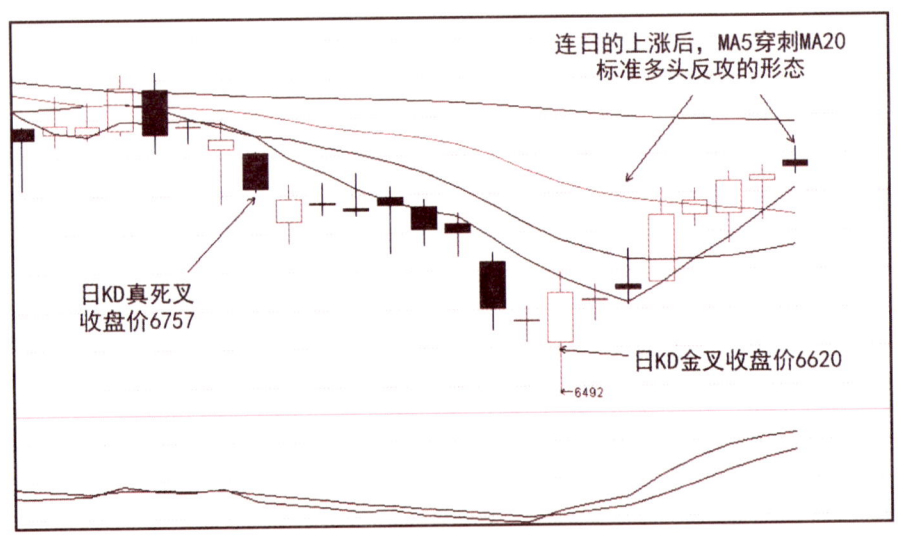

图 10-12　白糖多头反弹格局

单纯从日线图的线型研判，白糖指数已经连着走了8个交易日的上涨行情。连日的上涨，已经将原本标准的空头排列线型扭转了回来。线图上，我们看见了日线MA5从底部向上突破，穿刺了MA10及MA20，整体的表现，就是个规规矩矩的多头反弹格局。这点是毫无置疑的。

虽说多头排列正在逐渐成型中，但是，横亘在多头面前最大的压力线，也就是多空分水岭，正以泰山压顶之势阻拦在前，多空分水岭的价位目前是6839，距离多头的价位6780不到60。眼看着，一场多空激战即将爆发。

那么多头能否一鼓作气将多空分水岭这块硬骨头拿下呢？

我们往下看60分钟线图。

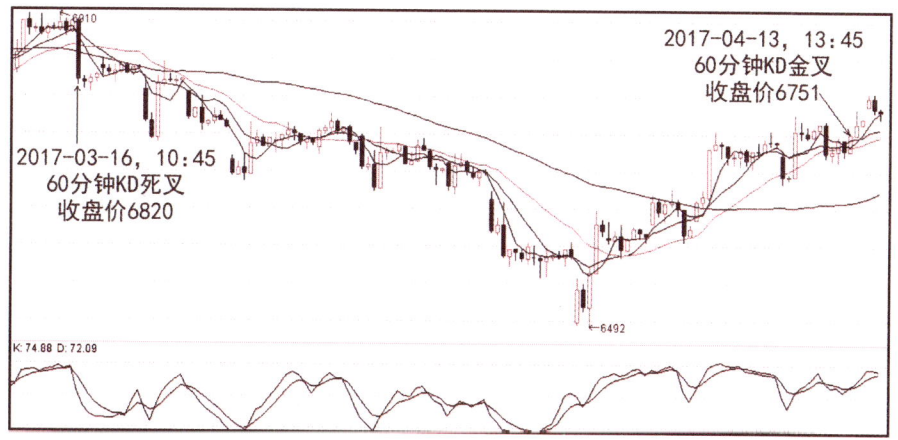

图10-13　金叉、死叉收盘价

从这张60分钟线图一眼就可看到，此次60分钟线的KD金叉价位6751在前面的死叉价位6820之下，况且，我们前一幅图看到日线多空分水岭的价位在6839。

在这两大压力点的连手阻拦下，相信此次是不可能一次就突破过关的。不过，此次不能过不代表一辈子都过不了，多头只要小幅回档，保持强盛的攻击意愿，拐头后新的金叉只要能收盘在6820之上，就能顺利突破日线多空分水岭的压力6839。

至于此次多头能否顺利地突破呢？我个人认为可能性是一半一半。而且，即使多头顺利站上多空分水岭，也不尽然会大幅向上突破，因为历史的轨迹常常会重复的。请看下面这张图就明白我说的意思了。

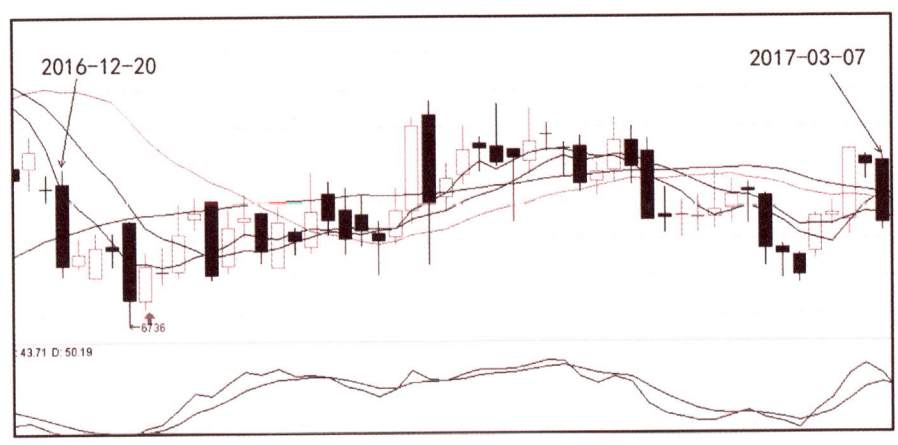

图 10-14　激战两月多方胜出

这是 2016 年 12 月 20 日至 2017 年 3 月 7 日，长达 2 个半月的日线图，在这段期间，多头的支撑下多空分水岭被空方击穿，多空双方沿着多空分水岭展开了近 2 个半月的激烈争夺，结果是以多方落败而结束。

此次多方卷土重来，猛一看似乎气势很强，可是空方也并非省油的灯，艰苦拿下的多空分水岭，又岂能轻易放弃？势必使出吃奶之力加以顽抗。据此推断，未来的走势，将是一场旷日持久的拉锯战，多空双方都不可能轻易胜出，也不可能有一方大获全胜，另一方惨败收场的局面发生。

遇见这样的格局，以我多年炒作的经验，这样的"浑水"不淌也罢。毕竟双方激战，胜负难料，鹿死谁手犹未可知。轻易介入面对的是没有把握的后果，不符合投资原则。炒期货是要寻找那"打落水狗"的良机，等到事态明了，赶快"落井下石"才有肥肉可吃，你认为呢？

案例四，美黄金连 GLNC 周线图

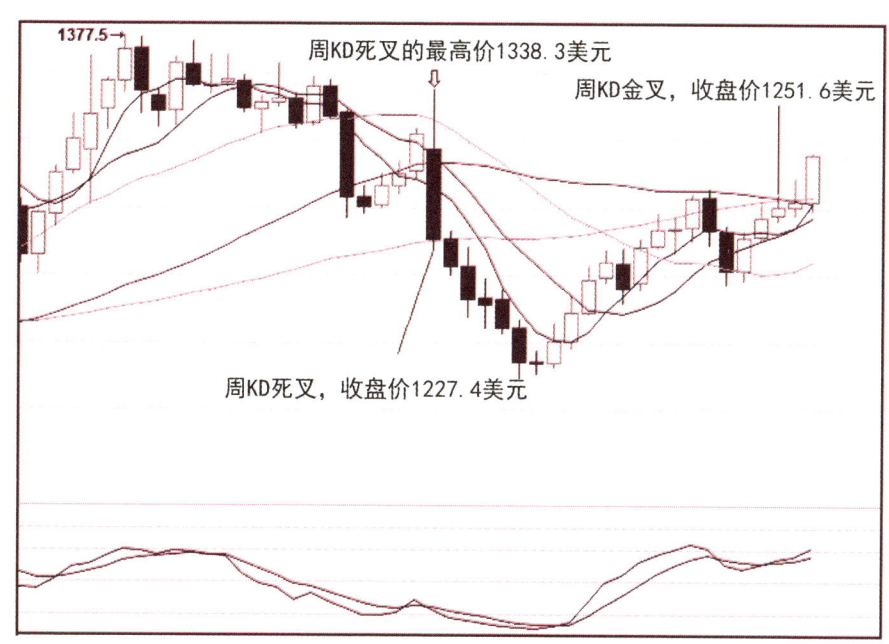

图 10-15　黄金期货周线金叉、死叉比较

近十年来黄金一直是国际金融关心的重点商品，金价的走势也牵动着千千万万普罗大众的心。一直以来，黄金的走势都和美元成反比，换句话说，黄金上涨美元就跌，美元涨则黄金价就下跌。

历史上，黄金价格曾经创过每盎司 1900 美元以上的巅峰价。2017 年初以来，金价一路坚挺，从每盎司约 1100 美元至现在的 4 月中旬已经快接近 1300 美元。许多人都关心，金价未来的趋势如何，会不会继续坚挺下去了？我们现在就来解答这个问题。

从上面这张黄金期货的周线图，我们利用周 KD 的金叉与死叉比较，

立刻就可得到一个答案：短期内，金价的确还有上行的空间，能再涨多少可不敢说，但起码涨过周 KD 死叉背后的最高价 1338.3 美元，应该是顺理成章的事。

虽说短期内，金价还是看高，按照技术分析突破 1300 美元没啥问题。问题是以中长线来看，金价是涨是跌？黄金能否长线投资呢？

关于这个问题，请看下面这张黄金月线图，这张月线图的时间跨距从 2001 年 9 月至今，长达 17 年。

美黄金月线图 2001 年 9 月迄今

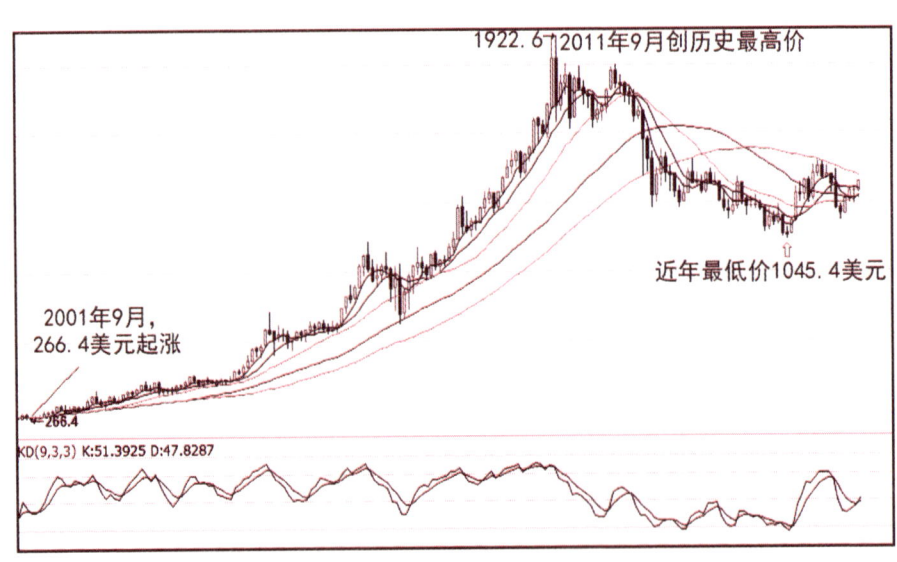

图 10-16　黄金月线跌破多空分水岭

这是黄金 2001 年 9 月迄今的月线图，金价从 2001 年 9 月起涨时，每盎司只有 266.4 美元，历经前后 11 年的长线大多头走势，金价涨了 7 倍多。多年的上涨让黄金成为许多老百姓心头的最爱，也是储蓄保值的象征。

金价自从最高价的 1922 美元下跌后,也曾有反弹至 1900 美元附近的记录,可惜的是多头后继无力,金价从此一路下跌至 1000 美元的边缘。

金价这些年大体在 1050 美元与 1350 美元区间,来回上下震荡着。从这张月线图,我们清楚地看见,月线 MA60 的这条多空分水岭,也就是所谓的 5 年线,将金价明显地区分为多空两个区块。价位在 5 年线之上时是多头趋势,价位在多空分水岭之下时是空头趋势。

2013 年 6 月至今,几乎 4 年的时间了,这段期间的金价一直被多空分水岭压制住,金价也曾经在 2016 年的 7 月份挑战过多空分水岭,可惜的是多方功败垂成扼腕而归。

2017 年初,金价再度蠢蠢欲动,多方意欲卷土重来再度挑战多空分水岭,那么此次的挑战能否成功呢?请看下面这幅月线图。

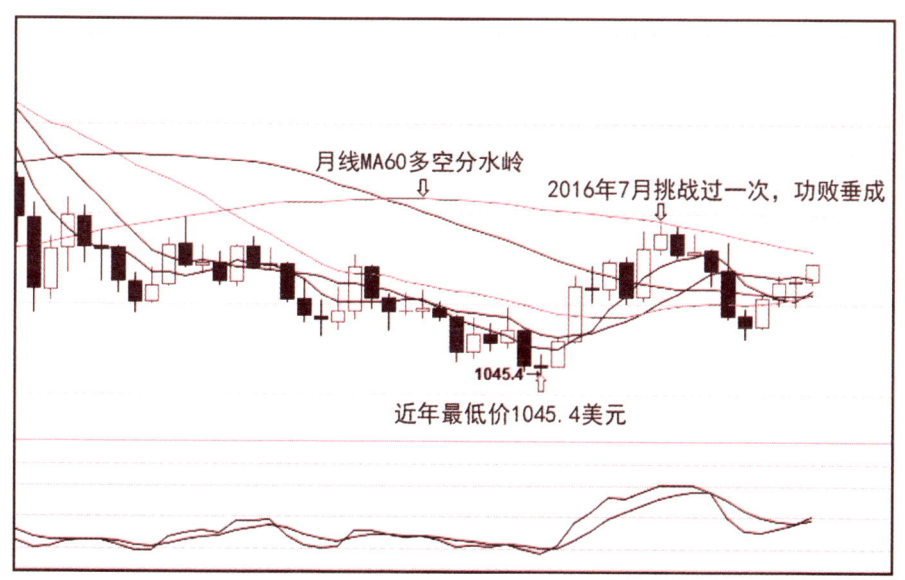

图 10-17　黄金月线多方冲击多空分水岭

这是 2013 年 6 月迄今的月线图，时间跨距 4 年。线图上我们可以看见，这 4 年来，多方曾经有过 2 次挑战冲关的企图，但都以失败告终。2017 年是 4 年来第三次的挑战了。

特别是，此次的挑战在技术层面上，优于前次 2016 年 7 月那次。以技术分析的角度而言，这次最大的优势在于月 KD 在本月刚刚金叉，而且这个月 KD 金叉又高于 2016 年 11 月的前死叉。这就意味着此次月线上涨幅度会过死叉背后的最高价 1374 美元，而多空分水岭的价位目前是在 1316.8 美元。

换句话说，此次金价后市看涨，涨过 1374 美元不成问题，上看 1400 美元整数关卡也在情理之中。有兴趣购买黄金保值者，此其时也！

案例五，美原油 CONC 月线图

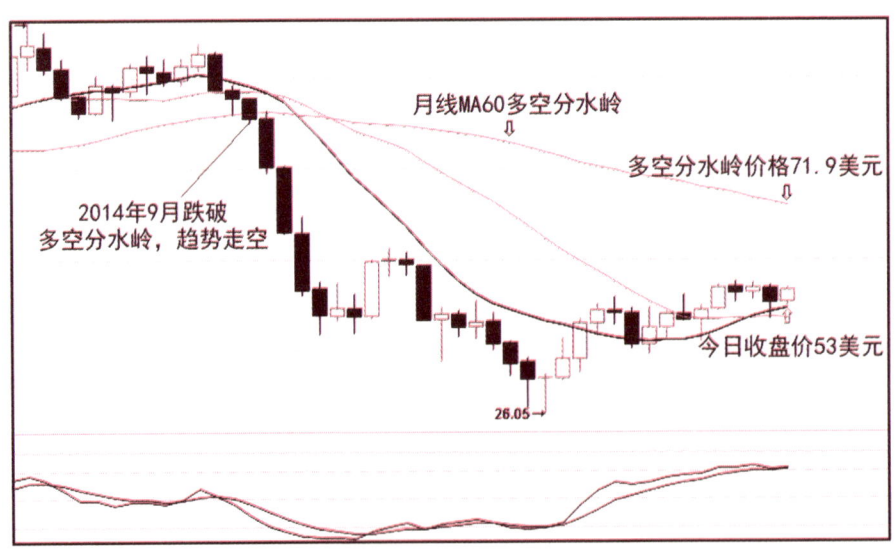

图 10-18　原油月线跌破多空分水岭

这是 2013 年迄今的原油月线图。

众所周知，原油前些年的价格一直都高居 100 美元之上，当时的产油国各个富得流油。谁知曾几何时，油价大跌，最惨的时候，油价居然创出 26 美元一桶的低价。

油价直接关系到国计民生的所有问题，发电、运输、工业生产全都跟石油有直接的联系。近期由于国际油价一直在 50 美元上下震荡徘徊，油价后市的趋势到底看涨还是看跌，我试着在这里解说。

从上图，一眼可以看出，自从 2014 年 9 月油价跌破多空分水岭后，至今油价都在低谷徘徊。油价一直不振，除了产油国本身争相增产之外，美国页岩油的技术得到突破，生产成本下降，页岩油的产能因而大增，因此原油的价格一直处于低迷的状况之中。

油价长期低迷不振，后市是再下跌去突破前低 26 美元一桶的低价，还是开始上涨，重振往日的雄风呢？我想这个问题，我们从技术分析里面去找答案吧！

这张放大区间的月线图，轻易地就解释了何以油价虽然从最低谷的 26 美元反弹上涨，可是却在 50 美元上下就出现横盘的现象。道理很简单，因为月 KD 的金叉收盘价 38.11 美元低于月 KD 死叉的收盘价 41.68 美元，而这个月 KD 死叉背后的最高价是在 62.58 美元。

也就是说，油价虽然从 26 美元低谷反弹，但是先天不足，KD 金叉低于死叉，所以能站稳 50 美元上下已经是阿弥陀佛啦！

话说回来，技术分析有句俗话：久盘必跌。从月线图看，油价已经横盘了一年多的时间了，后市看跌吗？

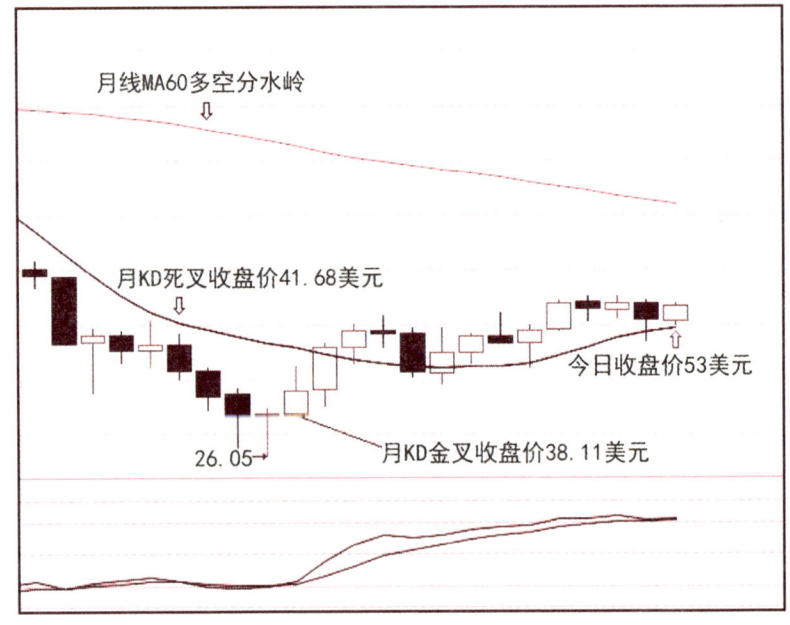

图 10-19　原油 KD 金叉低于死叉收盘

其实，这句话"久盘必跌"是股市的一句经验话，第一个讲这话的人，纯粹是经验之谈，但是以技术分析的角度而言，这句话是有道理的，为什么呢？

大家现在对 KD 指标已经有某种程度的理解了，KD 的金叉与死叉是接连着出现的，换句话说，金叉之后一定是死叉出现，死叉之后也一定是金叉而不可能出现死叉。好，既然如此，金叉出现，价格不涨不跌，在小区间上下震荡，一段时间后，接下来就是死叉出现了，由于价格一直没上去，一旦出现死叉时，这死叉的价位九成九会低于前金叉的价位，如此一来，死叉低于金叉，价位不就掉下去了嘛！所以说，久盘必跌这句话用 KD 比较法来解释，就能说得通啦！

美原油周线图 2015 年 3 月迄今

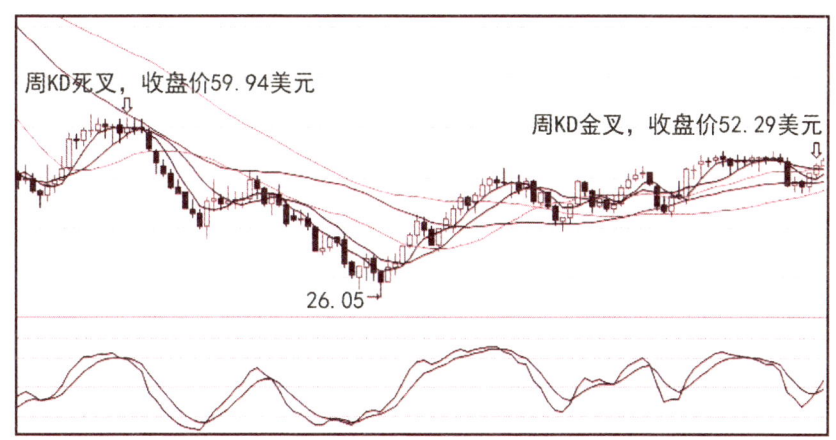

图 10-20 原油三次周金叉低于平台死叉收盘价

这是美原油的周线图，时间跨距 2 年。

线图上很清楚地看见，2015 年的 4 月至 8 月期间，油价的行情在 60 美元一桶的上下横盘了 4 个月，技术分析的线型上，形成了一个价位平台。这个平台后来被打破，价位也跟着下行，并且一路跌到 26.05 美元的最低价。

时间经过了 3 年多的推移，如今这个平台却成为油价短期内难以跨越的鸿沟。特别是从技术线型上我们可以看见，过去一年多以来，周 KD 出现 3 次金叉，收盘价都远远低于平台的死叉收盘价 59.94 美元。换句话说，短期内，油价想一举突破 61 美元，那是痴人说梦话了。

再说，历经 3 年多的市场实际交易，以及国际间对原油的整体需求表现来看，油价已经没有过去暴涨至 100 美元之上的客观条件了，因此，我敢断言道：油价基本上已经稳定下来，未来即使有涨，也不过是小涨罢了，前期最高的 61 美元，将是油价未来的"大锅盖"。同样的，油价目前也不具备大幅下跌的可能性，要想跌破 47 美元（这是周线多空分水岭的价位）也变成不可能的事啦！

总之，在未来起码一来的时间，油价将在 47 至 61 美元的区间来回地游走，形成了上有锅盖下有铁板的区间格局。

案例六，上证指数月线图

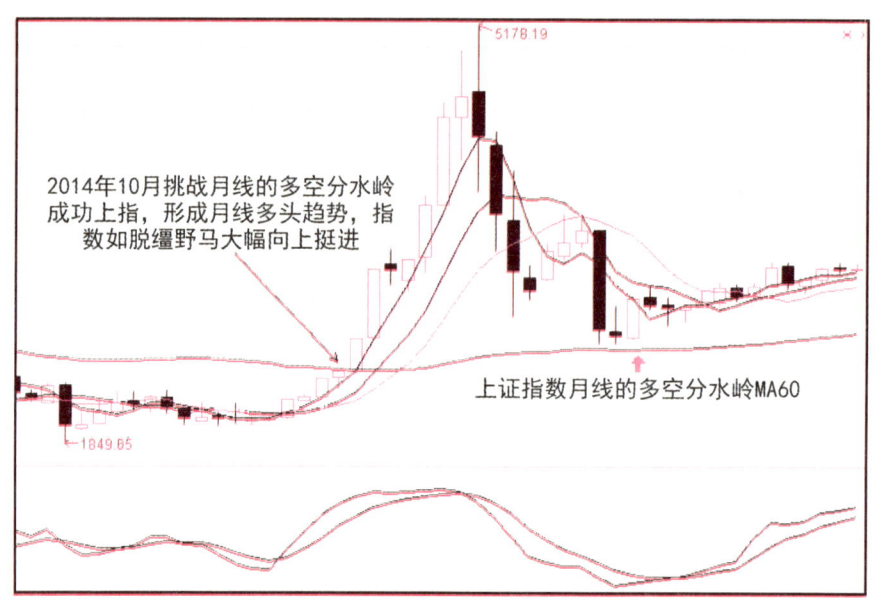

图 10-21　上证指数 2014 年 10 月站上多空分水岭

这是上证指数从 2013 年 3 月迄今整整 4 年的月线走势图。炒股的人对 2015 年那波波澜壮阔的大多头行情应该都不陌生才是。那波行情的大涨以及后来的急跌，让许多股民先是大赚后是大赔。我就有位股友，前半年的行情，借着垫资的杠杆作用，7 个月的时间，本金 400 万元大赚了 6000 多万，但随后在股市崩盘式的垮塌下，短短 3 个星期期间，本金加获利就全部还给了股市。

这次的暴跌，惊动到国家队出手相救，据相关报导，国家队动用了足足 3 万亿元的银弹才勉强将跌势托住，此次下跌速度之快，幅度之大，的确令人瞠目结舌。

我还有几位股友,不听我劝,当他们在 5000 点之上成功出手所有的持股后,一时志得意满,当指数跌至 4700 时,全部资金一股脑地全部扑进市场,妄图抄底。结果是没死在山顶,不过却死在半山腰。

事实上,时至今日的股票走势,犹受到 2015 年这波大崩盘的影响。许多股民套牢至今已有两年了,犹未解套。最近这段期间,我们看见许多新股上市都得到大力追捧式的爆炒,如前面我举例的白银有色、重庆建工等等,一字马拉了十几个涨停打开后,犹能继续向上大涨。这其中最大的原因,就是因为新进的资金,不去碰那已是层层套牢的老股票。股市的残酷面由此可见一斑!

下面,我们再把时间往前推移,看看所谓的多空分水岭在此次的暴涨暴跌行情中发挥了什么效应。

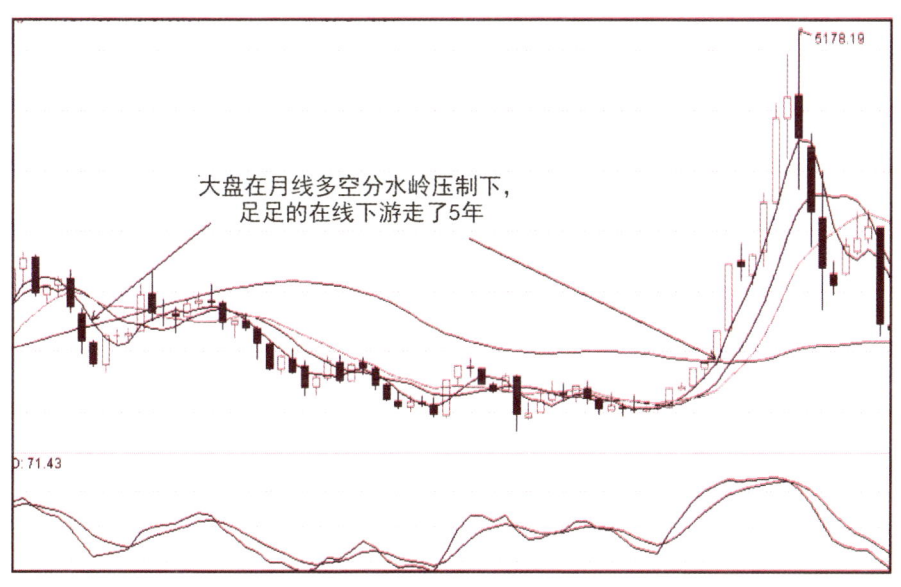

图 10-22　上证指数月线被多空分水岭压制 5 年

在这张月线图上，我们清楚地看见，月线的多空分水岭发挥了助涨与助跌的功效。

线图上，可以清楚看见，当大盘指数在2010年5月跌破多空分水岭后，也曾试图力争上游，可惜的是，历经了11个月的反攻，却都无功而返。最终多方只能无奈地接受趋势走空的现实。

接下来的5年期间，上证指数都是在多空分水岭的线下游走，在它的压制下，成交量萎缩，行情不振，毫无作为。经历了足足5年时间的卧薪尝胆与养精蓄锐，上证指数才强力地突破多空分水岭长期的压制。

股市经历了暴涨暴跌式的过山车行情后，今后还会有怎样的发展？

请看下面的案例图，听我细细地解说。

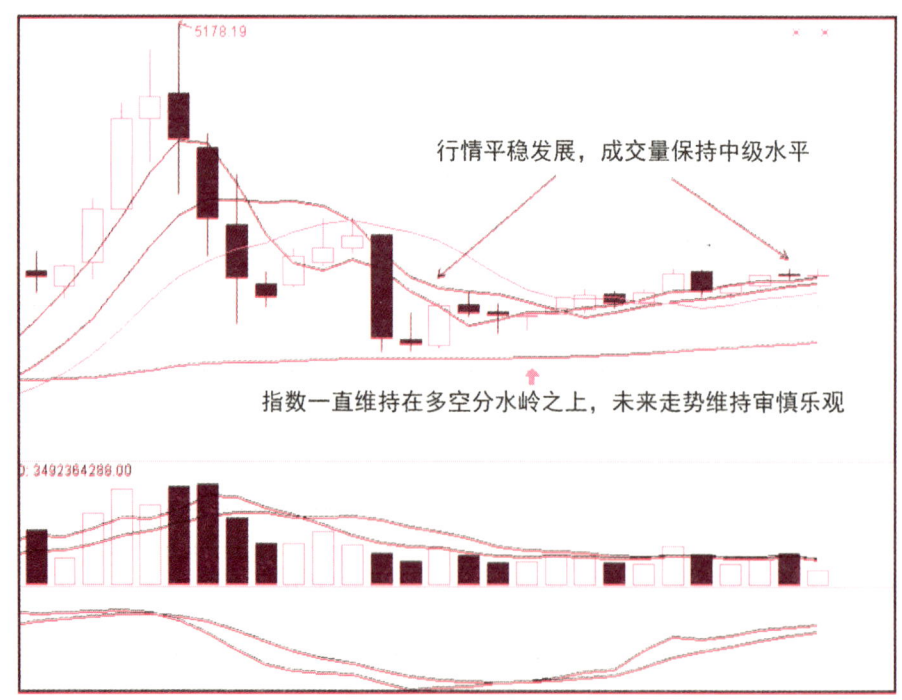

图10-23　月线危急时国家队稳住行情在多空分水岭上

这是上证指数暴涨暴跌前后至今的月线图。线图上清楚看见国家队那3万亿元救市的资金的确发挥了中流砥柱的功效,在紧要关头,及时将行情稳住在多空分水岭之上。也就是有国家队那一"顶",而且顶住了!方才有今日多方缓步向上推移行情的机会。中国股市才不至于崩溃。

从线图的成交量可以看见,目前阶段的成交量虽不及暴涨暴跌时期的一半,但是这个成交量却比2010年至2015年期间,大盘在多空分水岭线下游走时,有几倍以上的成交量。量是价的先行指标,此话不假。有量才有价。目前的成交量算是比上不足比下有余啦!

再看指数的表现,虽然发生过暴跌走势,但是上指一直没跌破多空分水岭,换句话说,目前仍是处于多头趋势之中。而且,我们从线型排列来看,暴跌后,经过多方9个月的努力,线型排列也已经从空头排列扭转成多头排列。因此,股市的整体表现,未来仍是审慎乐观的。

上证指数周线图

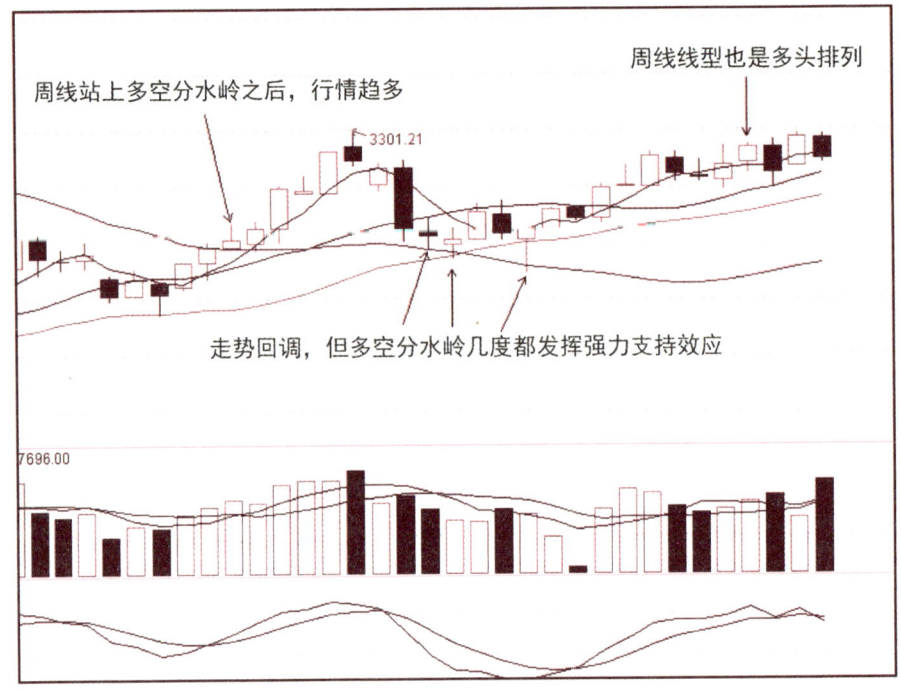

图 10-24　上证周线多头排列

这张是上证指数 2016 年 9 月至今的周线图。周线走势从 2016 年 9 月突破多空分水岭后，出现多头趋势，突破后，上证指数一度触及 3300 点的整数关卡。后虽有回档整理，但是几度在多空分水岭的支撑下，行情转危为安。随着时间的推移，周线的线型也呈现出可喜的多头排列。后市看好这是毋庸置疑的事啦！

线图上可以见到，写稿的本周周线收黑，有比较大的跌幅，并且周 KD 出现死叉现象，但是，这个死叉的收盘价远远高于前金叉的收盘价，再加上底下有几条移动平均线支撑着，相信行情不会因此而走空，在多头趋势中，下跌反而是捡便宜货的好时机，希望股友能把握！

案例七，PTA1709 周线图

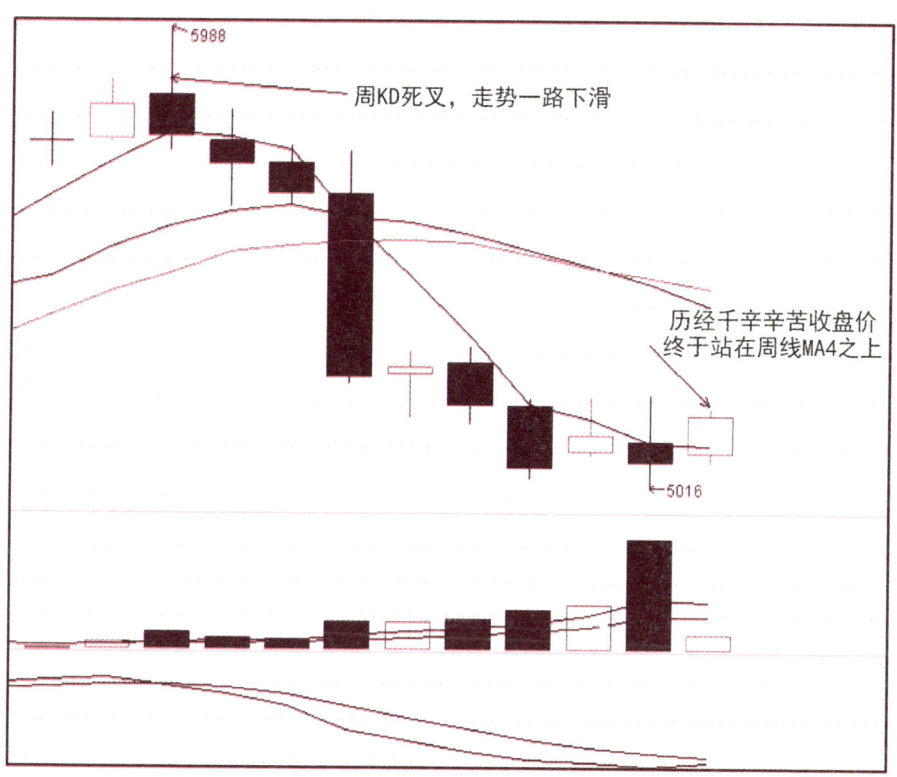

图 10-25　PTA1709 周线拐头向上

这是郑州商品交易所的品种 PTA1709 周线图。

在这个案例中，我纯粹地只用 60 分钟线来解说我们如何炒作商品期货。

这幅周线图上，PTA 的价格自从周 KD 出现死叉后，走势已经连着跌了9周。而我写稿的本周2017年4月15日的收盘价在5168，终于艰苦地站在周线MA4（月线）5104之上。而且，周KD值在非常低的位置出现了拐头向上的样子。

大家都知道，炒期货纯粹是短线行为，一般观察的是分钟线，而我在这里之所以贴出这幅周线图，就是要告诉大家，这个品种的趋势有了根本性的变化。

就在几周前，我想你如果要炒PTA，只要想着哪里是沽空点就可以了，如今，如果你要进场，你的思维要改变成低点在哪里，好买便宜货了。

◎ >>> PTA1709 日线图

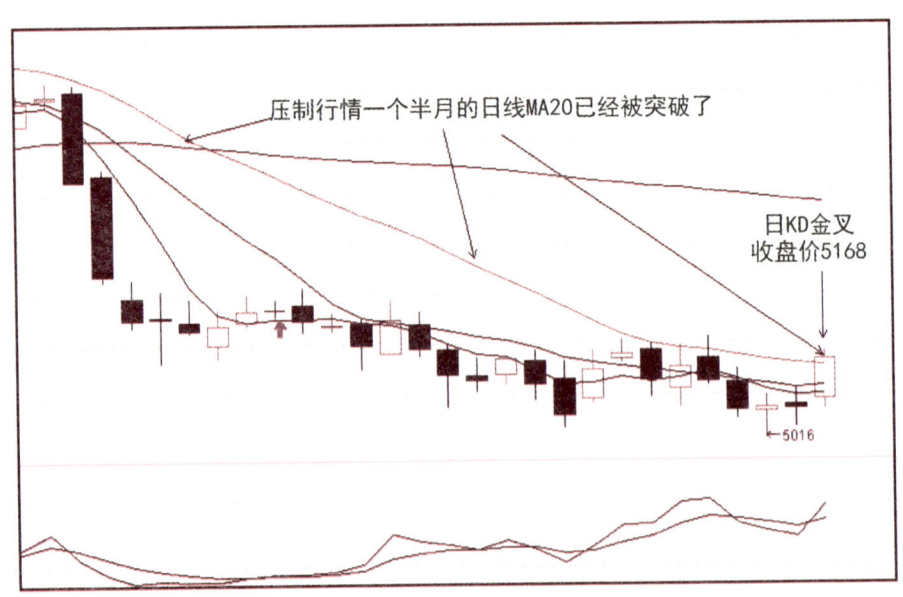

图 10-26　压制一个半月出现 KD 金叉

这是 PTA1709 近期的日线图。图形上可以看见，压制了走势长达一个半月的日线 MA20，已经在最近的交易日被突破了，这一天，收盘价 5168，站在日线 MA20 的 5155 之上。

与此同时，由于这一交易日的长红，日 KD 也出现金叉，对多方有利的局面。

既然短线出现对多头有力的局面，那么要如何来找买点呢？

请看下面这幅 60 分钟线图。

PTA1709 60 分钟线图

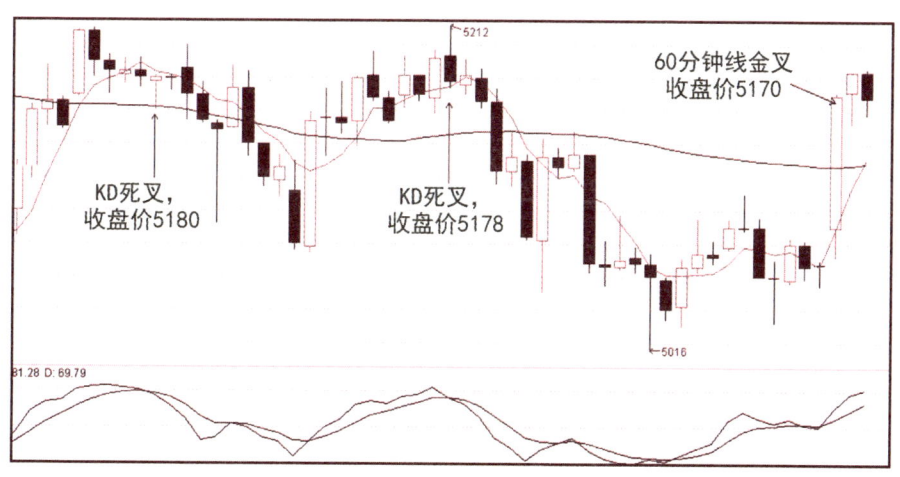

图 10-27　60 分钟线金叉与日线金叉对行情的提示

我在图上已经标示了这次 PTA 的上涨，出现了 60 分钟线 KD 金叉的收盘价 5170。可是这一收盘价，比起前面两次的死叉收盘价 5178 及 5180 都低那么一点点。如此说来，难道价位还有机会继续向上突破吗？我们还能做多吗？

答案是：可以的，可以做多。理由就藏在前一张的日线图中。前一张日线图我们看见了日 KD 出现金叉，而且这金叉的收盘价 5168 高于前死叉的收盘价 5066，换句话说，日 KD 已经表明了，价位将会突破死叉背后最高价的 5212。

说到这，可能有人会问，日 KD 的金叉高于前死叉，代表会突破前高，可是 60 分钟线的 KD 收盘价却是暗示了过不去，这两个结果，岂不自相矛盾？非也，非也！这两个结果一点也不矛盾。

日线包含了 60 分钟线，换句话说，日线大于 60 分钟线。这情形就好比警察总局大于分局，总局的命令，分局没有理由不接受不执行。既然日线 KD 已经表明会过，那么 60 分钟线第一次过不了，拐个头先回调一下，出现个死叉后，再发动第二次金叉，只要第二次的金叉收盘价在 5180 之上的话，那么突破前高的 5212 就不是问题了！

依照这个道理推断，60 分钟线会有个小回调。果然，在下面的这张放大的线型图上，我们可以看见，最后的那根 60 分钟线 K 棒，出现了收黑回调的现象。

第十章 期货品种实战技巧演绎

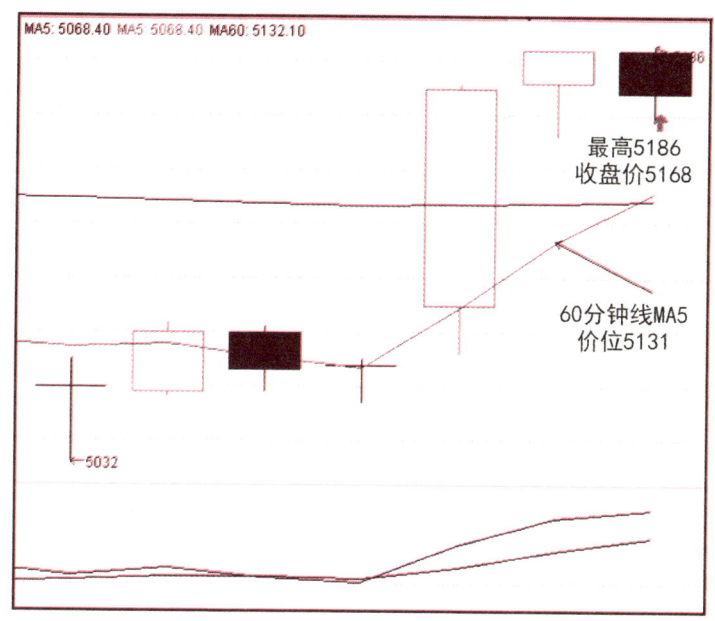

图 10-28 从 60 分钟 MA5 线选择买点

这张图显示,最后一根 K 棒的最高价 5186,而收盘价是 5168。5168 低于前金叉的收盘价,明显地表示了短线走势正在向下探底。

好了,问题来了。既然说,日线 KD 已经表明未来将会突破 5212 的前高,以目前 5168 的价位,此时做多,最少有 5212—5168 = 44 点的短线效益。那么,我们如何找买点?

关于这个问题的答案,也在这张图里面。答案就是 60 分钟线的 MA5 这条线。

这张放大的 60 分钟线图,很清楚地表明了,此次上攻,它就是底部的支撑,而随着价位的上扬,它的价位也跟着扬升到 5131,换句话说,当价位从 5168 往下回档下调时,它就会发挥支撑的功效。

在这里,我要做个特别声明,所谓的支撑,并不代表不会被跌破,不过，即使短暂被跌破，只要在这根 K 棒的时间内拉回即可，也就是这根 K 棒的收盘价高于它即可。

大家都知道，实战中，期货价位的变化非常快，以 60 分钟的时间而言，对现场实战来说，不知会发生多少幅度的涨跌变化！不过，我个人操作时，最喜欢它有跌破的情形发生，因为如果真的跌破，就代表买进的价位更低，更有利可图，不是吗？

案例八，铁矿石 1709 日线图

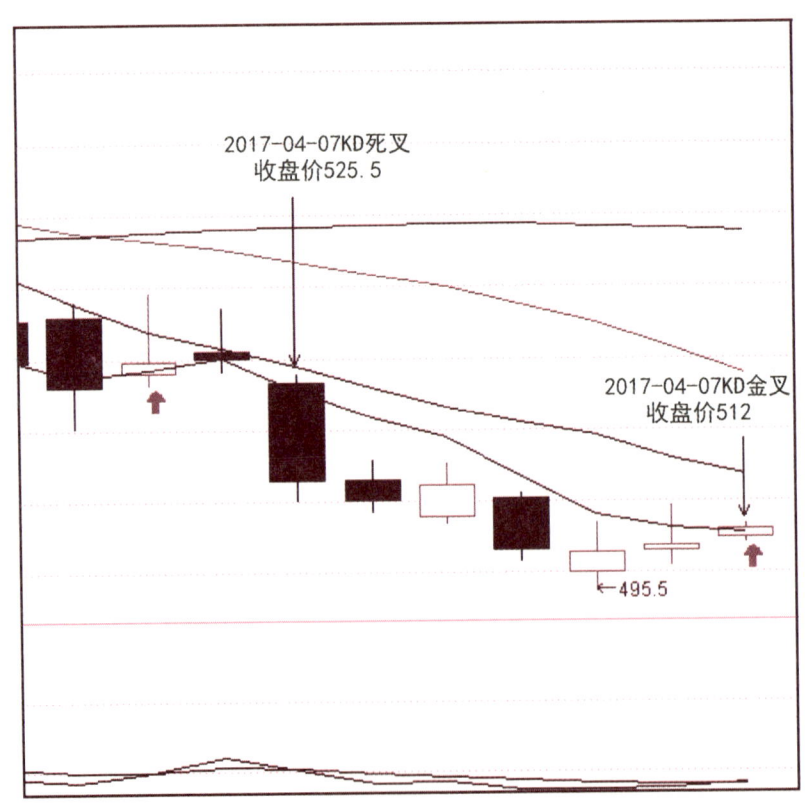

图 10-29 铁矿石日线底部金叉

第十章 期货品种实战技巧演绎

选取铁矿石1709日线图作为案例八，纯粹是要拿它和前一个案例七的PTA相比较。

线形图上，两者虽然都同样在低位出现底部KD金叉的现象，可是前一案例的PTA出现KD金叉的同时，它的金叉收盘价高于前死叉，另外，它的单日涨幅比较惊人，它一口气就吞噬了日线的MA5、MA10以及MA20，三根移动平均线。这在K线的术语有个说法叫"一阳包三阴"。这种现象代表了多头的力道相当强劲。

反观案例八的铁矿石走势图，虽然也在低位底部出现KD金叉，可是收盘时，只勉强站在日线MA5之上，而MA10与MA20都还高高在上，像达摩克里斯剑，随时准备落下来似的。两相比较，走势强弱便判若分明！

◎ >> 铁矿石60分钟线图

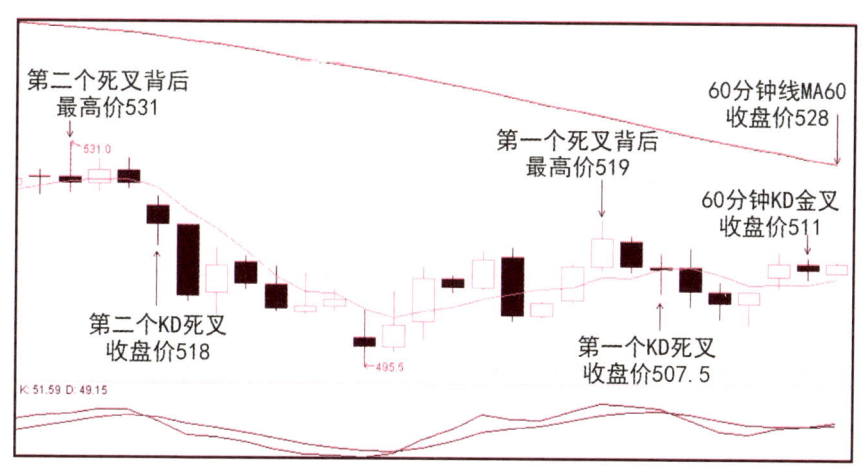

图10-30 铁矿石60分钟卖点选择

这是铁矿石60分钟线图。上面说过，铁矿石的走势不如前一个案例

PTA那般的强势,但是,它也是处于短线反弹的过程中。换句话说,在目前的阶段,它还是走势向上的,如果我们要炒作的话,就不要沽空而是做多。

如果做多铁矿石,而实战的走势也如我们的看法一样上涨,那么何时才是最好的卖点呢?

线图上,我标示了可以拿来和此次金叉互相比较的两个KD死叉的价位。第一个死叉的收盘价是507.5,其背后的最高价是519。而第二个死叉的收盘价是518,其背后最高价是531。

以这两个死叉拿来和此次金叉相比,我们可以得到一个结论:此次金叉的收盘价高于第一个死叉却低于第二个死叉。故此次金叉反弹的最高价位应该高于第一死叉背后最高价,不过却过不了第二死叉的背后最高价。换句话说,此次金叉反弹的最高价是落在519与531之间。

好,既然是在519与531之间,那么具体比较确切的价位是在哪里呢?

在这张60分钟线图上,我们可以看见,60分钟线的多空分水岭目前是在528这位置。

而528就是在519与531之间。

为了更有确切的把握,我们再把日线图翻出来看。

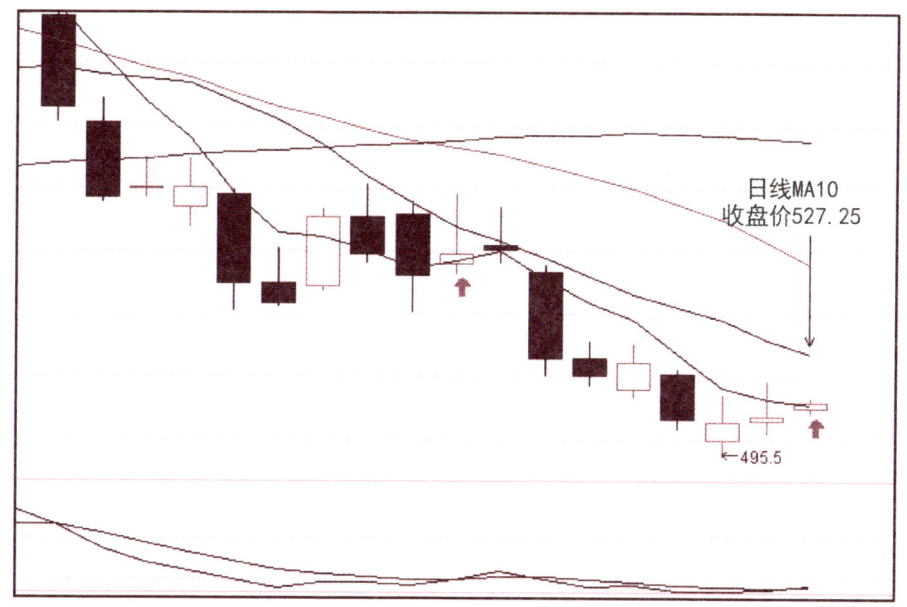

图 10-31　铁矿石日线确定反弹空间

铁矿石的日线图明确标示了日线的 MA10 目前的价位在 527.25，这数据和上一页我们的结论 528 相当相当的接近。

而过去 18 个交易日，这条日线 MA10 一直都是整体走势的压力线，也是空头最大的力道所在。从这张图，我们可以看见，其中虽有两个交易日的盘中有突破它，可是收盘时都毫无幸免地被打了回来。可见在这次弱势反弹的格局时，十有八九还是无法逃脱它的魔掌的。

基于上述两个理由，可以相信，此次金叉反弹，也就是弹到 528 这里就结束啦！

案例九，豆粕 1709 日线图

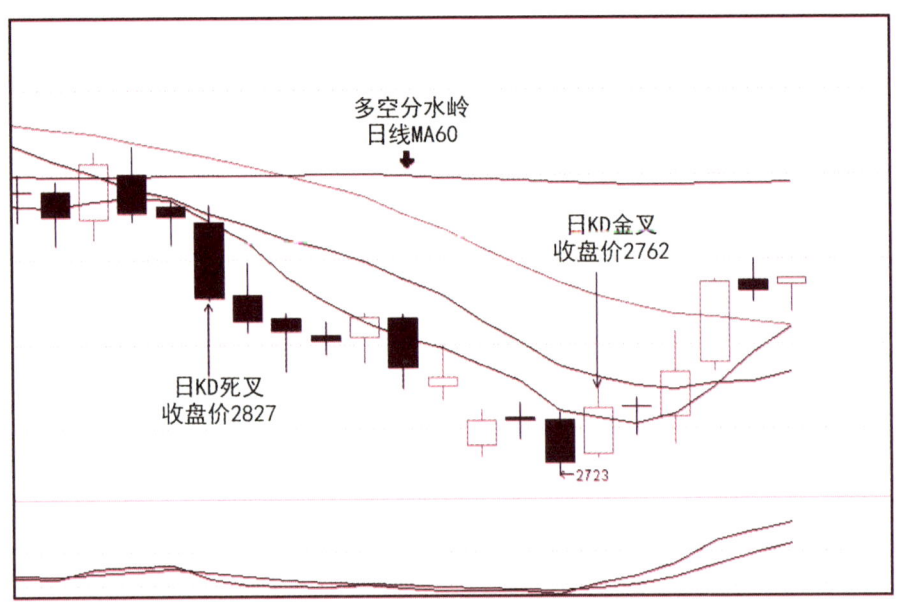

图 10-32　豆粕日线空头格局

这是豆粕 1709 的日线图。

从线图观察，可以得知目前仍是处于多空分水岭之下的空头格局之中。

价位从近期的最低价 2723 拐头向上，有个反弹走势出现。次日出现日 KD 金叉的情形，收盘价在 2762，可是这个金叉的收盘价还比前死叉的收盘价 2827 低。因此，可以得到一个结论，这是弱势反弹的一个典型案例。

豆粕 1709 60 分钟线图

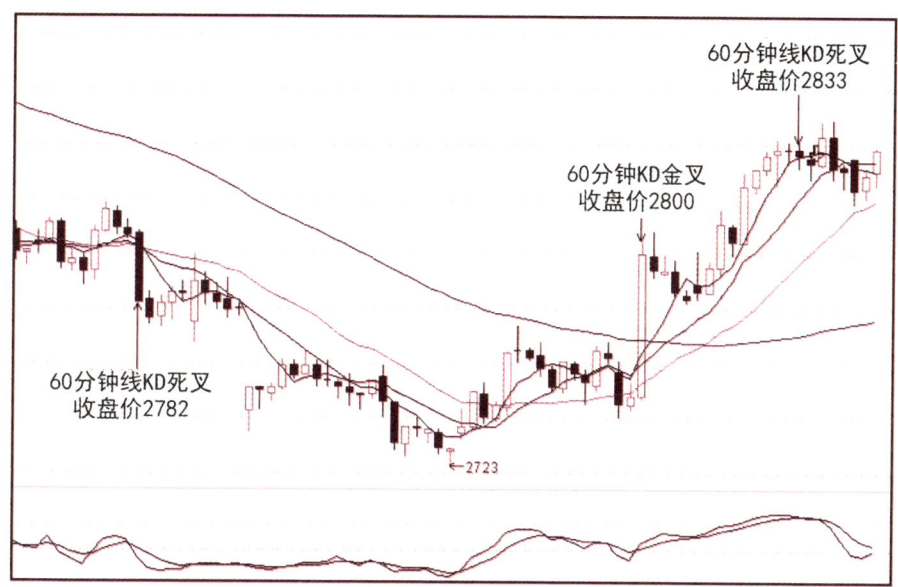

图 10-33　豆粕 60 分钟死叉需更低金叉确定止跌点位

这是豆粕 1709 的 60 分钟线图。

图上清楚地显示，这个金叉的涨幅相当大，从 2747 一口气涨至 2805，收盘价 2800。

多头这一口气强拉上来，一下子就突破了前面几个死叉的高点，能勉强与之相比的是收盘价 2782 的这根死叉，问题是，还比它低。

这根金叉随后继续上涨，这个小波段最高涨至 2842 才力竭拐头。拐头向下后出现 KD 死叉，死叉的收盘价 2833。

金叉的后面出现死叉，代表了一个小波段上涨走势的结束，也同时预示着走势即将下跌的开始。好，现在问题来了，死叉出现了，走势将会下跌，那么，此次的下跌，会在什么价位止跌呢？

依照 KD 比较法的法则，死叉要找到比它还低的金叉，才能得知死叉止跌的价位所在，因为死叉高于金叉时，是跌不破金叉前面的最低价的。

为了要找到过去的记录，我寻寻觅觅地找了半天，终于才在 3 个月前的 1 月 13 日找到答案。

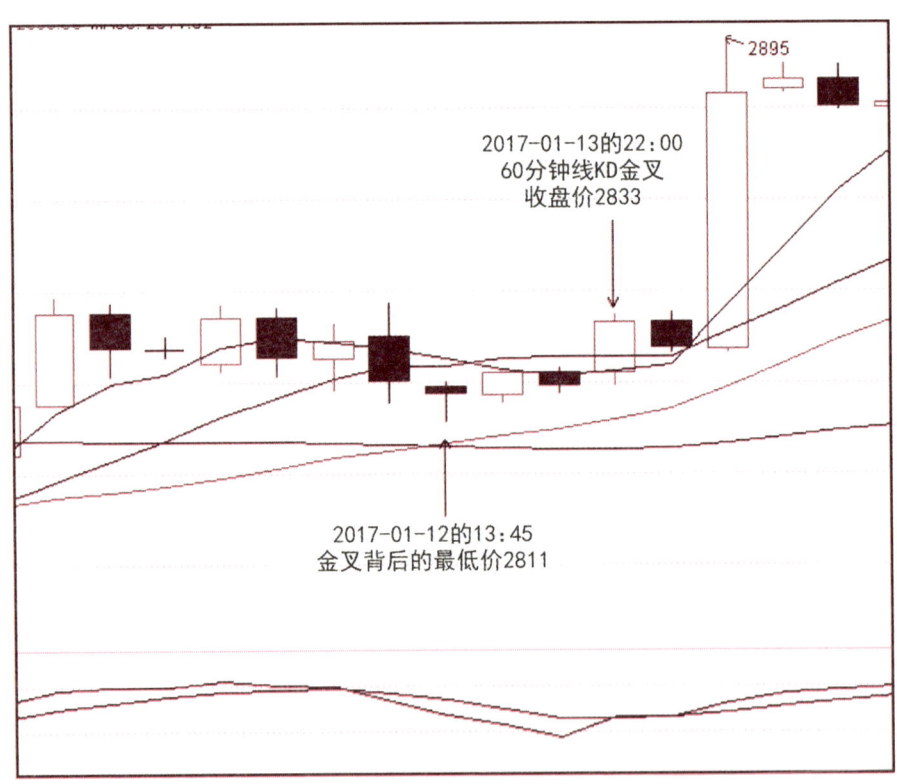

图 10-34　3 月前金叉低价确定死叉回调底部

这是 2017 年 1 月 13 日前后几天的 60 分钟线图，图上我清楚地标示出，在 2017 年 1 月 13 日这天的晚上 10 点钟这根 K 棒的收盘价是 2833，而它的前低最低价是2811。

看到这个结果，让我得到一个答案，此次死叉出现，价位回调，底部就在2811。

现在我们把最近的这次KD死叉拿来和3个月前的1月13日那次KD金叉相比较，答案在下面。

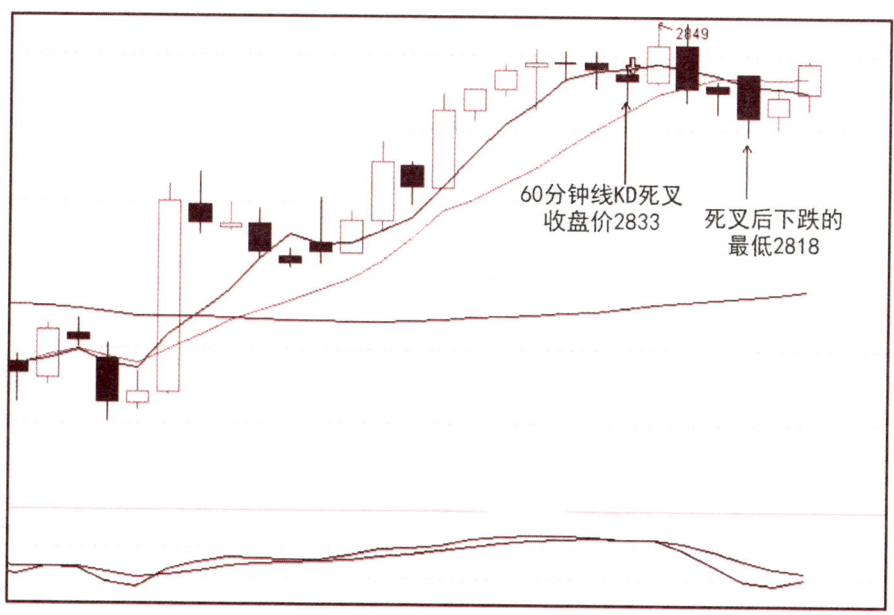

图10-35　死叉回调遇到前低金叉底价后拐头向上

此次的死叉与3个月前的金叉相比，结果是此次死叉下跌后，价位来到最低价的2818就拐头了，而这2818的价位比1月那个金叉的前低2811还高。KD比较法的神奇再次得到印证。

案例十，大豆 日线图

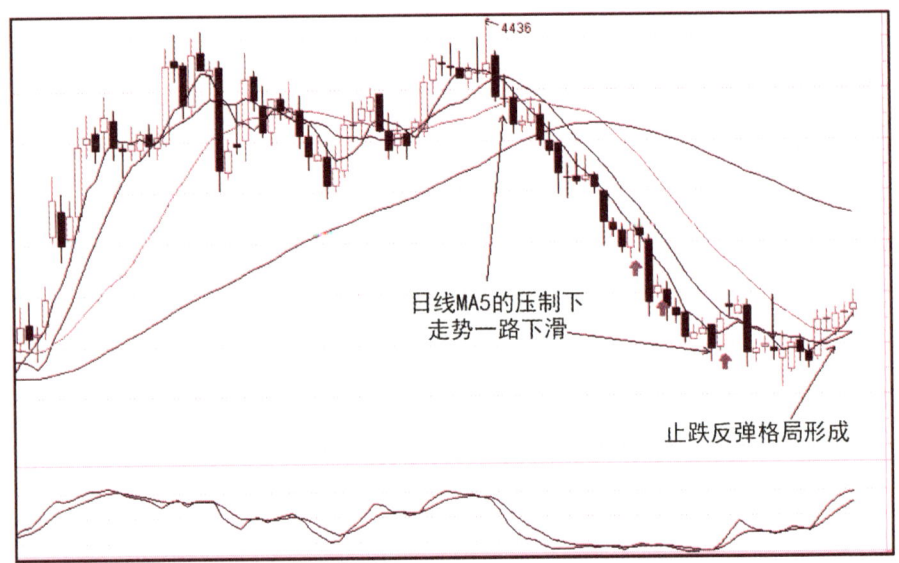

图 10-36 豆粕止跌反弹格局

这是大豆 2016 年 11 月迄今的日线走势图。

走势图显示 2017 年 2 月中旬以来，大豆的价格在日线 MA5 的压制下是一路下滑。

当然啦，没有永远上涨的商品，也没有永远下跌的品种。跌深了自然会出现反弹行情。

俗话说：水能载舟亦能覆舟。大豆的价位原本在日线 MA5 的压制下一路下跌，反过来，当它开始反弹，原先的压力线，自然就转变成支撑线了。

从线图上，可以看见大豆的反弹已经有 5 个交易日了。目前要断言此波反弹要反弹到什么地方才会结束，似乎还有些过早，不过，我们可以跟着反弹的步伐，逢低找买点，跟着做多。

◎▶▶ 大豆近期走势日线放大图

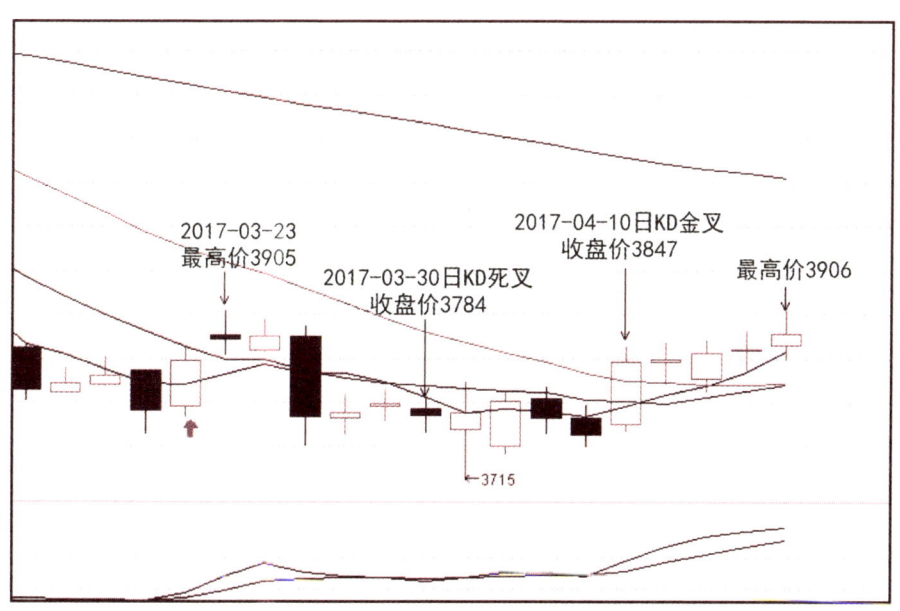

图 10-37　豆粕反弹最高点过死叉背后的最高点

现在把近期的走势日线图放大后，即可很清楚地看到截止至最后的那个交易日，这第一波的反弹已经完成了。

因为 4 月 10 日 KD 的金叉收盘价 3847 与 3 月 30 日 KD 死叉收盘价 3784 相比较，由于金叉高于死叉，反弹的最高点会过死叉背后的最高点。

实战时，最后这根 K 棒的最高价是 3906，恰好比死叉背后最高价 3905，就高那么一个点。基于这个理由，我们可以断言，这波反弹波的任务圆满完成了。

反弹任务完成，接下来当然会有回调整理的空间。接下来让我们来看两个不同时段的 60 分钟线图，拿他们来比较一下，看看回调的情况是怎么样？

◎ 不同时段的 60 分钟线图

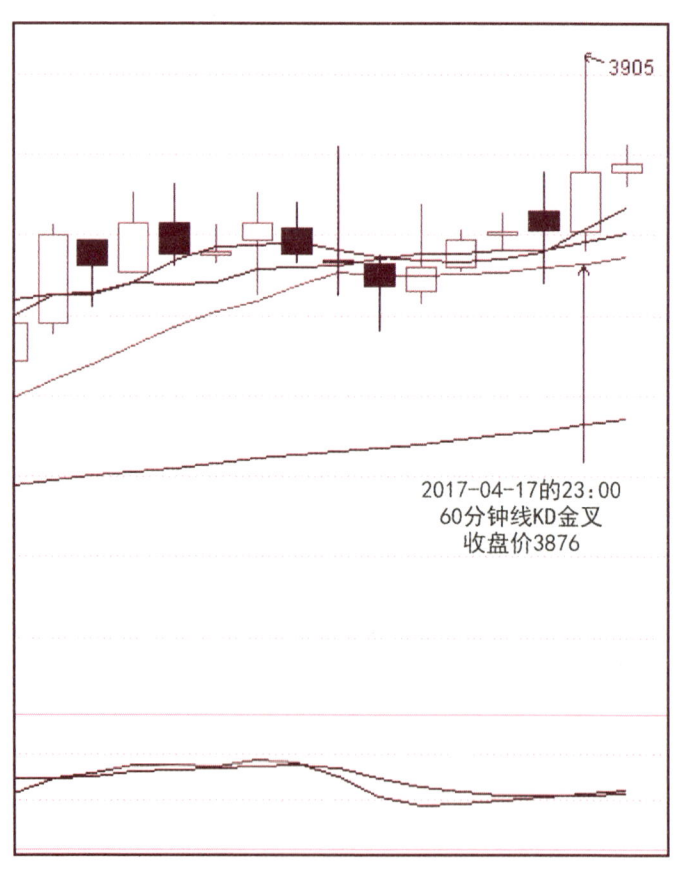

图 10-38　当期金叉反弹最高点位

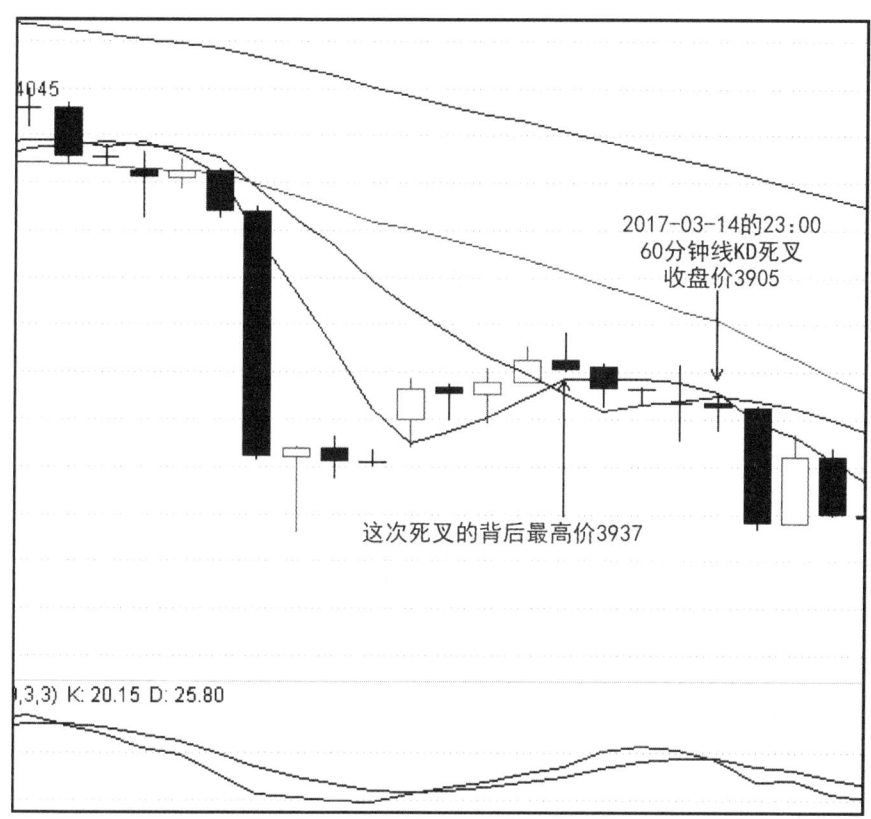

图 10-39　前期死叉背后的最高价限制当期金叉反弹

这两幅图，一个是 4 月 17 日，一个是 3 月 14 日，时间虽然相差一个多月，但是仍然可以拿来相互比较的。

4 月 17 日这次金叉收盘价 3876 比起 3 月 14 日的死叉 3905 是只低不高。换句话说，此次 60 分钟的金叉反弹再上，将会止步在死叉背后最高价的 3937 之下就结束了。

实战炒作上，最后一根 K 棒的收盘价是 3878，这价位与预测的最终价 3937 相比，最大的价差只不过是区区的 59 点而已。以我个人而言，这个品种近期不是很好的介入对象。

案例十一，乙烯指数周线图

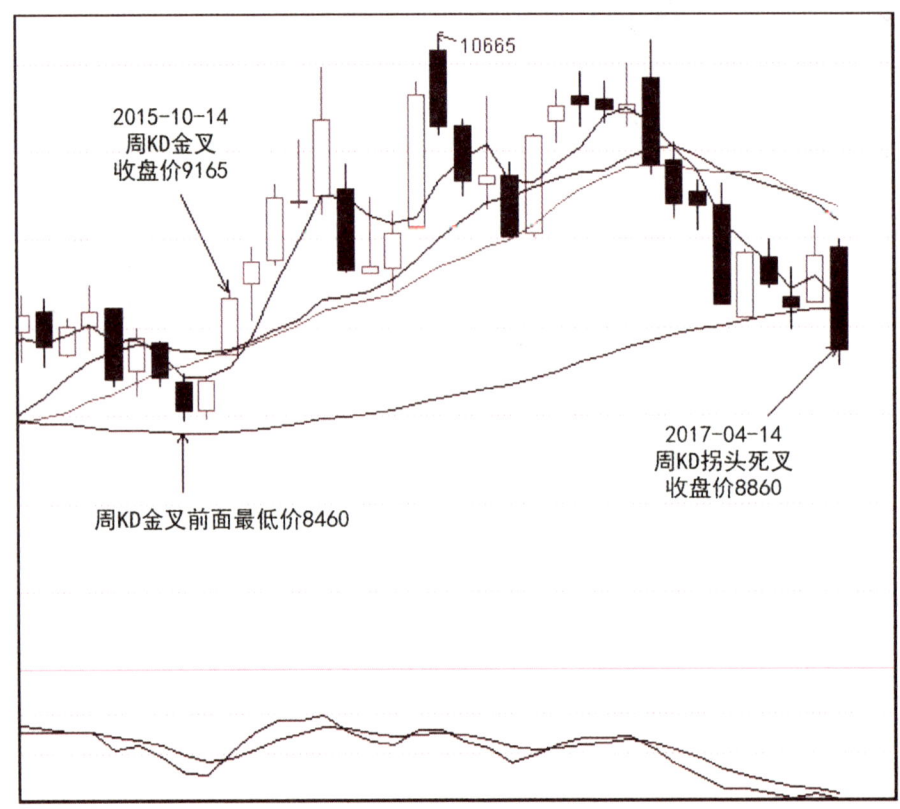

图 10-40　乙烯指数下跌凶猛的拐头死叉

这是乙烯指数的周线图。

乙烯是石油化学工业最主要的产品，乙烯工业是石油化工产业的核心，乙烯产品占石化产品的 75% 以上，在国民经济中占有重要的地位。世界上已将乙烯产量作为衡量一个国家石油化工发展水平的主要标志之一。最近以来，由于原油价格不稳，连带的使得原油下游的石化产品的价格不振。

第十章 期货品种实战技巧演绎

乙烯近期走势不振，也是受到原油价格下跌的影响。

从上面这幅乙烯指数的周线图来看，显然后市还不容乐观。本周的周KD竟然出现拐头死叉。

所谓的拐头死叉，是指在下跌过程中，虽有反弹，但多头的反弹力道不足，在接近出现金叉但尚未出现金叉之际，又来一记严重的杀跌动作，这样形成的死叉，其后市杀跌的力道更加凶猛。

在实战中，我们可以看见本周的这记死叉，不但下跌的幅度相当大，而且还一口气贯穿了支撑多头防线长达9个月的多空分水岭。整个趋势由多方趋势一下子转变成空方趋势，这是对多头非常不好的现象。

乙烯指数从2017年2月9日迄今的日线图

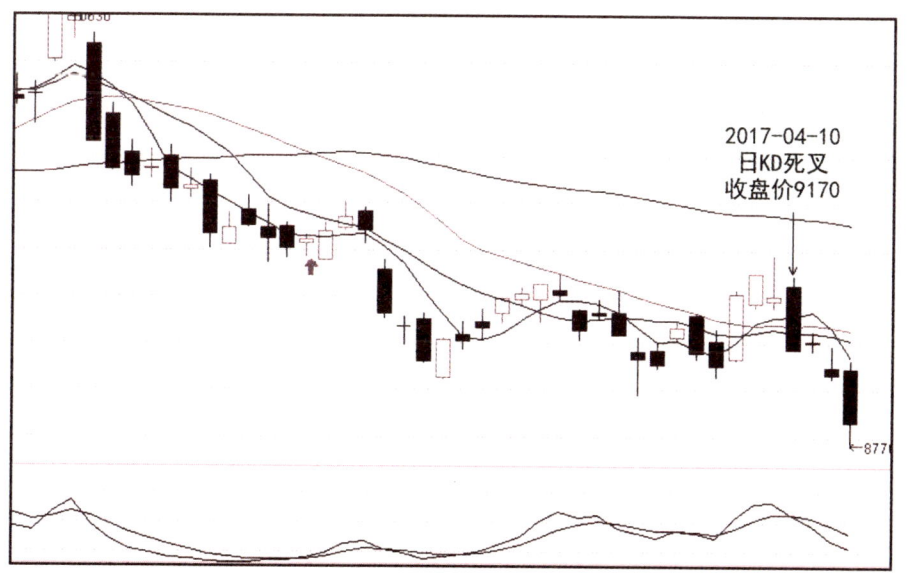

图10-41　乙烯指数长跌

这是乙烯指数从 2017 年 2 月 9 日迄今的日线图，线图上可以看见从最高价的 10630 下跌至今，时间超过 2 个月，价位跌幅达 1860 整。整个走势对于多方而言只能用四个字形容，那就是"惨不忍睹"，甚至在最后的一根日 K 棒，也是长黑形态。

那么，接下来会在什么价位止跌呢？

在前面那幅周线图中，我们可以用拐头死叉的收盘价与 2016 年 10 月的那个金叉相比，得到的结论是价位会跌破 8460，未来走势果真如此吗？

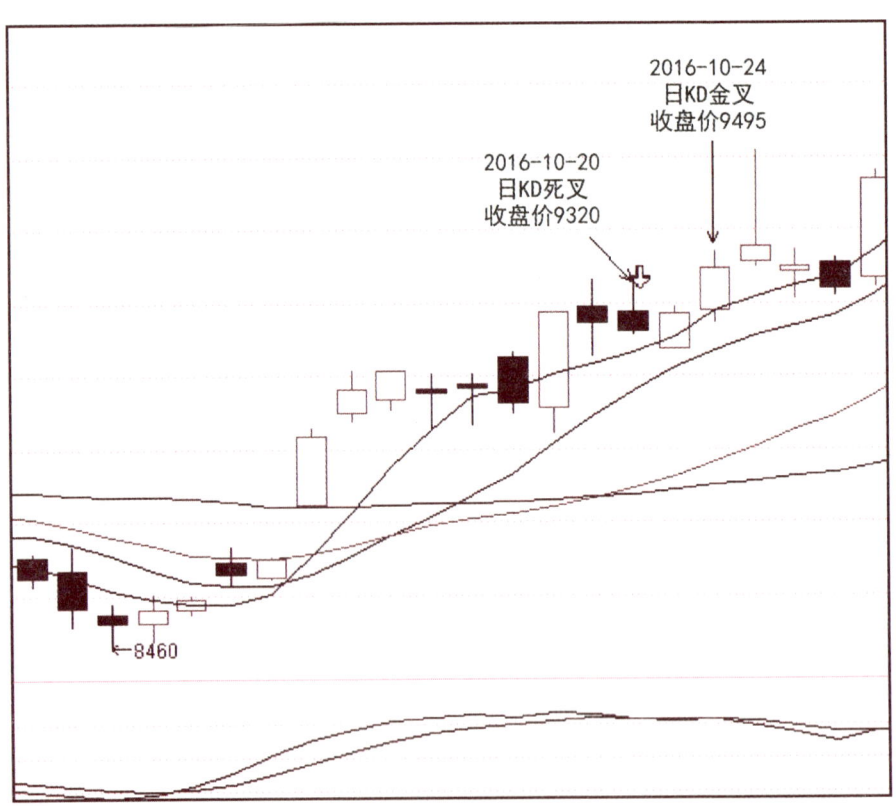

图 10-42　从前期金叉比较得出当期死叉跌破价位

这是乙烯 2016 年 9 月至 10 月的日线图走势。

线图上可以清楚看见，这是一波上涨行情，价位从最低价的 8460 一路涨升走多至 10485。

在这波段的行进间，2016 年 10 月 20 日出现日 KD 的假死叉（因为次日收盘价在这日收盘价之上，故可以判定是假死叉），两个交易日后的 10 月 24 日，日 KD 出现金叉，收盘价在 9495。

这个金叉的价位与今日的死叉价位 9170 相比，明显居高。

依照 KD 的比较法则：死叉收盘价低于金叉，则会一路下跌，并且跌破金叉前面的最低价。

前面周 KD 已经表明，目前乙烯的价格还没止跌，并且会跌破 8460，为了求证，我们拿日线图再来印证，结果也是一样。看来，乙烯的多头未来劫数难逃啦！

案例十二，标普 500 指数月线图

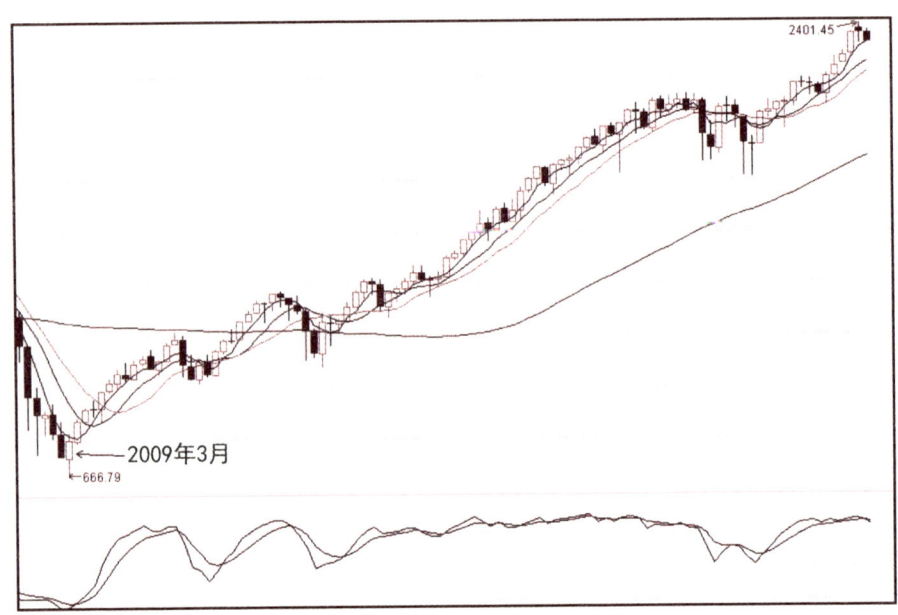

图 10-43 标普多头趋势

标准普尔 500 指数英文简写为 S&P 500 Index，是记录美国 500 家上市公司的一个股票指数。这个股票指数由标准普尔公司所创建，故被取名为标普 500。

标准普尔 500 指数覆盖的公司，都是在美国主要交易所，如纽约证券交易所、纳斯达克交易的上市公司。与道琼斯指数相比，标准普尔 500 指数包含的公司更多，因此其采样性更强，也更能够反映广泛的市场变化。

从这张标普 500 的月线图，可以看出，这是个标准的典型多头趋势的线型。图上标识了自 2009 年 3 月的最低价 666.79 点起涨，指数涨至 2017 年 3 月的最高点 2401.45 点，整体的涨幅约 350%，的确相当的惊人。

要知道，标普 500 是金融期货指数的一种，以炒期货高杠杆的模式与角度来看，如此的长多走势，一路做多可要获利多少呀！

标普 500 指数 2016 年 2 月迄今的周线图

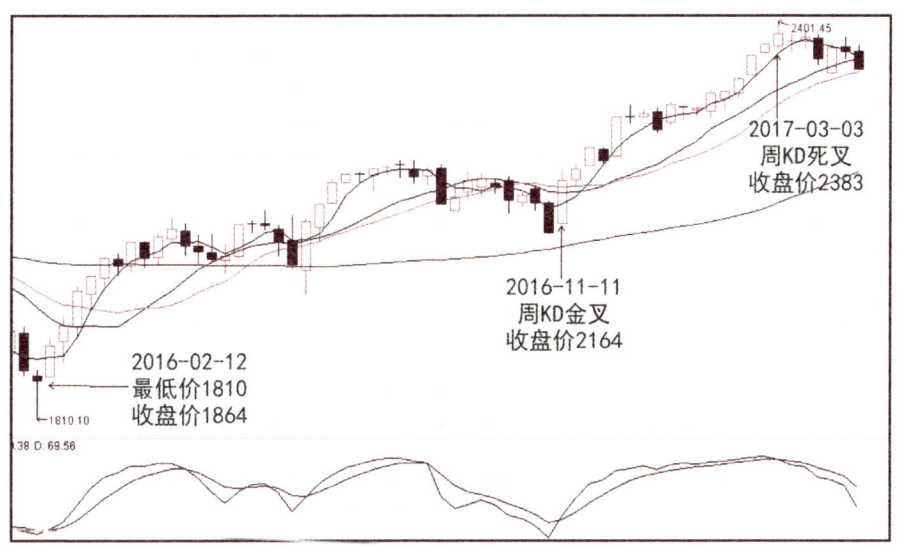

图 10-44　标普的技术性回调

这是 2016 年 2 月迄今的周线图。指数一路走高，线图上可以清楚地看见，这段时间有几度回调，幅度都不大，这都是所谓的"技术性"调整，也就是说，这种回调，并没有什么实质利空出现，之所以会跌，纯属涨多之后的自然调整。这种回调，可以解释为良性回调。

所谓良性的回调，一般表现在短线上都是下跌缓慢，下跌到差不多时就开始反弹，而反弹的力道与速度都会比较来的猛烈。前面说过的"一阳包三阴"的线型会经常出现的。

标普 500 日线图

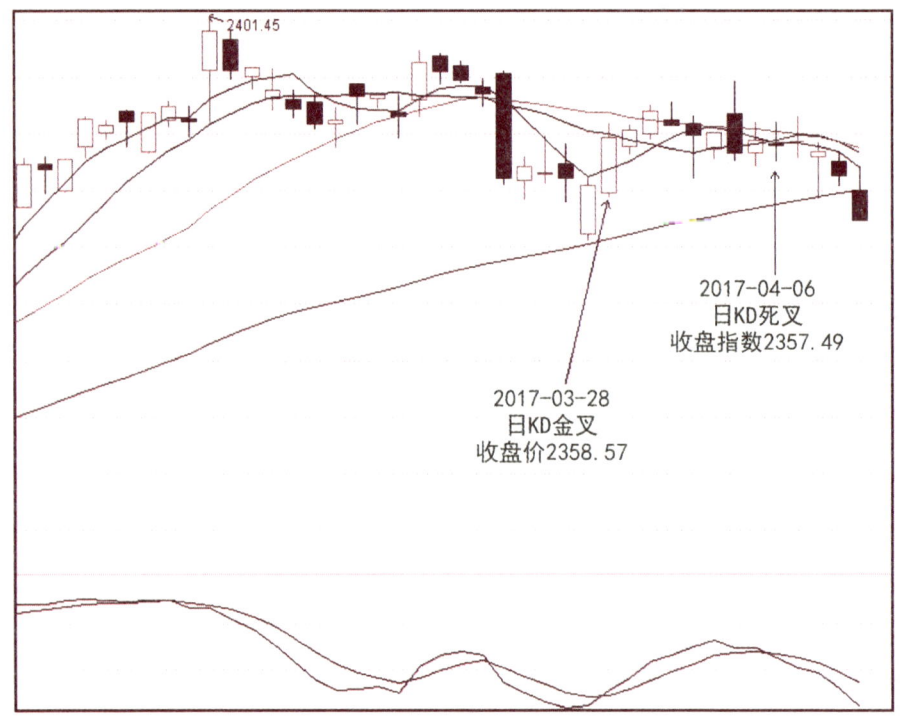

图 10-45 标普日线的死叉金叉比较

从这张日线图来看，虽然最新的 K 棒出现了较大程度的跌幅，并且还跌破多空分水岭，从日 KD 金叉与死叉的比较来看，短期内还有向下调整的幅度与空间。不过以美国经济的表现来看，要再有多大的跌幅，颇令人怀疑。整体而言，长多的格局还没改变。

案例十三，沪铝月线图

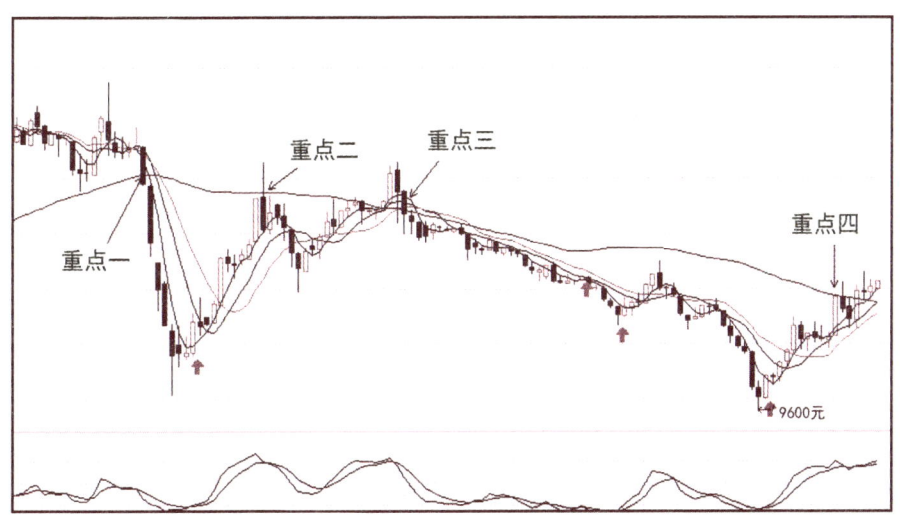

图 10-46　沪铝的四个重点点位

这是本书实战案例演示的最后一个案例，标的物是沪铝，你目前看到的是沪铝的月线图。

这幅图的时间跨距从 2007 年 2 月至今，全部时间长达 10 年。之所以在案例的最后一篇要举它为例，是因为在这幅图中，有几个典型的走势转折。炒期货的最关键技术，就是能精准的辨识出转折，这才是重点！

图中我标识了 4 个重点所在。这 4 个重点发生的时间，都是与图中多空分水岭有关。

前三个重点都是空方胜出，但是胜出的形态都不一样，就由于形态的不同，所以演变成接下来走势的形态也跟着有所不同。

图中重点四,则是多方胜出,而这也是最近这几个月的事。多方胜出,走势出现多头趋势,未来将会如何呢?这也是待会儿将会解说的重点。

接下来,我会依序的一一解说,请先看重点一。

重点一和二,放大的周线图

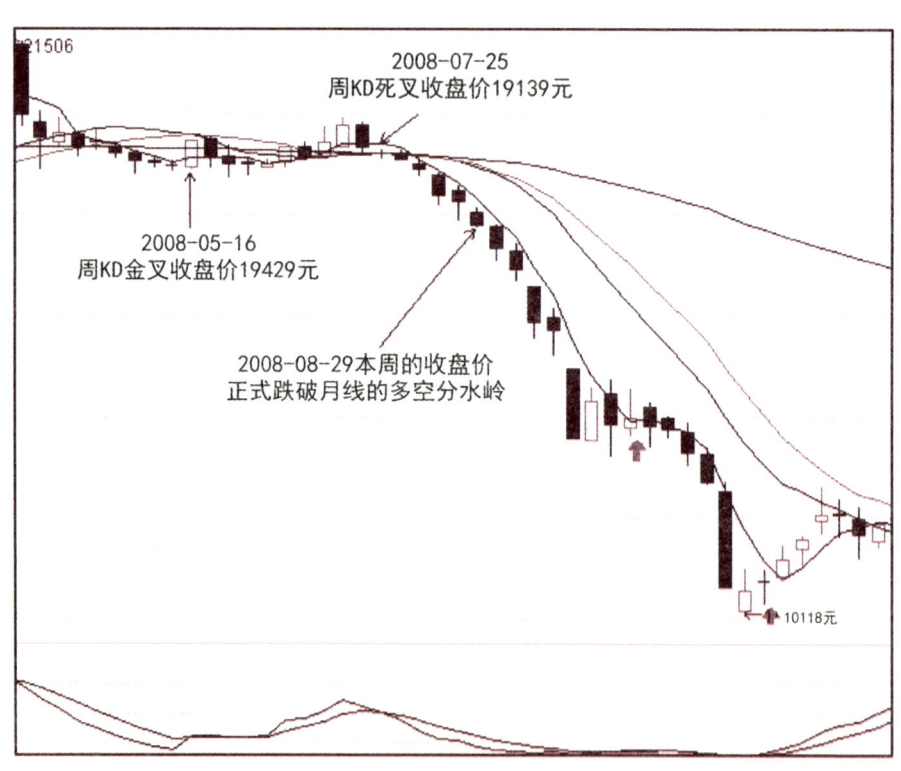

图10-47 死叉收盘低于金叉后开始破位下跌

在这张图中,要注意以下两个重点:

1. 2008年5月16日这周的周KD金叉,接下来的走势出现小幅区间横盘震荡的格局。前面我说过，股市有句俗话"久盘必跌"，我以 KD 比较法做了解释。现在我不厌其烦地再解说一遍：

久盘不一定必跌，久盘之后也有上涨的机会。之所以久盘后会出现截然不同的结果，是因为，如果金叉后走势横盘，那么等到死叉出现时，十之八九死叉的收盘价都会低于金叉，所以会下跌。反之，如果是死叉后走势横盘，那么接下来出现的金叉收盘价也大多会高于死叉收盘价，这种情形产生，后市走势自然是向上的。

回到线图。2008 年 7 月 25 日的这根周 KD 死叉收盘价 19139 比前金叉的收盘价 19429 还低，因此价位开始往下跌破。这一跌破，相信当时炒作的人都还不在意，毕竟刚跌破时，市价还是站在月线的多空分水岭之上。

可能就是由于多方不在意吧！接下来的 5 周走势，周线 MA4 的一路压制下，步步走低，直到发现跌破月线多空分水岭后，长线多空趋势易主，这时才是空方大杀戮的开始。接下来的走势就出现了急杀、大跌的模式。相信这样的结局是多方始料未及的吧！

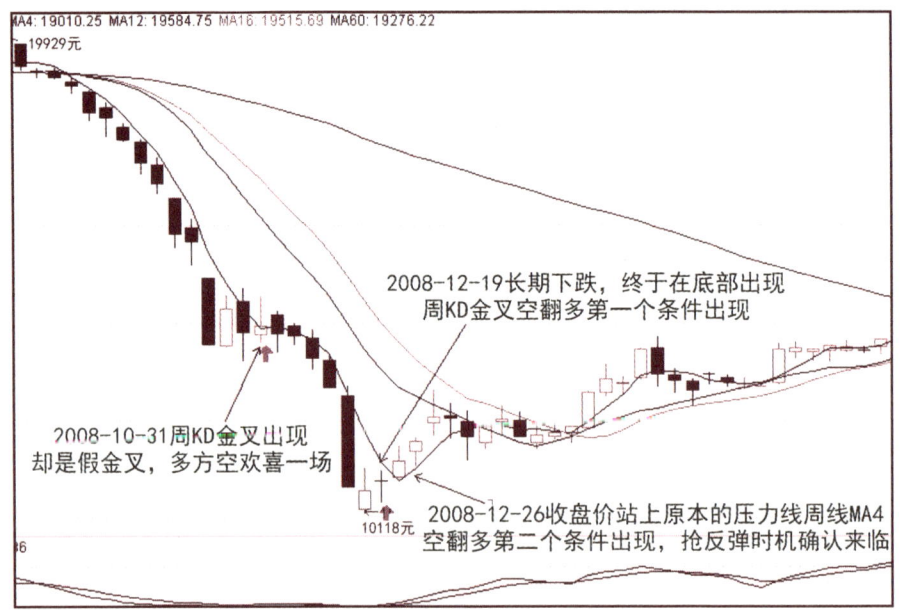

图 10-48 空翻多两个条件

延续上一张线型的走势,在这张图我们可以看见,在 2008 年 10 月 31 日这周出现了久违的周 KD 金叉。可惜的是,这是个空欢喜一场的假金叉,因为次周的收盘价低于这次金叉收盘价。

重点提示,此次下跌有两个条件,那就是:

1. 价位一直被周线 MA4 压制。

2. 周 KD 一直处于 D 值大于 K 值的死叉状况下。炒期货主要就是"多空"两个字而已。如果在前面你做对方向,放了空,在空方的这两个条件尚未被消除之前,尽管放长线钓大鱼吧!反之,亦然!

线图上,我们可以看见,这一路下来,铝价从 19929 一路狂跌至最低价的 10118,几近腰斩。这么大的跌幅,炒股人可能不太明白,高杠杆倍数对于炒期货者可是很清楚,价位腰斩的情形下,这段下跌期间可要让多少抢反弹的多头尸横遍野!

一路下跌，总有回头的一天，2008年12月19日这一天，多头又迎来第二次的KD金叉，还好这次的金叉是真金叉。可是这周周线的收盘价还在周线MA4之下。前面提到的两个条件，只兑现了一个。多方只能再耐心等等了！

再来的一周，久旱终于逢到甘霖的滋润。周线的收盘价也站上周线MA4的压力线之上，原本的压力变成了支撑。空方两个条件全部消弭了，此时还不出手做多更待何时？

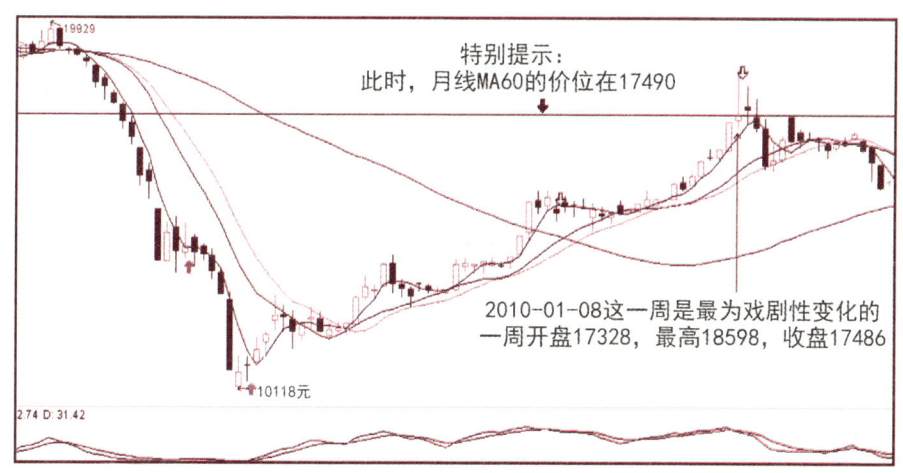

图10-49　月线多空分水岭未突破

前面说到多空易主，多方重新占据主导地位后，价位反弹向上这就不待多言了。就由于前面急速的大跌，这反弹就仿佛力道作用力与反作用力的关系一样——多方的反弹也是急涨长红。价位就从10118一路拉升至最高价的18598，距离前次下跌的起点19929仅有咫尺之遥了，而这一周的时间是2010年1月1日至1月8日。

在这关键性的一周交易日内，周最高价18598，最低价17104，收盘价

17486。一周价位上下差距约 1500 点,当时多空拉锯之激烈可想而知!最令多方扼腕的是,收盘价 17486,仅仅只低月线多空分水岭 17490,区区 4 点而已!你可别小看在 4 点,这情形就好比考试考了 59 分,虽然仅差 1 分,不及格就是不及格。

多方就这一步之遥以至于功败垂成,接下来的后果就是 3500 点的跌幅出现。多空分水岭的威力可想而知啦!

重点三,时间跨距从 2010 年 11 月至 2011 年 9 月

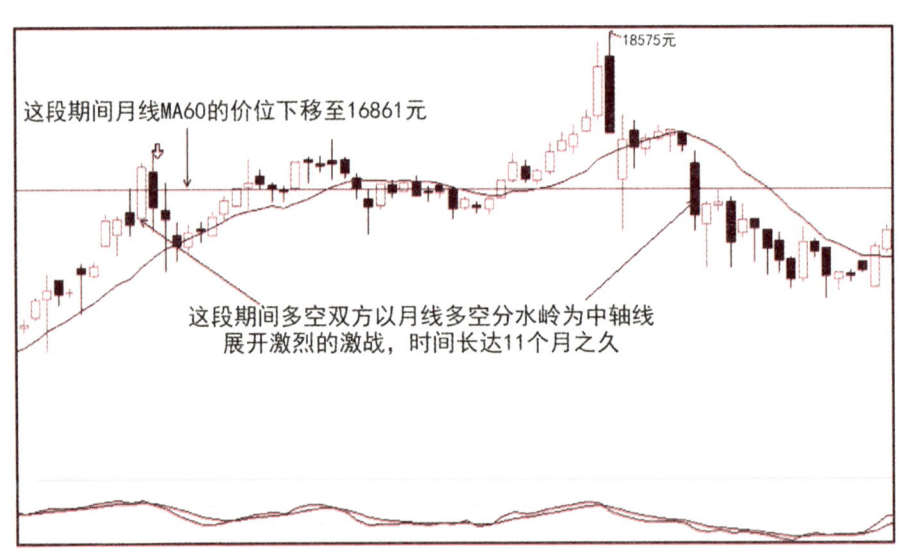

图 10-50　周线在多空分水岭争夺 11 个月

这是沪铝周线图,从这张图我标示的时间段,2010 年 11 月至 2011 年 9 月,在这段期间,多空双方沿着月线多空分水岭展开争夺战。由于在此期间互相争战的时间长达 11 个月,因此,最终结果虽是空方胜出,走势向下,可是杀盘的力道明显与前面那一次的急跌大不相同,而是出现幅度较

小，缓步下跌的情形。这一点请大家留意。

重点四，2015年11月迄今的月线图

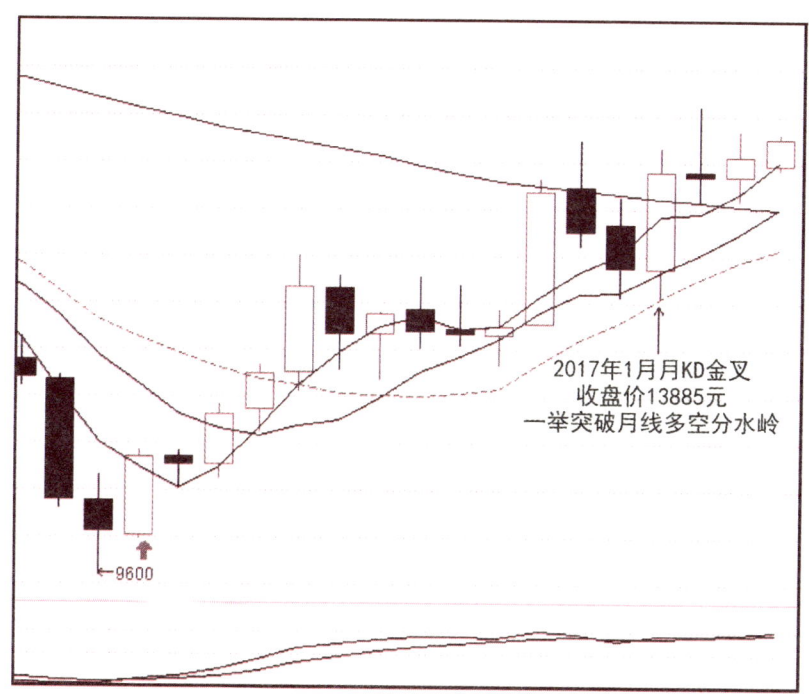

图 10-51　KD 突破月线多空分水岭进入上涨行情

这是沪铝 2015 年 11 月迄今的月线图。在 2017 年的 1 月份，价位在虚线月线 MA12（季线）的支撑下，一举向上突破，一口气冲破月线的多空分水岭。整个走势从空头趋势扭转为多头趋势。短线上，从 2017 年 1 月至今都是走大涨小回的多头走势。

铝价的走势未来几个月都还是向上涨升的格局，以今日 14260 的收盘价估算，铝价在未来涨升至 16000 的价位应该问题不大！

案例十四，沪镍指数周线图

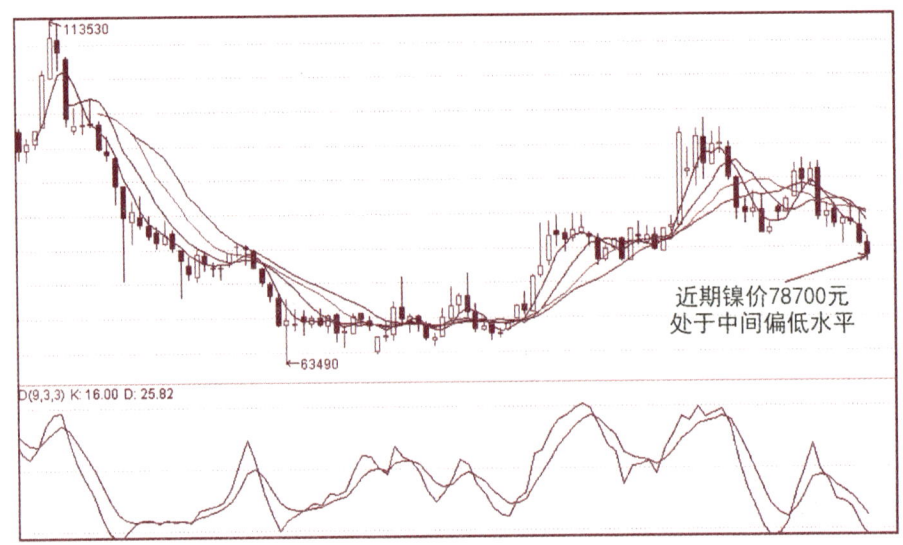

图 10-52　沪镍指数运行至半山腰

镍这种金属是有色金属中重要的角色之一。在工业上的用途非常广泛，镍与铁的合金就是我们所熟知的不锈钢。镍与铜的合金俗称白铜，也就是我们目前使用中的硬币。镍与镉的合金是电池的主要材料。镍的使用范围非常广泛，举凡所有工业产品大多有用到，全球每年的使用量约在一百万吨，而我国的使用量占了全球使用量的 50%。

这是沪镍指数周线图，时间段从 2015 年 4 月迄今。图中显示的最高价是 2015 年 5 月的 113530 元，最低价是 2015 年 11 月的 63490 元。而近期的价位在 78700 元。以这 3 个价位来看的话，每吨 65000 元属于低价区，每吨 10000 元以上属于高价区，而近期的价位每吨 78000 元，应属于中间偏低的区位，就好比处于半山腰左右的位置。

镍价目前处于中间偏低的价位，未来是涨是跌？我试着从技术分析的角度来做一个评估。

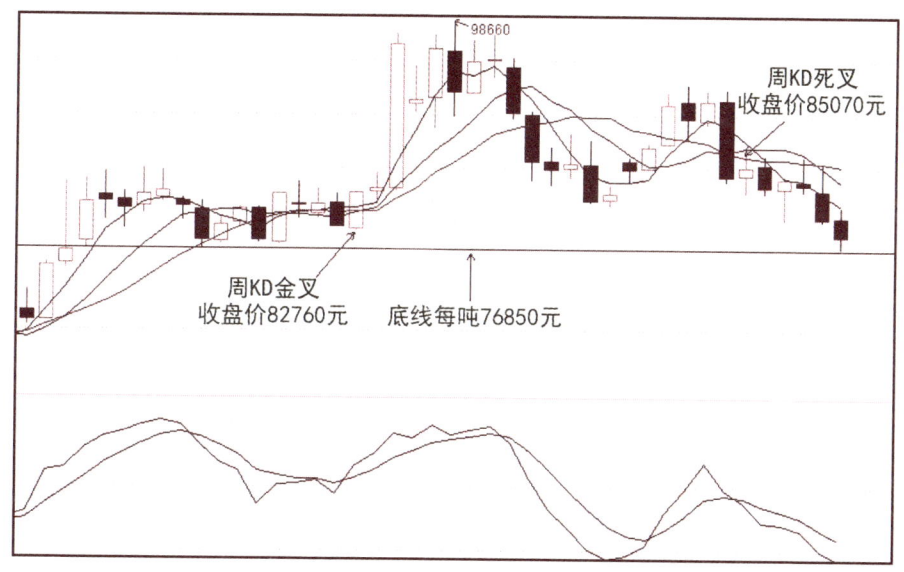

图 10-53　沪镍周线前期金叉底部提示当期底部

这还是沪镍的周线图，只是把线图的线型放大。右边标示的是 2017 年 3 月的周 KD 死叉，收盘价为 85070 元。在这死叉发生后，镍价继续走跌至近日的 78700 元，而图上左边标示的是 2016 年 10 月的周 KD 金叉，收盘价 82750 元，这两个关键价位相比较，我们可以得知，2016 年 10 月这个金叉背后的最低价，也就是图上标示的这条白色的横线 76850 元，应该就是近期镍价的底部区价位了！

从线图可以看见，在这个周 KD 金叉之前，镍价出现 2 个多月的小幅区间横盘态势，经过横盘整理后，镍价向上突破，一路涨到 98660 元的高价。

我记得前面的案例中，我们有讨论过，所谓的久盘必跌这个说法，我清楚地标示了，久盘不一定必跌，而是要看横盘前是金叉或是死叉，如果横盘前是死叉的话，盘整以后，出现金叉则价位向上突破，如果横盘前是金叉的话，横盘一段期间后出现了死叉，这就会出现俗称的久盘必跌。这样的现象再次提示给大家！

沪镍指数日线图

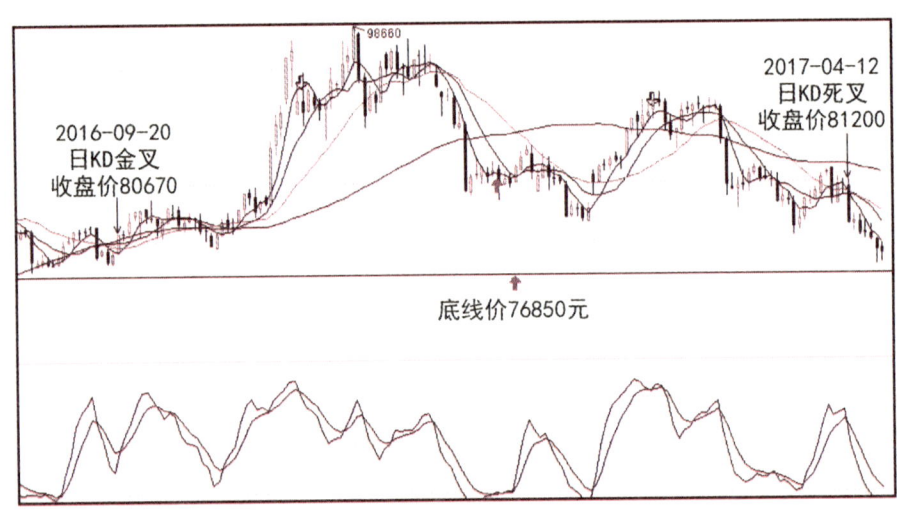

图 10-54　沪镍当期欲跌不易

这是沪镍指数 2016 年 9 月迄今的日线图。图上我也做了标示，右手边标示的是 2017 年 4 月 12 日这天出现日 KD 死叉，收盘价 81200 元，而左手边则是在 2016 年 9 月 20 日的日 KD 金叉，收盘价为 80670 元。这两个收盘价相比较，可以得到一个结论，那就是 76850 元应该是近期的底部区的底线。

从最近两日的日 K 棒来看，这两根 K 棒都是收了下影线的形态，这种下影线形态的出现，在技术理论上，这是欲跌不易的现象。这现象代表了探底反弹，后市转好的趋势。真正的情形是否如此呢？请看下面这张 60 分钟线图。

沪镍指数 60 分钟线图

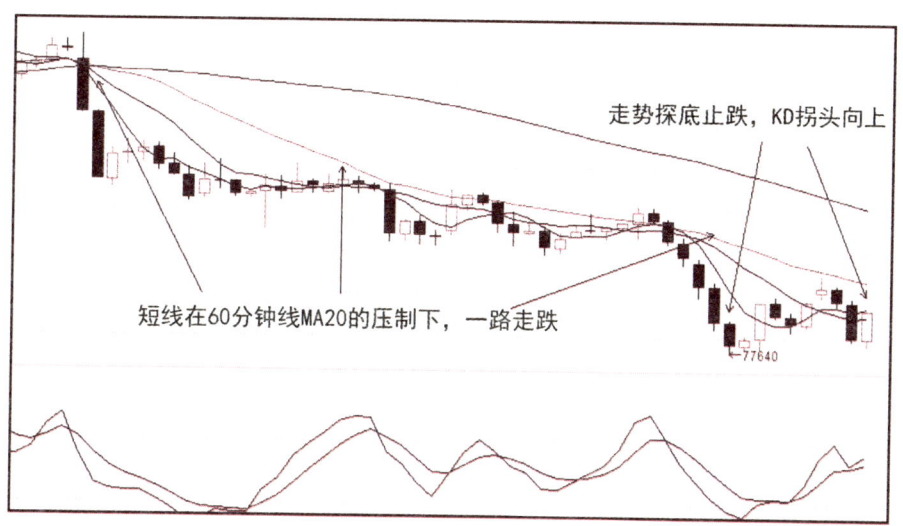

图 10-55　沪镍 60 分钟 W 底挑战 MA20 压力线

这是近 10 个交易日沪镍指数的 60 分钟线图。线图上可以看见，近期沪镍的短线走势在 MA20 的压制下，一路走跌。可是当价位跌到接近 76850 元时（这条底线是上图我根据日线线型推测出的底线），就止跌向上。不但如此，从右下角的线型看见，走势出现了所谓的 W 底线型。这种线型的出现，意味着行情有望继续向上挑战 MA20 这条压力线。

沪镍指数 30 分钟线图

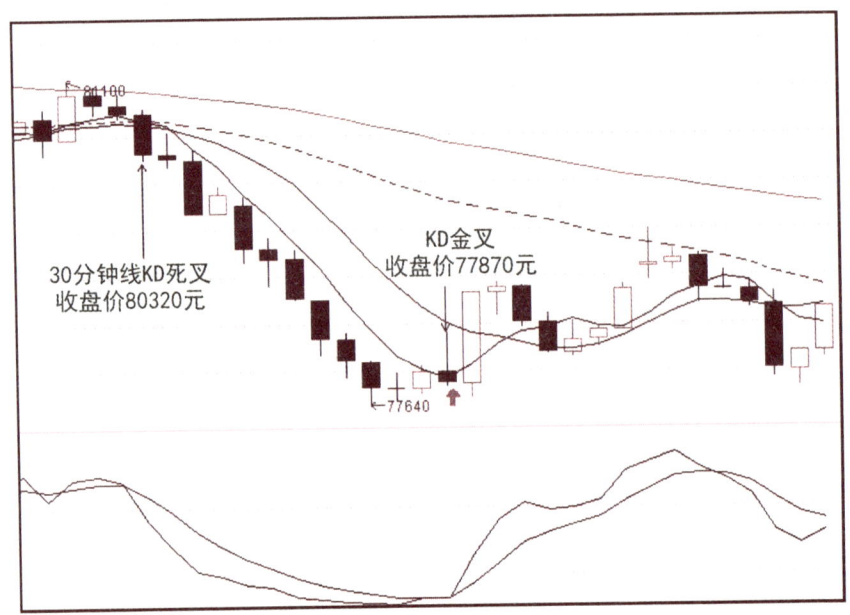

图 10-56　沪镍 30 分钟 KD 拐头向上突破可期

为了更明白沪镍的短线走势，我再把线图放大，时间段改为 30 分钟线。

（再次提醒：KD 比较法适用的最小时间段为 30 分钟线。）

线图上，可以看见左上角的那个死叉收盘价是高于中间的这个金叉收盘价。因此，当我们在实战时，金叉出现我们可以进场做多，但是由于金叉收盘价低于死叉，所以当行情涨到虚线这条压力线时，也就是获利了结的时候了。能够这样操作的话，也算是一次不错的短打成功！

线图上我们也看见了，行情被压力线压回后，并没有大跌，也没跌破起涨点的 77640，而是在 77810 就止跌反弹，这次的反弹能否突破绿色这条压力线呢？目前还没有答案。

不过，从线图上可以看见，行情已经出现拐头向上的走势形态，而且 KD 也是在拐头中，只要这次的拐头后出现的金叉能高于前死叉的话，依照 KD 的比较法法则，突破压力线就不是什么难事了！且让我们拭目以待吧！

案例十五，香港恒生指数月线图

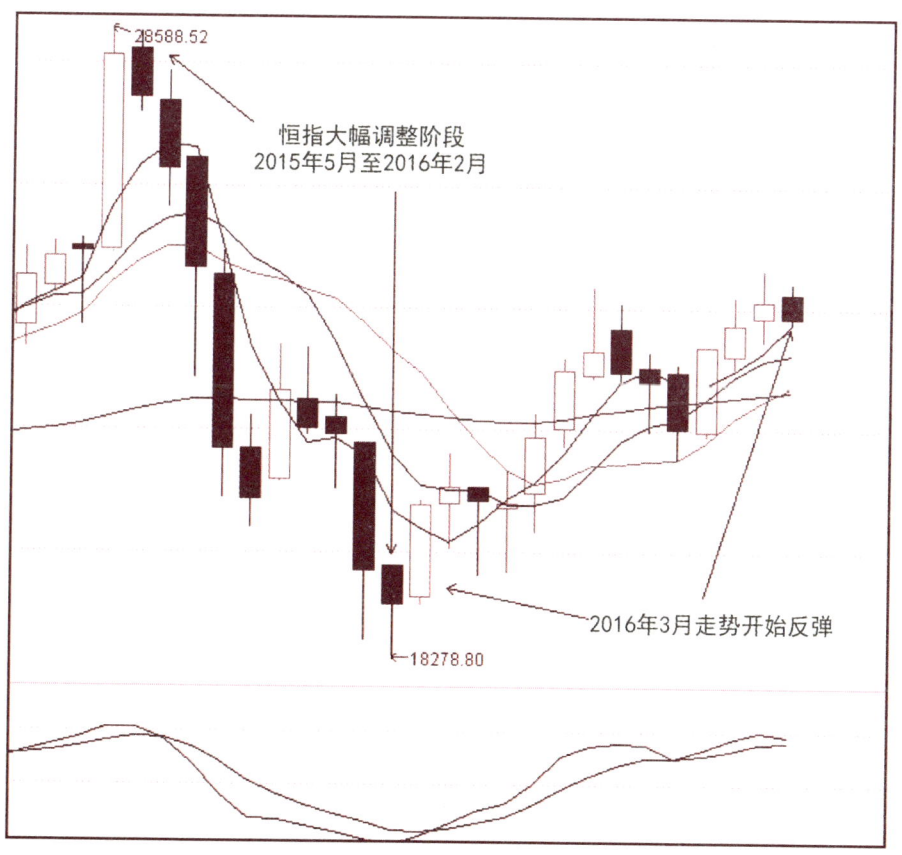

图 10-57　恒生指数 2016 年 3 月拐点

香港恒生指数是香港股市的股票指数。

香港股市是世界级的金融投资市场，其历史相当悠久。1891年2月3日成立了第一个正式的证券市场——香港股票经纪协会。1914年2月21日易名为香港证券交易所。

从1891年到1986年这95年当中，香港股市一直欠缺统一的交易秩序及严格的上市与监督制度。小小的香港九龙地区，居然拥有香港、远东、金银及九龙四个交易所，这种情况一直到1986年4月2日，香港四个交易所合并成为香港联合交易所并且延续至今。

案例的月线图上所标示的是恒生指数自2015年5月迄今的走势，在这段期间，恒指先是走出了一大波段下跌行情，然后在2016年的3月开始反弹至今，目前整体来看，大盘仍是处于多头趋势上涨的空间里。不过，在短期内，是处于震荡向下调整探底的阶段。

恒指周线图

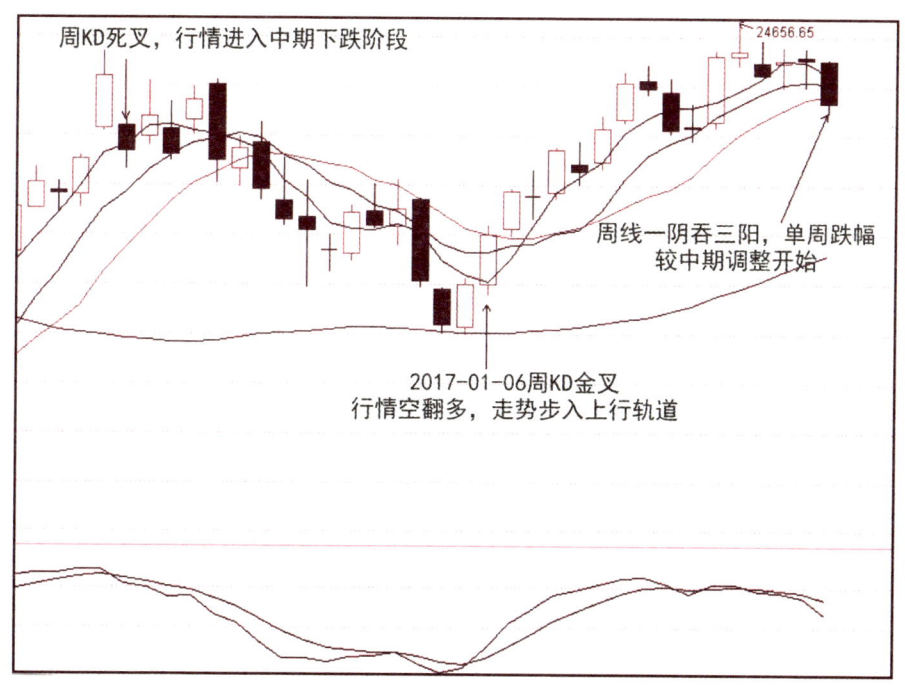

图 10-58　恒指周线于多空分水岭获得强支撑

这是恒指 2016 年 8 月迄今的周线图。图上可以看见，自 2016 年 9 月 15 日当周周 KD 在高位出现死叉后，行情开始中期调整，指数足足跌了 3 个多月，走势一直跌到周线的多空分水岭才得到强力的支撑，转空为多。多空分水岭的强力效果再次得到印证。

指数在多空分水岭上得到支撑之后的两周，周 KD 终于迎来久违的金叉。行情开始大幅向上反弹。这一轮反弹突破前期的最高价，并创出新高的 24656.65。

接下来我们要讨论的是最近这一周，恒指的跌幅较大，出现所谓"一阴吞三阳"的空头现象。在 K 线的技术理论上，这张一阴吞三阳的现象，代表了走势在未来的期间，将会大幅下挫，那么，到底会如此吗？让我们继续往下剖析。

恒指日线图

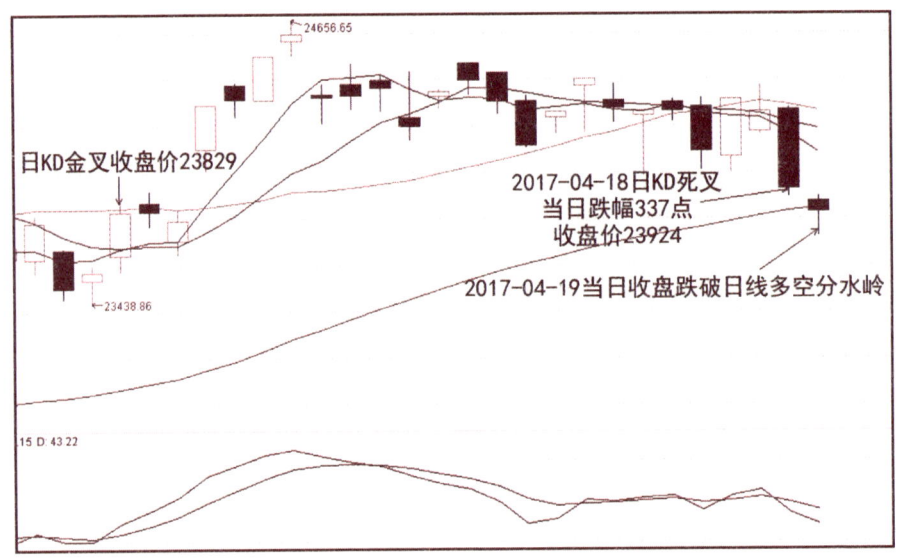

图 10-59　跌破多空分水岭待继续确认

这是恒指 2017 年 3 月 9 日迄今的日线图。图上明显可以看见，右边那根长黑的日 K 棒是 2017 年 4 月 18 日这天的走势情形，当日恒指大跌 337 点，指数收于 23924 点，这根长黑也使得日 KD 立刻出现死叉。

虽然 4 月 18 日出现 KD 死叉，但是收盘价还比前金叉的收盘价 23829 高约百点。这样的结果，似乎在冥冥中暗示着指数还不至于接连继续重挫。果然，次日的走势，虽然仍维持向下探底的趋势，但是在尾盘前，指数收高，留下了长达 100 点的下影线。

不过，4月19日这天虽然没跌破前金叉背后最低价的23438，并且由于多头的奋战，当日还留下百点的下影线，表面看后市有转危为安的味道。不过，以我个人的看法，短期内的恒指走势，还存在相当大的不定数。最主要的理由是4月19日这天的收盘价终究还是跌破了日线的多空分水岭。

前面我们说过，以日线而言，多空分水岭一旦跌破，只要连着3个交易日的收盘价在其之下，那么就可以正式确认行情已经由多翻空啦！换句话说，目前恒指的走势，有点命悬一线的感觉，接下来的两个交易日，多方如果不发愤图强力争上游的话，那么一旦空头格局形成，恒指势必大幅向下调整，如果真的如此，个人估计，恒指继续下调1000点将不是意料之外的事！

- ★ 多头趋势不做空，空头趋势不做多。

- ★ 从KD比较法，我们得知死叉的价位低于前金叉的收盘价时，价位将会继续下跌至金叉前低的价位之下。

- ★ KD比较法：金叉价位低于死叉价位时，这次的波段反弹不会一口气突破死叉背后的最高价。

- ★ 所谓的不会过前高的意思，是指在前高价位之下的任何价位都有可能，绝对不是价位会涨到非常接近才会下跌。

- ★ 30分钟线已经是KD比较法的最短时间的期限了，再低的话，如15分钟线、5分钟线…的KD拿来比较的话，准确度就很低，容易失真，这点请切记！

- ★ KD比较法的妙用就在于它甚至可以找几年前的记录资料来做比较，效果并不会打折扣。

- ★ 在这里，我要做个特别声明，所谓的支撑，并不代表不会被跌破，不过，即使短暂被跌破，只要在这根K棒的时间内拉回即可，也就是这根K棒的收盘价高于它即可。

- ★ 依照KD比较法的法则，死叉要找到比它还低的金叉，才能得知死叉止跌的价位所在，因为死叉高于金叉时，是跌不破金叉前面的最低价的。

★ 所谓的拐头死叉，是指在下跌过程中，虽有反弹，但多头的反弹力道不足，在接近出现金叉但尚未出现金叉之际，又来一记严重的杀跌动作，这样形成的死叉，其后市杀跌的力道更加凶猛。

★ 依照 KD 的比较法则：死叉收盘价低于金叉，则会一路下跌，并且跌破金叉前面的最低价。

★ 炒期货的最关键技术，就是能精准的辨识出转折，这才是重点！

★ 久盘不一定必跌，久盘之后也有上涨的机会。之所以久盘后会出现截然不同的结果，是因为，如果金叉后走势横盘，那么等到死叉出现时，十之八九死叉的收盘价都会低于金叉，所以会下跌。反之，如果是死叉后走势横盘，那么接下来出现的金叉收盘价也大多会高于死叉收盘价，这种情形产生，后市走势自然是向上的。

★ 久盘不一定必跌，而是要看横盘前是金叉或是死叉，如果横盘前是死叉的话，盘整以后，出现金叉则价位向上突破，如果横盘前是金叉的话，横盘一段期间后出现了死叉，这就会出现俗称的久盘必跌。这样的现象再次提示给大家！

结　语

正如许多目前专业炒期货的人一样，大家都是先接触股票然后才接触期货。对于炒期货的人来说，股票与期货相比，一个是火箭而另一个却是老牛慢车。

期货一天可以几十次的进出。我前面说过，2006年我曾经承包过广东番禺的一个期货营业部，那时候，我们有个客户，入金才6000元，只玩白糖一个品种，而且每次只能下一手单。这人天天到我们营业部报到看盘，他喜欢炒短，只要够手续费以上，他就平仓了结。平时一天十几次的进出，那是家常便饭，他曾经创过一个记录，一天成交28次买卖。像这样的客户，简直就是期货公司的财神爷。那段期间，我是常常请他吃晚饭。不知道的人，都以为他是我们公司的员工！就是因为期货的交易规则适合快进快出，也因此让许多参与者一到临场时，血脉喷张，兴奋莫名，以致于出错亏损。明明想好做多，却临时改变主意沽空，结果就被轧得惨兮兮！

不知大家知不知道，多年前我曾经看过一篇财经报导，里面说了一个统计数据，那就是中国整个期货界，炒期货的"交易寿命"总平均是4个月。换句话说，参与期货交易，资金进场到被干洗输光离场的时间，平均是4个月而已。那篇报导的结语是，许多人对于期货的印象是高度的投机与高度的风险。它还建议，没有扎实功底的人，最好不要碰期货。

其实，不管是股票也好，期货也罢。都是高度风险的玩意，参与炒作的人，只要具备两个条件：一、基本功扎实，技术熟练；二、资金控管严格，不做借贷来炒作，都可以参与炒作的。

这次，我个人之所以写这本技术分析的书，是有感于坊间这类的书籍太多，许多书的内容一看就知道水平很一般，那些所谓的专家，满口胡言乱语，故意把一些很简单的东西讲得云山雾罩似的，其目的，无非就是故弄玄虚，抬高自己的身价罢了。

我写这本书，就是要告诉大家，有些复杂的理论，你不要被他蒙蔽，不要跟着它的指挥棒起舞，只要你把它简单化，就能很清楚地看清事实。我在书中介绍的 KD 比较法，道理很简单，实战的威力却很强大，很实用。这是我个人在 2005 年一次偶然的灵感产生后发现的技术。也是我炒股、炒期货几十年的经验所酝酿出来的精华。希望大家多加体会练习，熟练了，你就会发现原来炒股、炒期货也能如此简单。如果你有其它学习上的问题，可以关注封面折页处的公众号，我会上传一些讲座视频和解答。

最后祝大家股期双赢，赚得钵满盆满。

鬼股子敬上。